朝鮮人「徴用工」問題 史料を読み解く

Ryosuke Nagatani
長谷亮介

草思社

朝鮮人「徴用工」問題　史料を読み解く

長谷亮介

はじめに

本書は朝鮮人戦時労働者問題（いわゆる「徴用工」問題）について考察している。1944年9月に徴用が朝鮮半島で実施された時期には「徴用工」と呼ぶが、1939年から1945年の労務動員期に日本へ渡航した朝鮮人を総称して「戦時労働者」と呼ぶ。

朝鮮人は戦時中に朝鮮半島から暴力的に日本に連れてこられ、奴隷のように働かされたという学説が存在する。これは1965年に朴慶植《パクキョンシク》という人物が出版した『朝鮮人強制連行の記録』に記された内容を基にしているが、現在では彼の歴史考察には大きな問題があることが判明している。しかし、日本の学界は未だに朴慶植の主張は正しいと支持している状況である。そのため、日本の学校教科書では数年前まで朝鮮人の「強制連行」「強制労働」という語句が掲載され、授業で教わる機会があった。筆者も中学生の時、歴史の授業で類似した内容を教師から聞かされたことがある。おそらく多くの日本人は筆者と同じ経験を持っているのではないだろうか。

2021年4月27日に菅義偉《すがよしひで》内閣が「従軍慰安婦」「強制連行」「強制労働」という用語は歴史を解説するうえで不適切だという閣議決定を行い、それが教科書検定基準になった。したがって、現在は教科書に記載することはできなくなったが、未だに強制連行や強制労働が歴史の事実だと信じている人々が一定数存在する。朝鮮人戦時労働者問題は日本国内だけの問題ではなく、日韓関係にも影響を及ぼしている。

２０１８年10月30日に韓国の大法院（日本でいう最高裁判所）が新日鉄住金（現・日本製鉄）に対して戦時中の韓国人元工員４名に各1億ウォン（当時で約１０００万円）の損害賠償を支払う判決を下した。当時は日本の各メディアも大々的に報道した。理由としては、１９６５年に締結した日韓請求権協定に反する判決内容だったからである。同協定では、韓国側から日本側に対する戦時期に発生した請求権問題は「完全かつ最終的に解決」したと定めている。２０１８年の大法院判決は日本と韓国で結んだ条約を否定することになり、実際に、韓国の弁護士や元検事の中にも同判決を批判する人々が現れた。

韓国大法院判決後、強制連行されて無理やり働かされたとして日本企業に「賠償金」を求める裁判が増加し、すべて原告側の勝訴となっている。幸いなことに韓国の尹錫悦《ユンソンニョル》政権は、裁判で認められた「賠償金」を日本企業に代わって韓国の財団が払う仕組みを作ったが、勝訴した遺族の一部はあくまでも日本企業の支払いを求め、財団からの支払いを拒否している。もし、朝鮮人戦時労働者問題が深刻化すれば、日本と韓国の国交断絶の危険性が出てくる。少なくとも、日本の企業としては安心して韓国内で事業を進めることはできないだろう。

朴慶植『朝鮮人強制連行の記録』
1965年／未来社

この問題は私たちの身近なところにも潜んでいる。直近の例を挙げると、群馬県の朝鮮人追悼碑撤去が該当する。２０２４年1月29日に「群馬の森」という県立公園（群馬県高崎市）に設置されていた追悼碑が県の行政代執行により撤去された。この碑は戦時中に日本で死亡した朝鮮人労働者を慰霊する目的で建てられたものだが、日本人労働者は含まれていなかった。当時は日本人も朝鮮人と同様に事故や戦災によって死亡した人たちがいたはずなのに、なぜ慰霊の対象を朝鮮人のみに限定したのか。端的に言えば、朝鮮人は日本に強制連行されて強制労働させられた被害者だから慰霊する、というのが碑を建てた人々の主張である。

同様のことは新潟県の佐渡金山世界遺産登録に関しても言える。2021年12月に日本の文化庁文化審議会は新潟県佐渡市の佐渡金山をユネスコ世界遺産登録推薦候補に選定したが、同日に韓国外務省が批判のコメントを発表した。内容は「強制労働被害の現場である佐渡鉱山の世界遺産としての登録を目指すことに対して、非常に嘆かわしく、これをただちに撤回することを求める」というものであった。韓国政府は、戦時中に韓国人(朝鮮人)を奴隷のように働かせていた佐渡金山は世界遺産にふさわしくないと公然と非難したのだ。日本の中には、韓国外務省のコメントに賛同する日本人団体が存在し、日本政府は佐渡金山で朝鮮人の強制連行と強制労働があったことを認めて世界遺産に登録せよ、と主張している。

しかし、朝鮮人は強制連行されて強制労働させられたという学説は学術的に証明されていない。つまり、先に挙げた種々の事例は事実無根の日本批判なのである。

なぜ、根拠のない学説が長年にわたり支持されてきたのであろうか。様々な要因が考えられるが、多くの日本人研究者たちが朴慶植の『朝鮮人強制連行の記録』を検証せずに安易に信じてしまったことが原因であろう。日本人が自国の歴史を客観的に見るためにも、韓国との交流を健全化するためにも、朝鮮人戦時労働者の歴史を研究する必要がある。

本書は第1部と第2部に分けて論述する。第1部では、朝鮮人「強制連行」「強制労働」説への反論を展開する。戦時中における朝鮮半島の状況を考察し、日本人が朝鮮人を奴隷のように虐げていたという過去の研究内容を整理する。第2部では、佐渡金山や北海道の日曹《にっそう》天塩《てしお》炭鉱（日曹炭鉱天塩鉱業所）などを取り上げて、一次史料から見た朝鮮人労働者の実態に迫りたい。特に、佐渡金山では強制労働説を支持する強制動員真相究明ネットワークといった日本の民間団体、あるいは民族問題研究所といった韓国の団体などが積極的に韓国人証言を用いている。歴史学において証言とは慎重に扱わなければならない資料であるが、多くの佐渡金山関連の証言は恣意的に紹介されていると言わざるを得ない。強制動員真相究明ネットワークが佐渡で開催した研究会やフィールドワークに実際に参加した筆者の体験も織り交ぜながら、彼らの主張に学術的観点から反論していく。

本書を執筆するにあたって産業遺産情報センターの加藤康子氏からご支援を賜り、九州地方の炭鉱を精査することができた。三井三池炭鉱に関しては、大牟田市立図書館の協力がなければ歴史の新事実を発掘できなかった。また、日本大学名誉教授である田中直樹氏からもご支援を受け、特に北海道の炭坑史料を多く発見することにつながった。その際には、北海道博物館に大変お世話になった。この場を借りて、皆様に心より御礼申し上げます。

第5章　佐渡金山は朝鮮人強制連行・強制労働の現場ではない

第6章　歪曲された三井三池炭鉱の真実

第1部

朝鮮人戦時労働者「強制連行」「強制労働」説への反論

金柄憲（キム・ビョンホン）氏の2022年１月28日のX（旧ツイッター）にて紹介された佐渡鉱山の朝鮮人徴用工の写真。体格も良く、元気な姿である。写真はパク・イスン氏の提供。

第1章　朝鮮人「強制連行」説への反論

第1節　朝鮮総督府は朝鮮人流出を危惧していた

労務動員計画とは何か

第1部では、朝鮮人は日本に強制連行されて強制労働させられたという学説を整理して、事実に即した主張であるかを考察していきたい。そのためには強制連行と強制労働の言葉の定義を確認する必要がある。

まずは当時の日本と朝鮮半島の情勢から見ていこう。１９３７年に盧溝橋事件が起こり、これによって日本と中国の戦争が不可避となった。その後、戦線の拡大によって多くの日本人が兵士として中国大陸へ出征することになったため、日本国内で人手不足が起きることが予想された。これは当時日本の統治下であった朝鮮半島でも例外ではなかった。

日本国内の日本人労働者不足を補うために朝鮮人を日本に迎え入れて、炭鉱や工場の労働者として雇う計画が日本政府内で進められたのだが、多くの朝鮮人が一気に渡日しては逆に朝鮮半島内で人手不足が生じる危険性があった。そこで、朝鮮半島を統治していた朝鮮総督府が朝鮮人の動員計画を円滑かつ適正に実施するための様々な改革を行った。1941年6月には朝鮮労務協会が朝鮮総督府労務課に設立され、無計画な動員を戒めると同時に朝鮮人労働者をバランス良く配置することを心掛けた。この一連の朝鮮総督府の改革と日本政府による政策（朝鮮人内地移送計画）が朝鮮人労務動員計画である。

日本人の労務動員も計画されたが、両者には違いがあった。1939年7月に国民徴用令が発令され、日本人は国家総動員法に基づいて軍または政府の管理工場・指定工場で働くことが義務付けられた。しかし、朝鮮人はこの義務を免除され、代わりに同年9月に募集形式による労務動員が採り入れられた。これは、日本企業の役員が朝鮮半島まで出張して募集の広告を出し、村などで応募者を集める手法である。募集に応じるか否かの判断は自由意思によるものであり、朝鮮人は法的拘束力を受けることはなかった。むしろ日本への出稼ぎ感覚で朝鮮人労務動員は始まったと言える。

日本人とは異なった朝鮮人の労務動員形式は1942年2月には朝鮮総督府が主体となる官斡旋形式も追加され、日本人と同様の徴用形式は1944年9月になってようやく採用された。

労務動員以前の渡日状況

以上、1939年から開始される朝鮮人の労務動員計画の経緯を簡単に説明したが、すでに違和感を覚えている方もいるのではないだろうか。日本人は法的拘束力のある徴用形式であったにもかかわらず、なぜ朝鮮人は自由意思によって出稼ぎに来るかのような募集形式であったのか。この疑問を解消するには労務動員計画以前の朝鮮人の渡日状況を整理する必要がある。

労務動員が計画される以前の日本では、朝鮮人の渡日を抑制する方針を採っていた。1934年10月30日に「朝鮮人移住対策の件」が閣議決定されている。内容を見ると、朝鮮半島南部地方からの内地（日本）渡航が極めて多くなっており、内地人と従来から移住している朝鮮人の失業を深刻化させているると書かれている。治安上の憂慮も加味して今後は内地渡航を一層減少させることが緊要である、という記載もあり、このことから労務動員が始まる前の日本政府は、朝鮮半島から来る朝鮮人の人数を減らす方針であったことがうかがえる。

麗澤大学の西岡力は１９３３年から１９３８年までの6年間で日本渡航を申請して却下された朝鮮人が72万７０９４人もいたことを指摘している。さらに、申請が通っていても証明書の不備などが原因で出発港にて止められてしまった朝鮮人も存在し、その数は１９２５年から１９３７年の13年間で16万３７６１人であったという。西岡は統計の存在する１９３３年から１９３７年の5年間で１０８万７５６３人が渡航出願をして65万１８７８人が不許可となった事実に触れ、渡航許可率が半分以下の約40％という厳しい選別は先の閣議決定によるものだと指摘している（西岡力『でっちあげの徴用工問題』草思社・２０１９年）。

本来であれば、日本政府は引き続き朝鮮半島からの朝鮮人渡日を制限していくはずだった。しかし、戦争という非常事態によって日本国内で人手不足が発生する可能性が出てきた。この問題を打開するために徴兵の義務がなかった朝鮮人を労働者として雇う案が出たが、日本渡航を完全に解禁してしまうと、これまで渡航を抑制されていた反動で多くの朝鮮人が日本に渡ってくることは想像に難くない。朝鮮総督府が朝鮮人流出を危惧した原因は、戦線拡大という要因だけではなく、労務動員計画以前の朝鮮半島における日本渡航への熱狂もあったと思われる。

事実として、朝鮮総督府と日本政府は朝鮮人の労務動員の初期を募集という限定的な集団渡航で解禁した。日本企業が現地で募集をかける際、同時に面接による採用選別も行っていたので、日本へ渡る朝鮮人の数が調整されていた。実際、朝鮮半島へ渡り募集に携わった日本人の日誌（石堂忠右衛門の日誌など）を見ると、応募者上限を超える人数が集まり、選別に苦労した話が残っている。日本政府は朝鮮人の日本渡航の願望を活用して彼らを戦争遂行に必要な炭鉱などの重要産業に配置して統制しようと考えたのである。

募集の手続き

募集形式から始まった朝鮮人の労務動員であったが、形式上は日本人と同じく戦時における国民動員であったため、企業が自由に朝鮮人を雇用することは不可能であった。むしろ、朝鮮半島で募集を行うために煩雑な手続きを踏まねばならなかった。

１９４０年３月12日に内務局長と警務局長の連名による通達が残っている。「募集ニ依ル朝鮮人労働者ノ内地移住ニ關スル件」（樋口雄一編『戦時下朝鮮人労務動員基礎資料集Ｖ』緑蔭書房・２０００年所収）と題された文書に当時の募集手続きが記されており、手順としては次のとおりである。①日本の事業主が朝鮮で募集地とされている道《ド》（県に相当）の知事に申請書を提出する。②道知事は労務調整の見地から募集地を審査し、問題が無ければ朝鮮総督府と事業主に連絡を出す。③事業主が人を派遣して邑《ウプ》・面《ミョン》（日本の町村に相当）で募集を開始する。ただし、募集地が二道以上の規模になる場合、事業主は道知事ではなく朝鮮総督府へ申請書を提出することになっていた。総

〔図表１〕募集方式の流れ

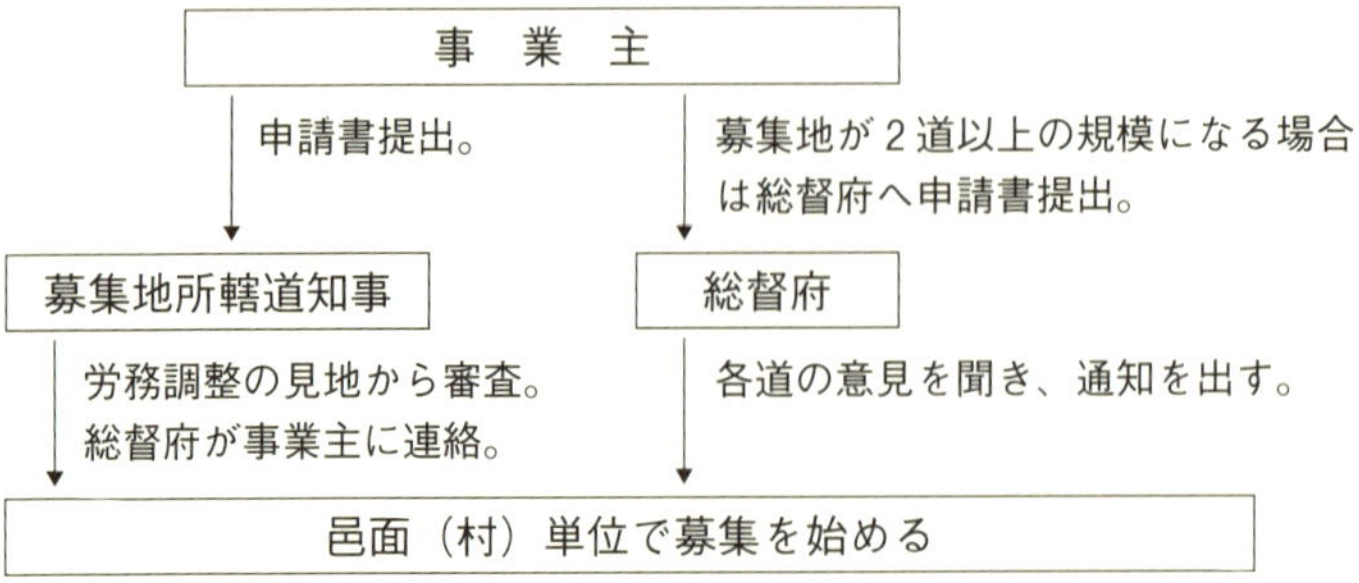

督府は各道の意見を聞き、募集許可の通知を出した後に事業主は労務者の募集を開始する。

通達書には「労務調整の見地から審査」「各道の意見を聞き」という言葉があり、慎重な労務管理がうかがえる。さらに、労働者の選定には特に慎重を期すこと、募集を申請者（企業）の自由に委ねずに、できる限り官（役人）が協力すること、などが記載されている。注目すべきは、一つの募集が完了するまでは同一邑面内で新たな募集はしないことが明記されている点である。このことから、日本企業には朝鮮人の労務動員に対して一定の制限をかけられていたことが分かる。

朝鮮半島では各地域の動員可能人数を調べており、慶尚南道《キョンサンナムト》知事から朝鮮総督府内務局長宛の調査報告書（１９４０年5月29日）では労働出稼ぎ及び転業可能者数と希望者数を記している。そこには、慶尚南道19郡《グン》（日本の市や郡に相当）の出稼ぎ及び転業希望者は男子３万６４６９名、女子３６９１名と記されている（樋口雄一「労務資源調査に関する件」『戦時下朝鮮人労務動員基礎資料集Ⅰ』緑蔭書房・２０００年所収）。このような調査が半島全域で行われたかは不明であるが、確認できる範囲では全羅北道《チョルラプクト》（現在は全北《チョンブク》特別自治道に改編）、全羅南道《チョルラナムト》、忠清北道《チュンチョンブクト》なども調査されており、同調査を基にして募集や後の官斡旋における労務動員数の参考にされたと思われる。

では、動員人数の制限を企業側は守っていたのであろうか。北海道の住友歌志《うたし》内《ない》炭鉱の武岡達良の報告では１９４０年7月24日付で、慶尚北道《キョンサンブクト》で開かれた座談会に参加したところ、特高主任の注意事項として一番きつく注意されたことは、同一道内でも指定された郡以外からは絶対に募集してはならないことであったと記している（小沢有作編『近代民衆の記録10　在日朝鮮人』新人物往来社・１９７８年）。

また、香川県の三菱鉱業直島《なおしま》精錬所の労務係である石堂忠右衛門の日誌も１９４０年3月8日に次のような記述を残している（林えいだい編『戦時外国人強制連行関係史料集Ⅳ上巻』明石書店・１９９１年）。道庁が募集許可の有無を出さないので状況を確認しに行き、旅館に帰り着いた後に募集の許可が下りたことが電話で知らされ、万歳を叫んだという。

以上のことから、朝鮮総督府だけでなく日本の企業も労務動員で多くの朝鮮人が日本へ流出しないように配慮していたことは明白である。日本企業は課せられた規則を守り、限りある募集人数の中から素質優秀な者を選定していかなければならなかった。募集の回数も限定的な状況下では、いい加減な労務動員などリスクが高すぎて実施する動機が日本企業側にはない。特にこの時期は募集の制度を利用して、日本までの交通費を日本企業に払わせておきながら渡日直後に別の職場へ逃走する朝鮮人労働者が多かった。自社の職場で働く意思があるのか、その点を見抜くことも日本人労務係には求められていたのである。

官斡旋の手続き

1942年2月から官斡旋という労務動員が追加されるが、この形式が採用された背景には、募集によって上限人員に数倍する応募者が出たため農業従事者が減って農村賃金が高くなり、日本へ行かなくとも農村で十分生活ができる状態になったからだと分析されている。その結果、募集だけでは労務者の獲得が困難になってきたので官斡旋の方法を取ることになったのだという（国民総力朝鮮連盟「国民徴用の解説」1944年・樋口雄一編『戦時下朝鮮人労務動員基礎資料集Ⅲ』所収）。

先ほど紹介した石堂忠右衛門も日誌に同様のことを記載している。1940年3月20日の記述によると、郡内各方面では災害救済土木工事が行われており、道路新設改造の仕事で多くの朝鮮人が仕事に従事していたため日本に働きに行く必要がないとしている。また、朝鮮半島内ですでに出回っている募集はどこも2円の日給となっており、直島精錬所の賃率は魅力的ではなかった。実際、鳳樹《ボンス》という面（村）には1日で1円50銭を稼げる仕事があり、直島精錬所の募集には1名も来なかったことが記載されている。

給与の良い職場が半島内に存在するのならば、わざわざ日本へ行って重労働の炭鉱仕事に就こうとする者は少なくなるであろう。労務動員の目的が重要産業で働く労働者の確保であるため、行き先の多くは炭鉱となる。動員の対象となる朝鮮人の多くは農民であり、彼らは穴に入っての作業を嫌う傾向が強かった。炭鉱は嫌だがお金は稼ぎたいという心情から、戦時期には朝鮮人の多くが募集、官斡旋、徴用といった労務動員ではない自主渡航で日本へ来ている。この点は後述する。

1941年12月には太平洋戦争が始まり、日本は中国だけでなくアメリカとも戦争を遂行しなければならなくなった。このことから、国内の人手不足が加速することは明らかであり、炭鉱を嫌う朝鮮人をどうやって配置するかが一層重要視されるようになった。

では、具体的に官斡旋はどのように行われたのだろうか。朝鮮総督府が1942年に発行した『朝鮮労務』第二巻第二号（庵逧由香が2000年に緑蔭書房から復刻版を発行）では、厚生局労務課が「労務動員実施計画に依る朝鮮人労務者の内地移入斡旋要綱」を掲載しており、そこに官斡旋の手続きが記載されている。

官斡旋は募集とは違い、日本の事業主が申請書を提出する先は朝鮮総督府に一本化された。①正副2通の申請書を提出し、②総督府は移入雇用承認通報のある道であるかを確認し、要員充足の緊急度や労務調整を考慮して道を選出する。③選出された道は5日以内に府・郡・島（日本の市や郡に相当）に選出人員を決定し、職業紹介所や府・郡・島に通知し、総督府及び事業主にも連絡を出す。④紹介所または府・郡・島は5日以内に邑・面別に人員を決定し、邑・面に通達。道にも報告を上げる。⑤邑・面は管内の労働事情の推移に留意して供出可能労務の所在及び供出時期を考慮して、警察官憲、朝鮮労務協会などの機関と連絡し、協力して割当労務者を選定する。⑥労務者取りまとめが完了次第、

〔図表２〕官斡旋方式の流れ

事　業　主

↓ 日本の道府県から承認を得た事業主が申請書正副２通、承認書１通を朝鮮総督府に提出。

総　督　府

↓ 朝鮮総督府が道府県からの雇用承認の内容を確認。
要員充足の緊急度、縁故、地盤または労務調整などを考慮して道を選出。
斡旋人員や期間を決定し、道に通知。

選出された道

↓ ５日以内に府・郡・島別に選出人員を決定し、該当職業紹介所または府郡島に通知。総督府及び事業主にも通知を出す。

紹介所または府・郡・島

↓ ５日以内に府・邑・面別に人員を決定し、邑面に通知。
道にも報告を上げる。

紹介所または府・邑・面

↓ 管内の労働事情の推移に留意して供出可能労務の所在及び供出時期を考慮して警察官憲、朝鮮労務協会などの機関と連絡し、労務補導員と協力して割当労務者を選定する。
労務者取りまとめが完了したら割当官庁に報告する。

道が事業主に連絡し、事業主は指定された時期に、関係道、紹介所または府・郡・島に出頭してその指揮を受ける

割当官庁に報告し、道が事業主に連絡する。⑦事業主は指定された時期に道、紹介所または府・郡・島に出頭してその指揮を受ける。

募集と比較して手続きが複雑化したことが分かる。しかし、一部の重要な工場や鉱山には思うように人が集まらず、１９４３年５月20日に朝鮮総督府が各道知事に「重要工場鉱山労務者の充足方法に関する件」を通知する。これによって、一部の事業所は手続きの簡素化・迅速化が認められた。

重要工場鉱山の官斡旋方式は次のとおりである。①事業主が道知事に申請書を提出する。②道知事は審査の後、事業主に連絡する。このとき、道知事は総督府による斡旋の必要性があると判断した場合は総督府に審査してもらい、割当人数を決定してもらう。いずれの場合も、事業主の希望に沿うように人数を決定する。③事業主は朝鮮半島に人を派遣して、労務取りまとめの指示を受ける。その際は、作成した名簿を府・郡・島に提出し、府郡島は道に、道は総督府へ連絡を出す（「労務関係法令通牒」『朝鮮労務』第三巻第四号所収）。

１９４３年５月以降の重要工場鉱山の官斡旋は、事業主の意向をなるべく叶えるための変則的な労務動員であった（次頁・図表３参照）。これは裏を返せば、通常の官斡旋は事業主の意向は必ずしも反映されず、朝鮮半島に無理のない労務動員が行われていたことを示すのではないだろうか。

徴用の手続き

１９４４年９月から朝鮮半島でも徴用が始まるが、手続きは次のとおりである。①事業主が朝鮮総督府に徴用の申請を出し、②総督府は申請を認めた場合は道知事に対して徴用命令を出す。③道知事は要求される種類の対象者を国民登録によって調査し、徴用員数の数倍程度の適格者と認められる者に対して出頭命令書を出す。④出頭して来た者の居住及び就業の場所、身体、家庭、職業、技能程度、

〔図表３〕1943年５月以降の重要工場鉱山の官斡旋方式

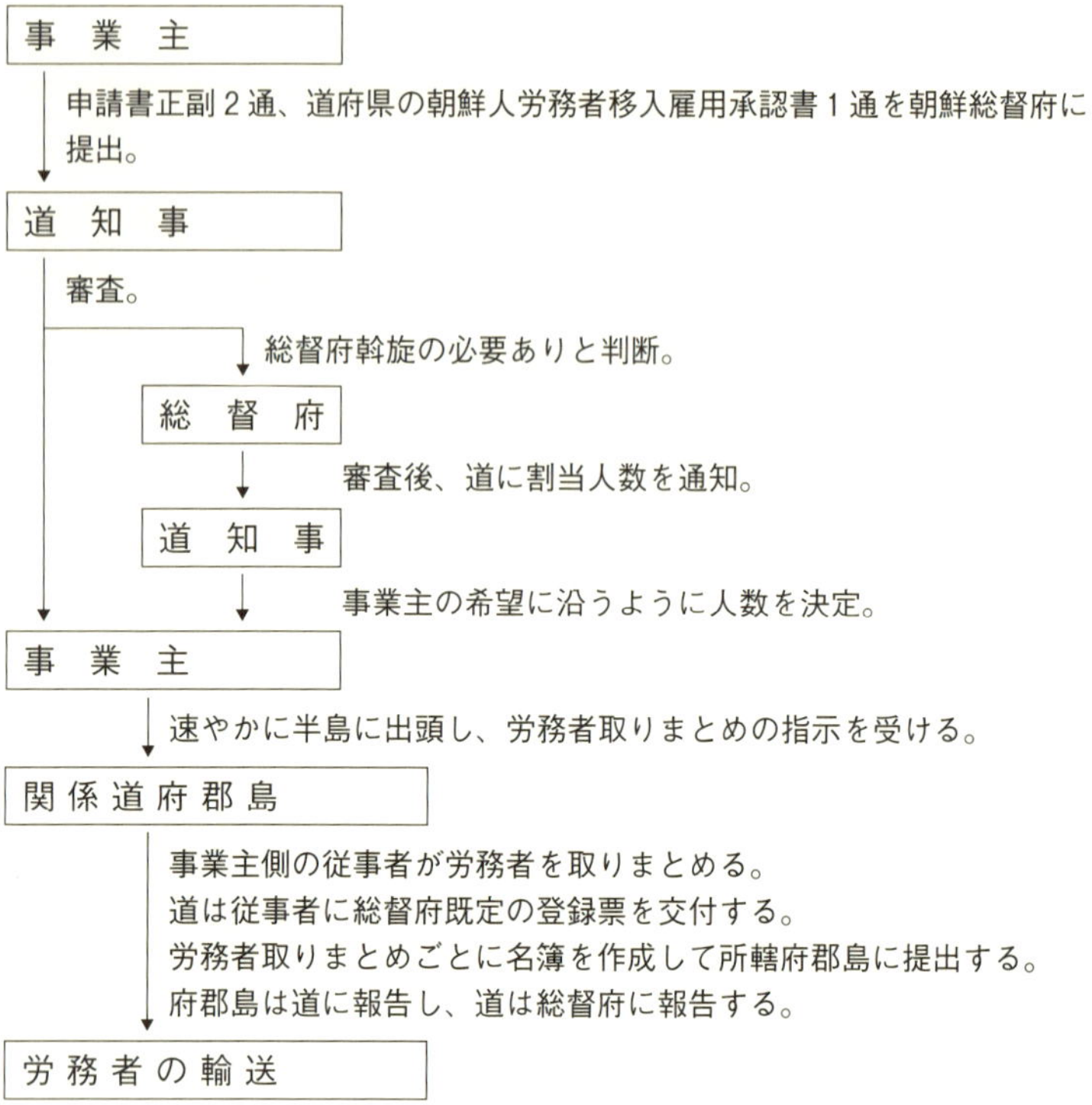
事業主
申請書正副２通、道府県の朝鮮人労務者移入雇用承認書１通を朝鮮総督府に提出。
道知事
審査。
総督府斡旋の必要ありと判断。
総督府
審査後、道に割当人数を通知。
道知事
事業主の希望に沿うように人数を決定。
事業主
速やかに半島に出頭し、労務者取りまとめの指示を受ける。
関係道府郡島
事業主側の従事者が労務者を取りまとめる。
道は従事者に総督府既定の登録票を交付する。
労務者取りまとめごとに名簿を作成して所轄府郡島に提出する。
府郡島は道に報告し、道は総督府に報告する。
労務者の輸送

希望を検査調査して服務の適否を判定する。⑤その結果に基づいて道知事が徴用令書を発行し、邑面長などを通じて本人に交付する。徴用令書の交付を受けた者は令書に示している指定の日時及び場所に令書を持参して出頭することになる（国民総力朝鮮連盟『国民徴用の解説』１９４４年）。

徴用が発令される１９４４年度は例年に比して大量の労務動員が朝鮮に求められた。そこで朝鮮総督府は動員の強化のために、従来は実施されなかった日本内地の民間の工場や鉱山に対しても国民徴用令を発動し労務の充足を図った。

これまでの募集と官斡旋との大きな相違点は、動員に応じなければ罰則が設けられたという点である。しかし、朝鮮総督府が厳罰主義を避けたために不応者が続出した。この現象は終戦に近づくに従って深刻となり、厳罰で臨まなければ収拾がつかない状態になって、やむを得ず終戦直前に総督府が厳罰の態度を明示するに至ったという（小林英夫監修『日本人の海外活動に関する歴史的調査 第五巻 朝鮮篇４』ゆまに書房・２０００年）。

また、徴用を懲罰と混同する朝鮮人が多かったことからも動揺を加速させ、徴用忌避者が増大することになる。勘違いによる動揺は朝鮮総督府が説明を重ねて鎮静化を図らねばならなかった。

以上、戦時期における朝鮮半島での労務動員を簡潔に説明したが、一貫して動員のための手続きが煩雑であったことが分かると思う。募集の時期から日本企業は朝鮮総督府や朝鮮の道知事へ申請書を提出して、許可が下りるまで朝鮮人の動員はできなかったのである。当時の日本人労務係の日誌を見る限り、日本企業も規則を守っており、好き勝手に動員をかけていなかったことが分かる。しかし、戦後には１９３９年の募集から日本は道端を歩いていた朝鮮人を暴力的に攫《さら》って日本へ連れて行ったという強制連行という言説に変わってしまったのである。

第2節　難しかった朝鮮人の労務動員

労働者の数ではなく質を重要視

では、当時の朝鮮半島内の労務動員は本当に暴力的であったのか。一次史料を読んでいくと、異なった側面が見えてくる。朝鮮総督府労務課に設立された朝鮮労務協会が1941年10月から『朝鮮労務』という機関誌を発行している。この中に、1941年2月に慶尚北道で事務打ち合わせ会が開催され、日本への労働者の選出と道内における労務調整が困難になることが予想されるため常に労務資源の調査を行い、労務動員に万全を期すようにと知事へ指示を出している（「復命書　慶尚北道内府郡島庶務課長及社会事務担当官の事務打合会［抄録］」・樋口雄一編『戦時下朝鮮人労務動員基礎資料集Ⅱ』所収）。

1942年1月には労務調整令が朝鮮と日本で同時に実施された。内容は、従業者の解雇や退職を国家が制限し、技能者（資格取得者、特定学校卒業者等）の就職を許可制にすること。労務供給業者による労働者供給も認可制とし、事業主は可能な限り男子従業者の雇用を節約して重要産業の需要に向けさせることが書かれている（「通牒　労務調整令の施行に関する件」『朝鮮労務』第二巻第一号所収）。

日本政府や朝鮮総督府は将来的に朝鮮半島の労務動員で人手不足が起こるのであれば、労働者の人数を集めることよりも労働者の質を高めることを重視した。1942年の『朝鮮労務』第二巻第一号では江上征史の「勤労の新観念」にて「千人の労働力が千三、四百人分となることが目標である」と記し、1942年3月の「咸鏡南道《ハムギョンナムド》主催労務調整令事務打合会」（樋口雄一編『戦時下朝鮮人労務動員基礎資料集Ⅱ』所収）では、従業員の数を増やすのではなく、その質を向上させることによって増産の目的を達成させることが重要であると述べている。

以上の点を踏まえると、日本政府や朝鮮総督府は早い段階から、遅くとも官斡旋前には朝鮮半島内での人手不足対策を実施していたことが分かる。労務動員人数が限定されることを見越して労働者の人数ではなく質を重要視していたのであれば、暴力を伴う強制連行と矛盾すると言わざるを得ない。１９４２年の『朝鮮労務』第二巻第三号では、竹田兼男が「朝鮮に於ける労務管理の基本課題」にて新しい労務者の採用はできるだけ優秀な者を獲得することが課題であると述べている。それに加え、未経験者でもできるだけ素質優秀な者を採用し、採用した労務者に指導錬成を加えることが今後重要になることを強調している。

暴力的な労務動員でどうやって素質優秀な者を見つけ出すのだろうか。また、無理やり日本へ連れてきた朝鮮人が優秀な労務者へ成長するだろうか。少なくとも当時の朝鮮半島内では朝鮮人を産業戦士として育て上げ、生産能率を上げることが共通認識になりつつあった。素質によってはケガをしたり災害を起こしやすい性質の者がいることも判明し、適性検査を通して危険な場所に就けないようにしたり、労働に堪えられないと判断された者は朝鮮半島に送還されることもあった。

日本企業の努力

では、日本の企業はどうだったのだろうか。朴慶植《パクキョンシク》編『朝鮮問題資料叢書』第一巻（アジア問題研究所・１９８２年）には当時の朝鮮人労働者の労務管理に関して言及した資料が掲載されている。そこに１９４２年8月21日に発行された『朝鮮人労務管理の要領』第七八二号があるのだが、それによると、日本に来た朝鮮人労務者を有能な産業労務者として育成することが明記されている。朝鮮総督府も重要視していた能率の増進や朝鮮人労働者の育成を目標に掲げる各企業関連資料は多く残っている。

鹿島組労務部が作成した『朝鮮人労務者の管理に就《つい》て』（１９４２年）には労働者の数という問題よ

り大事なことは能率の増進であり、朝鮮人労働者を有能な産業労務者として育てることが労務管理の最も重要な点であるという記述がある。

また、日立鉱山の日本人労務管理者が朝鮮人労働者をどこへ出しても恥ずかしくない産業戦士に育て上げるという情熱を燃やしていたことが分かる資料も存在する。労働事情調査所による「日立鉱山に於ける半島人労務者と語る」（1939年）では、半島へ帰ったら立派な皇民として、こちらに残るのであれば一人前の鉱業戦士として十分ご奉公できる人間に育て上げたい、という意気込みが語られている。そのためにも、新しく就業する者に対しては徹底的に本人の意思を確認し、確固たる就労意思を持った者でなければ連れてこない。郷里を出るときに契約期間内は絶対に辛抱するという誓約をさせ、十分覚悟を決めてもらう必要があると記載されている。

以上のことを踏まえると、日本企業も人数よりも能率を重要視した朝鮮総督府の労務管理と合致している。もし、道端を歩いていた者を強制的に連行すれば、朝鮮総督府や多くの日本企業の方針に対する叛逆行為となる。当時の朝鮮半島の情勢と日本企業内部の方針を鑑《かんが》みるならば、場当たり的で人数だけを揃える強制連行を行う動機はなかったと見るべきである。

遊休労力という問題

一方で、当時の朝鮮半島では遊休労力という問題が発生していた。『朝鮮労務』第二巻第三号（1942年6月）では「婦人の勤労について」という尾崎関太郎の体験談が掲載されているのだが、都会（平壌《ピョンヤン》や京城《キョンソン》）の女性はデパートの食堂や映画館前で行列をなし、街をうろうろしていると紹介されている。尾崎は、朝鮮人女性も働いている者は多いが、日本ほど徹底しておらず、都会の婦人に至っては遺憾の点が甚《はなは》だ多いと述べている。こうした有閑未働の人たちは朝鮮に少なからず存在し、ドイツやソ連と比較して問題だと訴えている。

尾崎は朝鮮人婦人に「朝鮮の農村では婦人達の労働進出は目ざましいものがあるが、平壌でも京城でも都会では今でも年頃の有閑階級の婦人が比較的多いように見受けられる。あの人達は何とかならないものだろうか」と尋ねたという。婦人は、自分たちも働かなくてはならないことは自覚しているが、都会では農村のように職を与えてもらえるわけではないと答えた。しかし、東京では良家の若い令嬢でも勤労に従事しており、妙齢の女性でさえも労働服に身を固めて職場へ向かう光景を見た尾崎は都会の朝鮮人女性たちも皇国女性としての自覚を持ってほしいと述べている。

『朝鮮労務』第三巻第四号（１９４３年９月）では「遊休労力の動員過程」という毎日新報編集顧問である井上収の原稿が掲載されている。朝鮮では遊休徒食が氾濫しており、映画館、喫茶店などに雲集して働かず、平日の白昼に街路を彷徨する者が少なくないと井上は指摘している。先ほどの尾崎の説明では都会女性が遊休労力になっていると指摘していたが、井上は「有産階級者」と言っている。有産階級たちが働かない理由は米に困ることがないという安心感であると井上は推測し、朝鮮は日本ほど経営者の失業率が高くないことを指摘する。当時は物価統制が敷かれているため商工業者は通常営業ができなかった。営業日数が一か月に十日もないことはめずらしくなく、そのせいで失業する経営者が日本でも多く発生したという。

さらに、朝鮮では知識層の遊休労力も存在するという。彼らは専門教育を修めたものの、戦時下のため適当な職が得られないために遊休状態を余儀なくされていると井上は説明する。中には官公吏から退職して遊休している者も決して少数ではないという。しかし、戦時下において街頭に放浪している状況は好ましくはなく、自発的に挺身奉公すべきであり、そのための職域は多く存在すると苦言を呈している。

以上のことから、朝鮮の都会では太平洋戦争中でも映画館や喫茶店に行列ができていたことがうかがえる。もし、強制連行が真実であったのであれば、日本政府はなぜこのような遊休労力を狩り出して日本に送らなかったのだろうか。この点からも、当時の日本による朝鮮統治が暴力的でなかったことを示している。

第3節　「強制連行」説の定義

朴慶植の主張

本節では「強制連行」説の定義とその変遷を確認していきたい。朝鮮人の強制連行が日本社会に浸透する要因となった朴慶植の『朝鮮人強制連行の記録』（未来社・1965年）では次のように説明している。日本は強制連行政策として1939年7月に国民徴用令を発表したが、朝鮮では徴用令そのままの形での適用を避けて募集形式での動員計画が立てられて実施された。この朝鮮人連行は事業主側に対して集団的連行を認める戦時報国の強制力を持っていたと指摘している。

また、朴慶植は、当時の官吏や警察、面（村）の有識者、植民地官僚が強権的に働く意思のない朝鮮人を狩り出したとして、戦後の朝鮮人回想などを引用している。しかし、ここで問題となるのが、朝鮮人を狩り出した者が何者であるか判然としない点である。朴は朝鮮総督府機関紙『京城日報』の元社長である鎌田沢一郎の回想を紹介している。「朝鮮人の下級官吏が上司の鼻息《びそく》を窺《うかが》って、寝込みを襲ったり田畑で働いている者をトラックに載せて日本へ送った」というのが鎌田の回想内容なのだが、朴は「朝鮮人の下級官吏」の箇所を省略して紹介しているため、日本人が朝鮮人を狩り出したかのような記述となっている。

また、朴が引用する日本人の回想にも不可思議な点が多い。例えば、常磐炭鉱の労務係と名乗る者が戦後に述べた「面長さんは大概日本人なんです」という箇所である。面とは日本で言う村に相当するが、当時の面長はほとんど朝鮮人である。労務動員が行われる地域は田舎も多く、そのような田舎の村長が日本人とは考えにくい。『石炭鉱業の鉱員充足事情の変遷』（北海道立労働科学研究所編・1958年）では、茂尻《もしり》鉱業所労務係が朝鮮へ募集に行った際に、「日本語の半分も知らないような人達に頭を下げて」協力をお願いしたという座談会の内容が残っている。面長が日本人であるならば日本語で対応すればいいはずだが、茂尻鉱業所労務係の内容を見るにそうではなかったことがうかがえる。日本語の分かる朝鮮人面長や日本式の氏名を名乗る朝鮮人面長は存在したであろうが、面長のほとんどが日本人であったという常磐炭鉱労務係の回想は大いに疑問が残る。

さらに、朴の書籍には、山口県労務報国会運動部長をやっていたとされる日本人の回想も紹介されているが、ここでは「警察特高係とともに指定部落を軒なみにたずね、働けそうな男を物色し、奴隷狩りのように連行した」と紹介されている。しかし、朝鮮半島で実際に労務動員を行うのは前節でも紹介したように日本企業や朝鮮総督府、現地の役人である。なぜ山口県の労務報国会の者がわざわざ朝鮮半島に赴いて「奴隷狩り」を行う必要があるのだろうか。

『朝鮮人強制連行の記録』における朴慶植の強制連行の定義には大きな問題点がある。募集から始まる一連の朝鮮人労務動員はいわゆる戦時動員であり、徴用に至っては法的な強制力を伴った戦時法規である。徴用、すなわち戦時動員は強制連行であると主張する朴の定義では、人権問題を孕んだ戦時犯罪と見なすには不十分だ。また、朴は募集と官斡旋による労務動員も「連行」と表現しているが、募集に関しては朝鮮人自らが日本行きに名乗りを上げていた。官斡旋に関しては、本人の意思によって渡日を断れたことが明らかになっているので、この点も強制連行と定義するには難しい。そこで、後に日本人研究者たちによって強制連行の拡大解釈が行われることとなる。このように、朴慶植の説を支持する人々の総称を本書では「強制連行派」と呼称する。

拡大解釈される「強制連行」説

例えば、駒澤大学の古庄正は「朝鮮人戦時動員の構造――強制連行に関する一考察」（日本植民地研究会編『日本植民地研究』第一五号・２００３年）という論文で、警官や面役人の威圧による動員は「広義の強制連行」と言うことができると述べている。また、２００５年に日本で結成された強制動員真相究明ネットワークも、１９３９年の募集時期から「『皇民化』という奴隷政策の下での強制的な連行」が行われたと主張しており、同ネットワークの一人である竹内康人も次のように定義している。「暴力的・物理的な連行だけでなく、欺瞞や精神的に操作しての動員も強制連行とみることができます。植民地支配は暴力を構造化させ、民衆を窮乏させます。甘言による『募集』があれば、それに応じるような状況が形成されます。（中略）また皇民化によって民族性を奪い、日本の戦争に応じるように仕組んだわけです。抵抗や拒否が強ければ、拉致や処罰や暴力による強迫で連行することもおこなわれました。植民地からの精神的・暴力的な連行がおこなわれたわけです。それを戦時の植民地からの強制連行と表現しているわけです。」（竹内康人編『戦時朝鮮人強制労働調査資料集２』神戸学生青年センター出版部・２０１２年）

ここで竹内は、徴用は国民の義務であり不法ではないという主張に対して、戦時の動員が精神的・身体的な強制力をもって行われたことは史実であると反論している。例として、初期の動員でも逃走すれば各所の警察に手配書が送られ、発見すれば逮捕されたことを挙げている。また、小学校出たての女子も勤労挺身隊として連行されたことを説明しているが、このことに関しては根拠となる資料は提示されていない。

さらに、２０１９年10月に強制動員問題解決と過去清算のための共同行動が作成した「韓国『徴用工』問題Ｑ＆Ａ」というリーフレットにも強制連行に関する説明がある。「Ｑ１『徴用工』って何ですか？」という設問に対して「募集・官斡旋・徴用などさまざまな形で強制動員し、炭鉱や軍需工場などで働かせました。政府は労務動員計画を立て、企業は官憲の力を利用し、計画的に動員したのです。これを朝鮮人強制連行といいます。『徴用工』とは、強制動員された人々のことです」と解説している。

龍田光司『朝鮮人強制動員韓国調査報告１』（緑蔭書房・２０１６年）では、１９３９年の募集時期の労務動員から強制性があったという根拠は（ⅰ）朝鮮総督府の役人や面職員などによる暴力的・人狩的強制、（ⅱ）徴用令や各種行政法などによる法的行政的強制、（ⅲ）儒教倫理や皇民教育という面から見た人格的精神的強制の３点であると述べている。この中には、経済的圧迫から生まれた日本への幻想的期待、植民地支配機構の末端に及んだ政治的圧力、青年の進路選択幅の狭さなどが挙げられており、これらもすべて日本の責任と指摘している。「強制連行派」にとって「強制」とは、国家主権を奪われた植民地人民に対する構造的な支配の特質を表した言葉である。物理的強制がなくても甘言や誘惑により国外へ移動させ、移動地で「身体的自由」が奪われ、「強制行為」があれば誘拐罪にあたる。こうした点で、鉱山や炭鉱の多くの場合、「拉致」と「強制連行」の二つの概念を隔てるものは何もないと言う。

「強制連行派」の論理的不備

しかし、戦時の労務動員が精神的・身体的な強制力をもって行われたことは当たり前の話であり、彼らの主張は説得力がない。朝鮮人への徴用令は1944年9月からであるが、当時日本が統治していた以上、これは戦時法規として合法的行為であった。「強制連行派」は精神的圧迫や欺瞞による日本送出を「広義の強制連行」としたが、精神的圧迫や欺瞞、あるいは甘言をどのようにして立証するのか、その具体的な手法や考察が十分になされていない。

まず、古庄正が主張した警官や面役人の威圧について考えてみたい。古庄は労務動員の「無理強制暴行」の原因は警察と行政（官吏や公吏）に対する業者の接待攻勢にあったと言わざるを得ないと指摘しており、こうした接待に応えて警察と行政が人々の狩り出しに力を注いだと考察している。公権力の労務動員への介入がすなわち強制連行の実証になるだろうか。

このことを考察するにあたり、北海道立労働科学研究所『石炭鉱業の鉱員充足事情の変遷』（1958年）が参考となる。茂尻鉱業所の労務課職員である乙坂虎夫は「現地に行ったらもう選挙と同じ」であり、三拝九拝して面役人と駐在所に懇願して接待をしたと話している。日本企業は1939年の募集から朝鮮半島内での労務動員回数と募集人数に制限をかけられていたことは先述した。限りある応募のチャンスで少しでも多くの素質優良者、つまり真面目な者を職場に引き入れたいと考えたのである。「接待攻勢」も、そうした優良者を一人でも多く紹介してほしいという企業側の思惑があったであろう。

事実、直島精錬所の石堂忠右衛門の日誌（1940年11月28日）には、2名でも3名でも優秀者が来てほしいことを記述している。それでなくとも、日本から来た日本人労務係ならば現地の地理には不案内であろう。ならば、その土地を管理している面役所や警察に協力を求めたとしても不思議ではない。公権力の機関が企業の労務動員に協力していたからと言って、それがただちに強制連行を証明するとは限らない。

加えて、韓国でも次のような指摘がある。『反日種族主義との闘争』（文藝春秋・2020年）の共著者の一人である李宇衍《イウヨン》の「日本に行ったらみな強制動員なのか？」という論文で、実際に官斡旋を受けた柳鎮龍の口述を紹介している。それによると、面事務所と警察による労務動員への勧誘が激しかったと説明しているが、柳は拒否の意思を明確に出して何度も断ったという。面職員は執拗に日本行きを説得し、暴力がなされる前に柳は日本行きを決意した。釜山に到着した彼の気持ちが「どうせここまで来たんだ、日本見物でもして行こう」であったことから、李宇衍は「どこまでが自発でどこからが強制なのかが曖昧である」と見解を述べている。さらに、日本行きを内心喜んでいた者や積極的に官憲に頼み込んで日本に行く者がいたことも紹介しているので、個人の心情にまで踏み込んでしまうと、公権力の介入だけで強制連行を証明することは不可能であろう。

甘言に関しては次のような資料がある。朝鮮人強制連行実態調査報告書編集委員会、札幌学院大学北海道委託調査報告書編集室編『北海道と朝鮮人労働者：朝鮮人強制連行実態報告書』（北海道保健福祉課・1999年）に北海道炭礦汽船株式会社（以後、北炭）の募集担当者の回想が紹介されている。担当者の話によると、募集の際に事前の説明として「1日の平均賃金は2円70～80銭だが、訓練中は2円」だと説明しても募集に来た朝鮮人たちは2円70～80銭が頭にこびりついて離れないのだと言う。このことが原因で、日本に来てから「話が違う」と言ってくるので、十分に注意すべきだと注意喚起している。戦後の聞き取り調査で朝鮮人証言者が「業者の甘言に騙された」と話したとしても、証言者本人の勘違いという可能性がある。証言の取り扱い方の難しさは第2章と第5章で詳述したい。

また、「強制連行派」の説は戦時の考察が不十分のように思える。朝鮮人青年の進路選択幅が狭かったと言うが、ならば日本人青年は進路選択幅が広かったのか。当時は戦争中であり、朝鮮人も日本人も進路選択の幅は狭められていた。むしろ、一定年齢に達したらすぐに徴兵される日本人に対して、終戦直前まで徴兵・徴用が行われなかった朝鮮人の方が進路選択幅は広かったと言えよう。

さらに、募集や官斡旋時期に自発的に参加した朝鮮人が相当数存在したことを無視している点も問題である。結局、「強制連行派」も朴慶植と同様、学術的に朝鮮人の強制連行を実証できなかったのである。

第4節 「強制連行」説に不都合な事実

合法だった日本の朝鮮統治

そこで、「強制連行派」は、日本の朝鮮半島統治（1910年の日韓併合以降）は暴力構造によって成り立っており、その時期に行われた日本政府（朝鮮総督府）や日本企業の労務動員（募集から徴用まで）はすべて暴力的行為であり、人権問題であったと主張する。これがいわゆる「日本統治不法論」であり、2018年の韓国大法院判決で採用された。

しかし、「日本統治不法論」の理論は国際的にも受け入れられていない。1910年の日韓併合は合法だったか不法だったかの問題をめぐり、国際学術会議が開かれたことがあるが、イギリスの学者などから合法論が強く主張された。アメリカのハーバード大学アジア・センター主催で2001年11月16日から17日にかけて開かれたこの会議は、韓国政府傘下の国際交流財団が財政的に支援し、韓国の学者の主導で準備された。事前にハワイと東京で2回の討論会を開き、当時は日米韓のほか英独の学者も加え、いわば結論を出す総合学術会議だった。

合法論は国際法専門のJ・クロフォード英ケンブリッジ大学教授らから出され、「自分で生きていけない国について周辺の国が国際的秩序の観点からその国を取り込むということは当時よくあったことで、日韓併合条約は国際法上不法なものではなかった」と述べた。また、韓国側が不法論の根拠の一つにしている強制性の問題についても「強制されたから不法という議論は第一次世界大戦（１９１４年～１９１８年）以降のもので当時としては問題になるものではない」と主張した（吉田博司『東アジア「反日」トライアングル』文藝春秋・２００５年）。韓国側はそれに反論できず、会議自体が事実上の無期延期となった。韓国側は「軍事的背景を伴う併合は違法」という点を根拠にして日韓併合、すなわち日本統治を不法としたが、「当時は合法だった」という結論になった。

その論理を無視して、再び「日韓併合は国際的に不法」を主張したのが日本の大学教授や文化人たちである。韓国大法院の「日本統治不法論」は日本から輸入したものであり、過去に破綻したはずの論理であった。実際、２０２１年６月７日に韓国ソウル地裁が同様の戦時労働者問題の裁判で元労働者85名が日本企業16社を相手取り、慰謝料を求めた訴えを却下している。最高裁判所に相当する大法院の判決を地裁が覆すという事件が起こった。韓国内でさえも「日本統治不法論」は了承できない勢力が存在することを証明した。

４分の３が自発渡航だった

「強制連行派」には不都合な事実が存在する。２０００年から西岡力が内務省の統計などを用いて戦時動員時期に日本へ渡航した朝鮮人の総数の研究に着手し、その結論が２０１９年の『でっちあげの徴用工問題』で紹介された。統計の根拠は法務省と外務省の事務官として在日朝鮮人に関する実証的な研究調査を行った森田芳夫の『数字が語る在日韓国・朝鮮人の歴史』（１９９６年）である。その後、新たな章も追加した『増補新版　でっちあげの徴用工問題』を２０２２年に発行している。

資料によると、１９３９年から１９４５年の間に日本へ渡航した朝鮮人は労務動員が約60万人だったのに対して自発渡航者（募集、官斡旋、徴用以外の方法で渡日した者）は約180万人もいたことを指摘している。このことから、労務動員された朝鮮人は動員全期間を通して渡日した朝鮮人総数の25％に過ぎず、残りの75％の朝鮮人は自発的に渡日したのである（『増補新版　でっちあげの徴用工問題』186頁）。西岡はこの者たちを自発的出稼ぎ者とその家族であったと指摘する。

さらに西岡は、1930年から1942年までの13年間に日本で発見された不正渡航者が3万9482人にものぼり、朝鮮に送還された者が3万3535人であったことも発見した。このうち、戦時動員期である1939年から1942年の4年間に不正渡航した者が2万2800人と、13年間全体の58％に達した。西岡は戦時動員中に不正渡航が急増した事実を明らかにし、強制連行があったのであれば、この約2万人を朝鮮半島に送り返した説明がつかないと述べている（同180頁）。

「強制連行派」の人々の根底には、当時の朝鮮人は日本へ行きたくなかったのに無理やり連れて行かれた、という考え方がある。しかし、西岡が指摘した統計データを見れば、多くの朝鮮人が日本へ行きたがっていたことがうかがえる。ならば、1939年の募集時期から一貫して朝鮮の人々は日本へ行きたくなかったという「強制連行派」の歴史考察は誤りである。

一方で、西岡説への反論もある。竹内康人は、2022年に『強制動員真相究明ネットワークニュースNo.20』で、西岡が引用した統計のいくつかに具体的な資料名が記されていないことを指摘し、西岡説には説得力がないと批判した。

西岡が依拠する森田芳夫は内務省警保局『社会運動の状況』を資料として示す一方、1943年から1945年にかけての数字については「内務省資料」としか記していない。そのことから西岡は史料名不明の内務省資料を直接見ていないのではないかと、竹内は類推する。対する自分は当時の一次史料、内務省警保局の内鮮警察の統計、「労務動員関係朝鮮人移住状況調」などを使い、史料名を明示したうえで、日本への労務での動員数を約80万人としている。戦時下、植民地朝鮮の人口の1割近くが流浪を強いられたのであり、それは戦時の植民地統治の過酷さを示すものであるというのだ。

しかし、「内務省資料」として当時のデータが記載されている以上、森田の統計を参考にすることは可能である。また、西岡自身、朝鮮総督府、厚生省、大蔵省、入管白書のデータも参考にしているので、戦時期全体を通した考察として十分に説得力がある。

竹内は労務動員で約80万人の朝鮮人が流浪を強いられたと主張しているが、「強いられた」根拠を明示していない。繰り返すが、募集や官斡旋では朝鮮人が自ら進んで名乗りを上げて日本へ渡航したケースが多く確認できる。竹内の言は、朝鮮人は日本に行きたくなかったはずだという「強制連行派」の先入観を如実に表していると言える。また、竹内が自発渡航者に関して一切言及していない点も問題である。

西岡が主張したい点は、労務動員人数の3倍に匹敵する朝鮮人が自発的に渡日したということである。竹内は朝鮮人口の1割が流浪させられたと言うが、その数倍の朝鮮人が自主的に日本へ行っている状況が「植民地統治の過酷さ」を示すと言えるであろうか。１９４７年に日本建設工業会が「華鮮労務対策委員会活動記録」を残しているが、ここには１９４５年10月時点における日本残留の朝鮮人労働者の人数が事業所別に記されている。そして、その日本残留朝鮮人労働者が「集団移入半島人労務者」２万２５００人と「自由労務者」14万５９４９人に分けられている。前者は戦時動員で渡航した人々、後者は動員以外、動員からの逃亡、１９３９年以前からの移住者と区分されている。建設工業が記した史料では、戦時に動員された朝鮮人は全体の約15％でしかない。同史料は逃亡者や先住者も「自由労務者」に含まれているため、内務省のデータよりも戦時動員朝鮮人の割合が低くなっているが、いずれにしても労務動員よりも自発的に渡日した朝鮮人の方が多いことを立証している。この事実に触れずに強制連行を主張しても学術的説得力はない。
竹内はその後、『朝鮮人強制労働の歴史否定を問う』（社会評論社・２０２４年）にて、当時の労務動員政策を自発的な出稼ぎと見ることは不可能であると指摘している。根拠としては、動員は国家の強制力を有していたこと、さらに、植民地統治下では日本に移住せざるを得ない人々が生まれたが、それは植民地支配という強制性によるものだと主張している（１３８頁）。また、徴用は罰則を持つ動員令であったので、植民地であった朝鮮の人々にとっては暴力であり、意思に反する連行であったと理解すべきだと主張している（１４１頁）。

２００１年に開催されたハーバード大学における国際学術会議の結論が完全に抜け落ちていることが分かるだろう。日韓併合が合法であったならば、戦時に日本政府が朝鮮半島に労務動員をかけたことも合法である。当時の朝鮮人は日本国民として扱われていたのだから、戦時に自国民に対して労務動員を行うことは強制労働ではないと規定したＩＬＯ条約にも当てはまる（第５章にて詳述）。日本の朝鮮半島統治に強制性はなかったと国際会議で証明されている以上、竹内の主張は説得力がない。「植民地統治下では日本に移住せざるを得ない人々」は２０２２年の論稿で指摘した「流浪を強いられた」朝鮮人と同義であると思われるが、ここでも具体的な説明が一切ない。さらに言えば、竹内は２０２４年の自著では、労務動員された朝鮮人よりも自発的に渡航した朝鮮人の方が３倍多いというデータすら紹介していない。つまり、現時点においても、西岡の４分の３自発渡航説が一番有力な学説と言える。

募集に殺到した朝鮮人

では、戦時動員で日本へ来た25％（約60万人）の朝鮮人は強制連行されたのであろうか。答えは否である。1939年から募集という形式で開始される戦時動員では多くの朝鮮人が自主的に応募し、日本へ渡っていたことが資料から判明している。一例として直島精錬所の石堂忠右衛門の日誌を挙げることができる。石堂が朝鮮人労働者の募集のために朝鮮半島へ赴いたところ、採用人数以上の応募者が来たことが書かれている。

1941年2月21日の記述には、事務所前の広場に志願者が200人ほど集まり、付き添いの父兄を合わせたら数百人に達したと記されている。石堂たちは身体不確実な者や一定年齢に達していない者などは選考から除外して人数を絞ったが、中には替玉で日本行きを狙った者までいた。親の了承を得ずに勝手に募集に参加した朝鮮人は、親が連れ戻したために採用が取り消しになったこともあった（1941年2月28日など）。

あまりにも直島精錬所（香川県）が人気なので、1941年10月6日に郡庁の主事から募集をしないでくれと懇願されたこともある。多くの朝鮮人が自分の意思で日本行きを望んだのである。日本への移動中も朝鮮人労務者たちは大声で歌い、さながら学生の修学旅行気分のようであると、石堂日誌は記している（1940年3月27日）。

また、先に紹介した『石炭鉱業の鉱員充足事情の変遷』でも茂尻鉱業所の座談会にて、1939年に募集に行った際には一つの村につき募集上限人数である10人に対して200人ほどが殺到し、断るにも大変であったと語られている。

しかし、こうした日誌は「強制連行派」の中で取り上げられることはない。近年では朝鮮人労働者の名簿が強制連行の証拠だと考えているようであるが、替玉まで用意して日本行きを望んでいた記述を見ると、説得力はない。彼らが日本側の史料を紹介する際は、暴力的な労務動員があったと話す日本人しか提示しない。東京大学の外村大は2012年に出版した『朝鮮人強制連行』（岩波書店）で

「強制供出」という言葉を用いている。外村は官斡旋が始まる1942年頃から朝鮮農民は物理的暴力ないし心理的圧迫によって無理やり日本へ連れて行かれたと主張している。

「半強制的」の意味

外村は1942年頃からの労務動員が「強制供出」となっていることを指摘している。根拠の一つとして、1943年11月に開催された東洋経済新報社の座談会における、朝鮮総督府厚生局労務課の田原実の「半強制的にやっています」という発言を引用している。

しかし、この座談会の内容を読み込んでみると、田原の言葉が外村の言う暴力性や心理的圧迫を伴った「強制供出」を指しているか疑問である。田原の発言は『大陸東洋経済』第二号（1943年12月1日）の「朝鮮労務の決戦寄与力」に収録されている。座談会は朝鮮が労務供出の点で日本の戦力に寄与する今後の展望を論じている。その中で田原は、従来の工場、鉱山の労務の朝鮮人充足状況は9割が自然流入で、残りの1割が斡旋や紹介であったと述べている。しかし、募集が困難となり官斡旋で充足する部分が非常に増えていると説明すると同時に官斡旋のシステムが貧弱であることを田原は指摘している。

田原は、官斡旋による労務者の取りまとめが非常に窮屈なので、「仕方なく半強制的にやっています」（前掲『大陸東洋経済』13頁）と発言している。話の前後を確認すると、田原が「半強制的にやっている」ことは貧弱な官斡旋というシステムを活性化することである。その後に続く「半強制的な供出」という言葉も朝鮮人を物理的暴力ないし心理的圧迫によって無理やり（半強制的に）日本へ連れてきたことを指しているかまでは分からない。

確認したい点は、座談会参加者たちは朝鮮人労働者の確保に悩んでいるわけではないということである。彼らが問題にしていることは、官斡旋で来た朝鮮人労働者は軒並み労働意識が低く、すぐに逃げ出してしまうという点にあった。

朝鮮無煙炭労務主任の今里新蔵は、現在では労務者を募集するよりも移動（逃亡）防止に力を注いでいると語っている。座談会メンバーの共通認識として、官斡旋で連れてきた朝鮮人は労働意思がない者が多いという考えがある。日窒（日本窒素肥料）総務課長の池田饒はそのような者を頭数だけ集めても無駄だと言い切り、結局、徴用をやっていただいて、工場はその徴用労務者各個に働く意思を植え付けることが肝要だと述べている。

鐘紡厚生課朝鮮出張所長の別役雄久馬は、朝鮮人労働者を指導する担当者は正しい服装をして、爪もきちんと切り、無精髭も生やしていない人間でなければならないと言っている。これらの話から分かるように、座談会のメンバーは「徴用」という言葉を「朝鮮人を無理やり日本に連れてきて働かせる」という意味で使用しているのではなく、「労働意思の低い朝鮮人に意欲を持たせるための方法」として使用している。日本の企業にとって何よりも重要な点は、朝鮮人労働者に長期間一生懸命働いてもらい、生産量を上げてもらうことである。座談会ではその点を切実に考えていることが分かる。したがって、彼らに朝鮮人を暴力的に日本へ連れてくるという考え方はないのである。

朝鮮土建協会理事の森武彦は、「私の方で官に斡旋して頂いている十二、三万人はほとんど徴用に近い行政上の強力な勧誘で出ております」（前掲『大陸東洋経済』14頁）と発言している。この発言から外村は1943年の朝鮮での要員確保は本人の意思とはかかわりなく進められており、徴用とそう実態は異ならないと見なしていたと述べている。

しかし、先ほどの発言の後に、森も朝鮮人労働者の移動（逃走）問題を取り上げている。土建関連も3割か4割の朝鮮人労働者が職場から出ていっており、今年になってから特に多いと指摘している。

外村が取り上げた森の発言は、座談会の記事にて「問題は量よりも質」という表題で述べられている。すなわち、朝鮮人労働者の労働力改善が焦点になっていることは明らかである。徴用ならば官斡旋と異なり、法的な拘束力を持つので逃走の歯止めが利き、朝鮮人労働者への指導にも本腰が入り、稼働率も改善するかもしれないと、座談会のメンバーは考えていたのである。このことから、日本の業者は朝鮮人労働者に無理強いができない立場にあったことが分かる。森のこの発言は、官斡旋が大した強制力を持ち得なかったことの証左となるのではないだろうか。

強制連行を否定する会社文書

では、戦時中に作成された文書の中に朝鮮人の強制連行を示すものはないのだろうか。日本では朴慶植の書籍が発行された後、当時の日本企業や政府・警察側の作成した資料が強制連行や強制労働の証拠として収集され、資料集として出版されている。

しかし、これらの資料集に収められている資料を丁寧に読み込んでいくと、必ずしも強制連行や強制労働の証拠にはならないことが分かる。例えば、1943年に北海道の空知《そらち》鉱業所労務課が作成した「移入半島人連行心得」（小沢有作編『近代民衆の記録10 在日朝鮮人』所収）を挙げることができる。

題名に「連行」とあるので、朝鮮人を「強制連行」していた証拠と考えてしまうだろう。しかし、同文書を読んでいくと次のように書かれている。「二、現地及在鮮中の心得」にて「在鮮中に於ける連送者の行動は慎重にして」、「他社は勿論他鉱業所派遣の者と比較劣悪なりと認めらるるが如き事なき様特に注意すること」とある。

「連送」という語は耳慣れないが、この場合、朝鮮半島から朝鮮人を日本へ連れてくることをいう。その際には丁寧に接するようにと注意を促しているのである。文書の作成年から考えて官斡旋の時代であるから、自社の労務動員が劣悪であるという噂が広まれば、その後の動員が難しくなることは明白である。空知鉱業所は慎重で丁寧な朝鮮人動員を心掛けたのであろう。

この文書で使用されている「連行」は「連送者の行動」の略であり、連送責任者は常に会社の代表なので会社の体面を汚すことがないように注意すべきであると明記されている。現地では必ず写真添付の戸籍抄本を受領し、用意している白布に名簿と同じ番号と氏名を書いて各自に糸と針を与えて右胸部に縫い付けさせるという指示がある。もし、本当に朝鮮人を無理やり日本へ連行しようと考えていたのならば、そのような面倒なことをせず、すぐに日本まで連れてくればよい。

これに対する反論としては、竹内康人『朝鮮人強制労働の歴史否定を問う』（２０２４年）が挙げられる。竹内は「同文書の記述は逃亡させないために丁寧に扱うことを求めているという意」だと主張する（１４０頁）。しかし、空知鉱業所が連送者による劣悪な対応を禁止していたことを否定できなかった。

おそらく、竹内は日本までの移動中は朝鮮人を丁寧に扱ったが、労務動員時は暴力的だったと考察しているのであろう。だが、この考察はナンセンスだと思う。もし、労務動員時に暴力行為を行っていたのであれば、日本への移動中も暴力で支配すればよい。なぜ、移動中だけ丁寧な対応を心掛ける必要があるのか。逆を言えば、移動中における丁寧な対応を会社が求めていたのであれば、労務動員時においても非暴力的な対応を心掛けていたと考えるのが道理ではないだろうか。文書に明記してあるように、空知鉱業所は「会社の対面」を汚す行為をしてはならないと通達しているのである。これには、乱暴な労務動員も会社の対面を汚す行為に含まれていると筆者は考えている。

竹内は他にも、官斡旋の時に逃亡防止のために朝鮮人を50人から２００人の隊に編成して、隊長その他が統制をとりながら日本へ連れてきたことを「集団統制しての強制的な動員」が行われていた証拠と指摘している（141頁）。しかし、隊を統制するのは現地で官斡旋に応じた朝鮮人であるため、強制連行の証拠にはなり得ない。

第5節　小暮泰用の復命書を検証する

小暮泰用の復命書とは何か

「強制連行派」が強制連行の証拠として小暮泰用の復命書を紹介することが多い。官公庁などの行政機関では職員が特定の目的のために出張調査を命じられた場合、調査後に内容を詳細に報告する義務がある。その際に提出する書類が復命書である。上司などから指示された職務内容について、その経過や結果を報告する報告書の一種と考えてよい。

同復命書は内務省嘱託の小暮が1944年に朝鮮半島へ渡り、朝鮮の民情動向や行政状況を3週間にわたって調査し、7月31日に提出した報告書である。同報告書は水野直樹編『戦時期植民地統治資料』第七巻（柏書房・1998年）に収録されているが、その中に、徴用は別としてその他の労務動員方式は拉致同様の状態であることが記されている。もし事前に日本への送出を知らせれば村の者がみな逃亡するので、夜襲や誘出その他の方策を講じて拉致の事例が多くなっているという。

しかし、重要な点は小暮の指摘する暴力的な動員を一般化できるか否かである。その点の考察や分析を小暮は行っていない。これでは、単なる噂話を聞いて書いたのか、何か根拠があって記載したのか不明である。

同復命書を読んだ筆者の感想としては、小暮は各種事例を検証することなく報告しているように感じた。例えば、小暮は日本へ行った朝鮮人労働者の送金が企業によって止められていることを報告し、山口県沖宇部《おきうべ》炭鉱の話を紹介しているのだが、その頁上部に「？」が付いているのである（写真１）。この記号を書き込んだ者は不明であるが、可能性としては、小暮の報告書を受け取ったと思われる管理局長の竹内徳治が挙げられるであろう。

日本企業側の資料を調べた筆者にとっても、沖宇部炭鉱の送金差し止めは不可思議に思える。朝鮮半島の実家への送金（仕送り）はむしろ日本企業が義務的に行わせていた。

『石炭鉱業の鉱員充足事情の変遷』（１９５８年）では、茂尻鉱業所労務課総務係長の太田文雄が仕送り（送金）は会社の方で強制的にやらせたと話している。当時の送金額は50円から80円くらいまでで、郷里に送金することがその鉱山の宣伝にもなったという。直接家族に送金するのではなく、面長宛で送り、お前の息子から送ってきた金だと言って家族に渡すことで宣伝になっていたようである。

１９４０年に作成された「半島人労務者ニ関スル調査報告」（朴慶植編『朝鮮問題資料叢書・第二巻』アジア問題研究所・１９８１年所収）では、全国の主だった炭鉱の労務管理を記載しており、ほとんどの会社が月平均の貯金額と送金額を明示している。

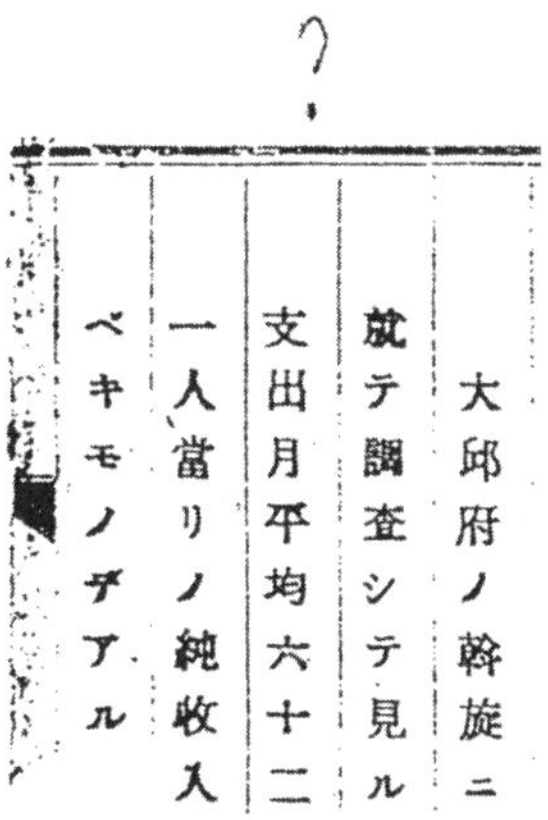
?
大邱府ノ斡旋ニ
就テ調査シテ見ル
支出月平均六十二
一人當リノ純收入
ベキモノデアル

〔写真１〕小暮復命書上部に記載された「？」マーク（水野編『戦時期植民地統治資料・第七巻』52頁）

さらに、１９４４年の『東洋経済新報』第二一二〇号に掲載された「半島労務者に対する帰休制を提案す」には、朝鮮人鉱山労働者の1か月当たりの純手取額は１２０円から３００円で、その中から10円から15円の小遣いを支給されるだけで残りはすべて郷里に送って貯蓄しているとある。2年間の契約が満了になると1人当たり平均２０００円から３０００円の貯蓄ができるにもかかわらず、契約の延長を

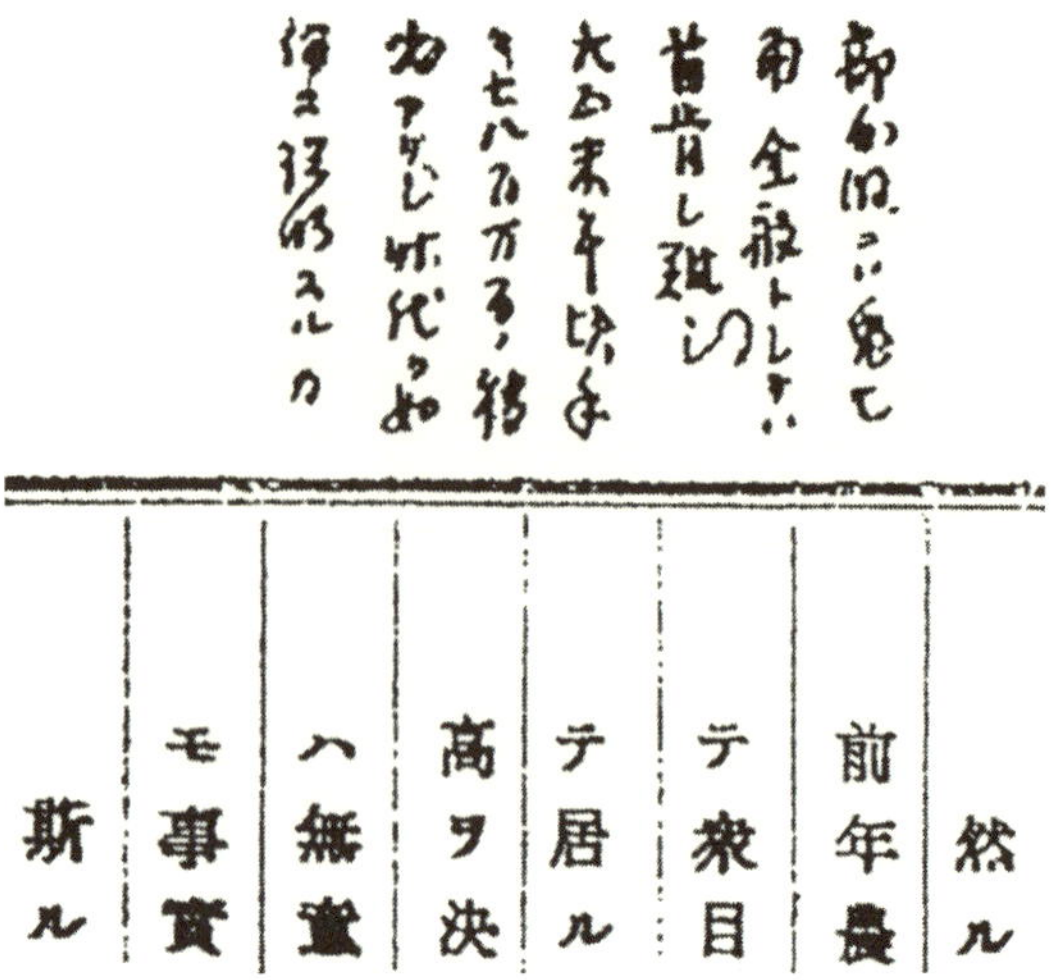

〔写真２〕小暮復命書上部に記載された反論文章（水野編『戦時期植民地統治資料・第七巻』28頁）

する者がいない原因は高額の貯金を故郷へ帰って家族や親類、知己にも得意なところを見せたいという感情があるからだとしている（前掲『東洋経済新報』20頁）。

以上のことから、小暮が報告した沖宇部炭鉱の件は相当の特殊事案と言える。小暮は帰国してもその件を調査せずに報告したため、報告書を読んだ者が当惑して「？」を頁上部に記載したのではないだろうか。さらに、小暮の復命書にはもう一点書き込みがある。朝鮮では食糧事情が深刻となっているが、その原因として行政当局の配給と供出のシステムなどの措置が良くないという批判が地方で出ている、と小暮は紹介している。その原因は農業生産統計を基にして計算され、農村に課せられた食糧供出量が過大見積であると小暮が指摘している箇所がある。その「過大見積」の文章の横に線が引かれ、頁上部には「部分的には兎に角、全般としては首肯し難し」と書き込まれている（写真2）。明らかに、「過剰見積」と指摘した小暮に反論する文言である。頁の枠外に添削文章が入っている公文書を筆者は初めて見たが、こうした点から考慮すると、小暮の復命書を全幅的に信頼することは危険であると考える。

朝鮮半島の困窮について

従来の先行研究では、小暮の復命書の内容をもって、朝鮮人が強制的に日本へ連行され、残された家族をはじめとした朝鮮半島の人々が困窮していたと主張していた。外村大は『朝鮮人強制連行』で小暮の復命書を引用し、日本による無理な労務動員によって朝鮮半島では深刻な人手不足に陥り、半島に残された労務者家族が困窮したと考察している。子供が北海道に動員されたという慶尚北道の63歳の女性が、子供からの連絡も送金も得られないまま瀕死の状態に陥っていることから、日本が朝鮮半島を困窮させたことを引用している。

しかし、日本へ渡った朝鮮人が家族へ連絡も送金もしなかったことをただちに日本側の責任にすることはできない。朝鮮総督府の文書である1941年2月17日付の「復命書　慶尚北道内府郡島庶務課長及社会事務担任官ノ事務打合会」（樋口雄一編『戦時下朝鮮人労務動員基礎資料集Ⅱ』所収）によると、日本移住労務者（6万5344人）の離散（逃走）状況は昨年（1940年）9月末までに1万2071人にのぼっていた。注目すべき点は、離散者の大部分はその日（逃亡日）から送金不能、音信不通となり、朝鮮半島の残留家族は諸般の事情を知らずに官庁を恨み、悪宣伝を流し、今後の労務者選出に悪影響を及ぼすことを危惧する文章が記載されていることである。官庁は十分な真相調査のうえ、残留家族を納得させるように生活指導を行い、路頭に迷わせることがないようにすることを命じられている。

さらに、1944年10月発行の『國民徴用の解説』（朝鮮総督府労務課監修）にも同様のことが記されている。労務者の中には会社の了解なしに他に行ってしまって家族にも連絡しないような者がおり、その場合は家の方に送金をしない。家族も会社から何の連絡もない、実に不都合だと言ってくる。官斡旋制度（1942年）の時からこのようなことがあり、今後は日本内地とも連絡をとって、このようなことがないように努力したいと述べている。

このように、日本企業の責任ではなく、逃亡した朝鮮人の責任であるケースが確認できる。第2章でも分析するが、朝鮮人労働者の逃亡理由の多くが好待遇を求めての日本国内での転職である。そのため、単純に送金が来なくなったというだけでは日本側を批判できない。さらに、残留家族が不条理に日本側を恨んで悪宣伝を流していたという点にも注目したい。「強制連行派」は日本の炭鉱労働は作業の危険性や待遇に不備があったために朝鮮人労働者が逃走し、そのことが労務動員開始直後から朝鮮半島に広まり、恐怖した朝鮮人が動員を忌避していたという主張を唱えていた。しかし、先述したように、朝鮮人労働者が逃走した一番の理由は賃金待遇の良い他職場への移動である。1941年の慶尚北道の復命書では日本移住労務者総数の約2割が逃走していることから、朝鮮半島全体で見ればば相当数の朝鮮人労働者有責の音信・送金不能が起こっていたことになる。これに対して残留家族が総督府や日本企業を逆恨みして悪宣伝を流していたということは、炭鉱現場の危険性や悪待遇は、でっちあげられた宣伝の可能性が出てくる。

反対に、労働者家族が裕福になったという話も存在する。茂尻鉱業所の乙坂虎夫は非常に良い者は2年ほどで家族の者が「両班《ヤンバン》」というお金持ちになったと発言している。当時朝鮮では牛の仔が一頭50円くらいだった。それを一か月位で貸すと金持ちになれる。殉職者は当時2500円から3000円ほど貰っており、面長はその金額の中から牛（使役牛）を買うことを勧めていた。当時、牛を持っている農家はほとんどいなかったので、他人に賃貸する牛を買うことが推奨されていたのだという（『石炭鉱業の鉱員充足事情の変遷』20頁）。

朝鮮半島内の格差問題

一方で、「強制連行派」が取り上げない部分がある。小暮の復命書を説明して朝鮮半島の困窮を主張する研究者は、半島内の都市部の生活が記述されている部分を引用していない。小暮は復命書の中で、農村部は食糧が不足しているが、都市の食糧事情は完全に近い配給制度が実施されていると報告しているのだ。それによると、農民は1日1合程度も食えないが、都市部の人間は1人当たり1合4勺から2合3勺の配給を受け、食糧に不安はない状態にあると言うのだ。この数値は、1944年12月に同じく内務省が作成した「朝鮮ノ統治事情説明」に記載されているものとほぼ同じ数値（2合2勺）である。

小暮の復命書には、都市の食堂には何らかの食物が備蓄されており、この点は日本とは正反対であること、都市の中でも財力に余力がある者は闇市で白米（1斗の闇価は60円前後）やその他の食料品を買い入れて自己の食生活を充実させている者が相当にいること、農民は供出のために米を買い、都市人は自己の満腹のために買う、これも朝鮮でしか見られない奇怪な現象であることが羅列されている。

さらに、中等以上の教育を受けた都会の女性たちは華やかに着飾って喫茶店から映画館へ行くという生活を送っていることも書かれている。この状況は本章第2節でも取り上げた『朝鮮労務』の遊休労力問題の記述内容と合致するので、この部分に関しては小暮の言を信用することができる。

小暮の復命書は、都市方面の非農家は十分な配給を受けながら空腹を訴え、農家は食糧を生産して秋以外の季節では自家の食糧にも逼迫しているという朝鮮半島内における都市部と農村部の格差を憂いていたのである。「強制連行派」の研究書を読むと、朝鮮半島全体が困窮していたかのように錯覚するが、それは正確ではない。日本の農村部も食糧の供出に苦しんでいた。先に紹介した『東洋経済新報』第二一二〇号（1944年）には石橋湛山「食糧増産問題と農業の企業整備」が掲載されており、日本の農家は米や麦の供出が厳しくなり、農家は相当苦しんでいると述べている。その理由は、農家の大部分が零細農業を営んでいるにもかかわらず、重い供給を課せられているからであり、自分の家で食べる物が残らず、百姓をしながら食糧を買わなければならないことが記されている。日本の農家も相当に苦しんでいたことがうかがえる。しかし、小暮の復命書や『朝鮮労務』は朝鮮の都市部は日本よりも食糧の心配が少なかったと述べている。それらを考慮すれば、朝鮮半島だけが特別に困窮していたという考察は不正確であろう。

小暮が調査した後にも内務省による朝鮮半島調査が行われた。1944年12月の「朝鮮ノ統治事情説明」（水野直樹編『戦時期植民地統治資料』第四巻所収）では徴用の実施は勤労の国家性に対する認識が欠如している一般大衆に相当の衝撃を与え、徴用忌避行為に出る者が少なくなかったと記載している。しかし、当局が官民の指導的人物を網羅して朝鮮内の大衆に対する認識の是正を限なく図った結果、次第にこの風潮を緩和することに成功したと報告している。国民意識、時局認識が十分な者の間では産業戦士として挺身奉公しようとする幾多の美談も生まれており、最近は労務者の移動率も減少して稼働率の向上を見つつある、という記述がある。これも「強制連行派」が紹介しない箇所である。

パク・ドンファ（日本名・山本東和）の動員証明写真。岩手県川崎製鉄所に動員された当時の写真とされている。撮影年記載なし。巨大な機械を背景にして、笑顔で写っている。日帝強占下強制動員被害真相糾明委員会『強制動員寄贈資料集』（2006年）43頁

イ・ヒウ（日本名・岩本僖雨）の動員証明写真。福岡県飯塚鉱業所鯰田炭鉱勤務当時の写真とされている。たくましい肉体をしていることがわかる。撮影年記載なし。日帝強占下強制動員被害真相糾明委員会『強制動員寄贈資料集』（2006年）104頁

第2章　朝鮮人「強制労働」説への反論

第1節　朝鮮人は奴隷労働者だったのか

朴慶植《パクキョンシク》が広めた奴隷労働者のイメージ

2018年10月30日の韓国大法院判決を経て、朝鮮人戦時労働者は奴隷労働者であったという根拠のないイメージを広めようとする勢力が顕著に現れたように見える。端島《はしま》炭鉱（通称「軍艦島」）をはじめとした明治産業遺産の炭鉱、または佐渡金山などが好例であろう。これらの炭鉱や鉱山で働いていた朝鮮人労働者は日本人の暴力的・差別的な管理を受けて、奴隷的な労働を強いられていたと主張している一部の日本人組織も存在する。

しかし、こうした奴隷的労働、すなわち強制労働に関しても前章の強制連行同様に証明されておらず、反対に、否定する一次史料が多く存在する。最初に朴慶植が指摘した強制労働の内容を整理していきたい。

1965年の朴慶植『朝鮮人強制連行の記録』で強調されている点は、「日本人労務監督の鞭でたたかれながら」重労働をこなし、朝鮮人の賃金は「日本人労働者の半分位」しか貰えなかったという、暴力的で差別的な労務管理である。これらの点を説明するために朴慶植は、戦後に聞き取りをした日本人や朝鮮人の回想や証言を多数紹介している。

例えば、常磐炭鉱の労務係をしていたという日本人は、朝鮮人は日常的に暴力を受けており、具合が悪くても仕事を休ませてもらえなかったと話している。しかし、こうした話の大半は第１章第３節で紹介した「面長さんは大概日本人」と話した日本人元労務係、「警察特高係とともに指定部落を軒なみにたずね、働けそうな男を物色し、奴隷狩りのように連行した」と語った元山口県労務報国会運動部長といった不可思議な証言を収録した日本炭鉱労働組合運動史編纂委員会の報告が基になっている。このことから、朴が紹介した日本人の回想内容は検証する必要がある。

また、日本在住の朝鮮人元労働者たちの証言も掲載されているのだが、ここにも不可思議な点が多数存在する。例として挙げると、福岡県の金大植は１９４３年２月に８回目の徴用令状によって、寝ているところを警察官と面事務所の役員に捕まり、日本に連行されたと話している。第１章で説明したが、徴用令状が必要となる徴用が朝鮮半島で開始されるのは１９４４年９月からである。さらに、令状が労働者本人のところに届いて即座に徴用ではなく、指定された日時と場所に集合することになっており、金大植の語る内容はまったく説得力がない。

また、北海道の三菱美唄《びばい》炭鉱に連れて行かれたと話す金善永は１９４２年に日本へ行き、職場である鉄道のレールの上に手を乗せて石を積んだ貨車に小指をつぶしてもらって病院に通いつつ逃亡の機会を狙っていたと話している。しかしそのとき、同胞の一人が逃げて捕まり、死ぬほど殴られているのを見た金善永は持っていたスコップで幹部を殺したという。そのときには二番方（三交替勤務の２番目。午後２時から夜10時）を終わった同胞が集まって暴動の形となった。幹部たちはすぐ逃げたが、後になって不満の原因を聞いてきたので要求を話したら何日か改善された。ところが、その後仕事から帰ったところ警官が10名ほど待ち構えており、警察署に10日間ほど拘置されて酷い拷問にあったという。

三菱美唄炭鉱の争議事件

第3章で詳述するが、当時の朝鮮人労働者の争議事件をまとめた一次史料として内務省が作成した『特高月報』が残っている。金善永の件は殺人事件であるので『特高月報』に掲載されているのではないかと筆者は調査したが、そのような事件は確認できなかった。その代わり、気になる争議記録を発見した。三菱美唄炭鉱所所属鉄道工業会配下団組土工部屋で1942年3月26日に発生した事件である。二番方が就労していた午後11時頃、募集朝鮮人労働者21名は夜中に弁当を食べる際、出発前にすでに夜食用の弁当を食べたため、幹部と日本人労働者3名のみが食事をとっていた。朝鮮人労働者(田)が怠業していたのを朝鮮人幹部(平山)が発見し、「もう少し早くやれ」と注意する。田が「できない」と反抗的態度に出たため、平山は田を平手にて殴打する。田は大声で「さあ殺せ」と怒号して始末に終えなくなり、見かねた朝鮮人幹部(大野)が田の顔面を一回殴打したところ、田はスコップで大野の足を殴りつけてその場に倒し組み打ちとなった。その場に居合わせた朝鮮人労働者も助勢し、幹部をスコップで威嚇して全員が逃走を企てる事案となった。

警察署は6名を派遣して逃走中の17名を発見して取り調べたところ、計画的な逃亡と思われたため厳重取り調べ中であると記されている(『特高月報』1942年4月分・155頁)。この事件と金善永証言の一致点をまとめると次のとおりである。1942年という時期、鉄道という職場、幹部が朝鮮人労働者を殴打、スコップで幹部を攻撃、二番方の労働をしていた朝鮮人である。異なる点は、発端は朝鮮人労働者の逃走ではなく怠業であったこと、死ぬほどの殴打ではなく2回の殴打であったこと、幹部は金善永が殺害したのではなく田という労働者がケガをさせたこと、警察に捕まったのは仕事からの帰宅時ではなく逃走時であること、となる。推測の域を出ないが、金善永は当時その現場に居合わせており、本来の逃走事件を脚色して職場と警察署からの暴力を誇大あるいは捏造した可能性があるのではないか。興味深いのは、朝鮮人労働者を殴った幹部も朝鮮人であったことである。金善永の証言では日本人幹部とも受け止められる文章であるが、金本人がこのように話したのか、朴慶植が書籍にする際に編集したのか、今となっては判然としない。

このように、朴慶植は回想や証言を駆使して、朝鮮人が暴力にさらされていたと主張したが、内容を検証すれば怪しい内容が多く、信憑性はない。しかし、当時は十分な検証がなされず、朴の意図したとおり、日本人が朝鮮人に暴行を加えて支配していたというイメージが定着してしまい、現在でも完全に払拭されていない。

朴慶植の杜撰な研究

朴慶植が強制労働の根拠として挙げているもう一つの要因は民族差別である。朝鮮人だけが危険な職場で重労働を課せられ、日本人よりも低賃金、もしくは無賃金で使役させられたというのが朴慶植の主張である。ここから朝鮮人戦時労働者を奴隷労働者とするイメージが形成されるのである。現在でも日本人学者の多くが朴の学説を踏襲しており、山田昭次・古庄正・樋口雄一『朝鮮人戦時労働動員』（岩波書店・２００５年）や外村大『朝鮮人強制連行』（岩波書店・２０１２年）が代表的である。

しかし、近年では朴慶植の学説に反論する論文も現れており、朝鮮人は奴隷労働者ではなかったという研究も発表されている。理由は、一次史料の引用に問題があったからである。

朴慶植が１９６５年に出版した『朝鮮人強制連行の記録』の中で、労働科学研究所が１９４３年に作成した『労働科学研究所報告　第1部 工業労働及労務管理 第８冊　半島労務者勤労状況に関する調査報告』（以後、『第8冊』）が引用されている。そこで紹介されている「北海道の某炭鉱」における日本人と朝鮮人の月収比較表を持ち出して「民族的差別」の証拠としている。〔図表4〕が実際に紹介された比較表である。

朴慶植は〔図表4〕を紹介し、月収50円以下の朝鮮人は朝鮮人総数の約75%に対して日本人は約18%、70円以下で朝鮮人は88%で日本人は約40%であることから、賃金に民族的差別があったと主張した。日本人と朝鮮人との間に賃金格差が存在することは事実なので、朴の主張は正しいように聞こえるかもしれない。

しかし、朴慶植が引用した『第8冊』には月収の比較表だけでなく、日本人と朝鮮人の勤続年数の表も掲載されており、これを見ると日本人の方が朝鮮人よりも全体的に長期間勤務していることが分かる。この点を発見した韓国の落星台経済研究所員である李《イ》宇《ウ》衍《ヨン》は朴慶植の指摘した賃金格差は民族差別によるものではなく、勤続年数に起因した能力給の違いであることを指摘した。「戦時期日本へ労務動員された朝鮮人鉱夫（石炭、金属）の賃金と民族間の格差」（九州大学記録資料館産業経済資料部門編『エネルギー史研究　石炭を中心として32』2017年所収）と題した李宇衍の論文は、朴慶植の研究不備を指摘した学術的な内容となっている。李は同論文で、日本人と朝鮮人の賃金に民族差別は確認できなかったと結論づけた。

当時の炭鉱労働について説明していきたい。炭鉱労働者には大きく分けて坑内夫と坑外夫の2種類に分けられ、前者は請負制（能力給）で後者は日給

〔図表4〕朴慶植『朝鮮人強制連行の記録』84頁に掲載された比較表

月収入／民族別	30円未満	30～50円	50～70円	70～90円	90～110円	110円以上	計
日本人	32名	123名	187名	194名	181名	160名	877名
朝鮮人	117名	126名	40名	22名	7名	12名	324名

制（定額制）であった。坑内夫は地中に入って石炭を採掘することが目的であり、採炭夫や掘進夫、支柱夫、運搬夫などがこれに該当する。坑内夫は数人で1つのチームを組んで作業をし、チーム内の採炭量によって賃金が変化する。『第8冊』でもそのことが記されており、日本人と朝鮮人を混同して同一作業場に配置していたという記述を確認できる（13頁）。このことからも、朝鮮人だけを危険な場所に配置させたという朴慶植の主張には説得力がないことが分かる。

　採炭量が多ければ1人当たりの賃金も多くなるのだが、そこに採炭などの個人の技術力が関係してくる。勤続年数が長い者ほど高い技術力を有していることは想像に難くない。だからこそ、月収の比較表のみを参照しても正当な賃金額は考察できない。にもかかわらず、朴慶植は『第8冊』に掲載されていた勤続年数の表を紹介せずに民族差別を主張したのである。この点を李宇衍は批判している。

　朴慶植は『第8冊』に紹介されていた北海道のD鉱業所のデータを引用したのだが、本書では同鉱業所における日本人と朝鮮人の勤続年数表を紹介したい。

　『第8冊』に掲載された〔図表5〕を見ると、日本人と朝鮮人の勤続年数の違いは明らかである。日本人は3年以上勤務している

〔図表5〕日朝勤続年数比較：D鉱業所

日本人鉱夫	1年未満	1〜2年	2〜3年	3〜4年	4〜5年	5〜6年	6〜7年	7年以上	合計
勤続者数（人）	276	123	106	101	42	29	21	235	933
比率（%）	29.6	13.2	12.0	10.7	4.5	3.1	2.1	24.8	100

朝鮮人鉱夫	1年未満	1〜2年	2〜3年	3〜4年	4〜5年	5〜6年	6〜7年	7年以上	合計
勤続者数（人）	273	53	39	−	−	−	−	−	365
比率（%）	74.8	14.5	10.7	−	−	−	−	−	100

労働科学研究所『第8冊』169頁

者が45％以上であるのに対して、朝鮮人は該当者が存在しない。反対に、朝鮮人は勤続年数が1年未満の者が74・8％であるのに対して、日本人は29・6％である。朴慶植が紹介したD鉱業所には熟練と言えるほどの朝鮮人鉱夫は在籍しておらず、反面、熟練の日本人鉱夫は多数存在していた。このことから、〔図表4〕のような月収結果が出たのである。李宇衍は労働科学研究所が掲載した勤続年数を踏まえて日本人と朝鮮人の賃金格差は民族差別には当たらないと判断した。李宇衍の指摘により、日本の研究者は長年、朴慶植の主張を無批判的に受け入れて十分な検証をしてこなかったことが明らかとなった。

2024年には朴慶植の意図的な史料操作が新たに発見された。勝岡寛次「朝鮮人戦時労働者の賃金差別・待遇差別——先行研究の概観（1）」（歴史認識問題研究会編『歴史認識問題研究』第一四号所収）から紹介したい。

朴慶植が当時勤務していた朝鮮大学校地理歴史学科は、資料集として1962年に『太平洋戦争中における朝鮮人労働者の強制連行について』という小冊子を発行している。同冊子でも労働科学研究所の『第8冊』が引用されているのだが、朴は北海道某炭鉱の月収、日収の平均賃金を自身が作成した表を使って紹介している。「民族別平均月収・日収賃銀表」と題された表は、一見すると同じ鉱業所における日本人と朝鮮人の賃金表に見える。しかし、実際はA鉱業所とF鉱業所の二つのデータを貼り付けて、民族差別という自身の主張が正しいように見せる朴慶植のトリックだったことを勝岡は発見した。

以下、勝岡寛次の分析を掲載する。〔図表6〕が朴慶植『太平洋戦争中における朝鮮人強制連行について』内で紹介された賃金表、〔図表7〕が勝岡寛次による正しいデータ紹介である。〔図表6〕〔図表7〕（次頁）を見ると分かるように、朴慶植が作成した「民族別平均月収・日収賃銀表」はA鉱業所の平均月収とF鉱業所の平均日収を組み合わせたものだったのである。勝岡の分析は次のとおりである。A鉱業所の平均月収は日本人の方が高額であり、数値を〔図表６〕の「月収平均」にそのまま引用している。ところが、同鉱業所の平均日収は逆に朝鮮人の方が高い。それは「民族的差別」を主張したい朴慶植にとっては甚《はなは》だ都合の悪い数字だった。そこで、朴は都合の悪いA鉱業所の平均日収は無視して、日本人の平均日収の方が高いF鉱業所の数値を、〔図表６〕の「日収平均」欄に書き込んだ。あるいは、『第８冊』の１７４頁にある「内地人平均日収、月収及最高、最低賃金」「半島人平均日収、月収及最高、最低賃金」の表（A鉱業所・F鉱業所の各データから、A鉱業所の平均月収のみ、F鉱業所の平均日収のみをデータとして抽出したもの）を見て〔図表６〕を作成したのかもしれないが、その場合も「平均月収」と「平均日収」は別々の炭鉱から採ったデータだということは熟知していたはずだと勝岡は述べる。

こうした朴慶植の史料操作を発見した勝岡は、

〔図表６〕朴慶植の「民族別平均月収・日収賃銀表」

	月収平均	日収平均
日本人	77円26銭	3円89銭
朝鮮人	69円90銭	3円37銭

〔図表７〕『第8冊』掲載の賃金データ（単位：円）

A 鉱業所		最高月収	最低月収	平均日収	平均月収
	内地人	244.71	0.60	3.605	**77.26**
	半島人	168.02	2.60	3.807	**69.90**

F 鉱業所		最高日収	最低日収	平均日収	平均月収
	内地人	6.043	1.980	**3.894**	89.430
	半島人	4.574	2.571	**3.378**	86.510

『歴史認識問題研究』第14号・27頁を基に作成

「普通、良心のある研究者であれば、このようなことは絶対にしない」。少なくとも、朴慶植は表を紹介する際に『平均月収』と『平均日収』はそれぞれ異なる鉱山から採ったデータであることを明記する義務があろう。それを敢えてしていないということは、データの意図的操作であり、改竄に近い行為だと指弾されても抗弁の余地があるまい」と指摘する（『歴史認識問題研究』第14号・28頁）。

以上、紹介してきたように、朴慶植の主張は学術的に大きな瑕疵《かし》があると言わざるを得ず、慎重な検証が必要である。しかし、今日《こんにち》に至るまで、「強制連行派」は朴の主張や引用資料を検証する動きを見せていない。

賃金搾取という主張

その後、「強制連行派」でも朝鮮人労働者への民族差別による賃金格差があったと主張する人々が出現するが、彼らも学術的に証明できていない。大抵の場合、朴慶植と同様に作業能率の差を民族差別と誤解して主張している。他にも、職種の異なる労働者の賃金を比較してしまったりしている。こうした先行研究の誤った研究考察に関しては、先に紹介した勝岡寛次「朝鮮人戦時労働者の賃金差別・待遇差別――先行研究の概観（1）」に詳述されている。

重要な点は、当時の労働者争議に立ち会った警察側の一次史料でも民族差別による賃金格差が原因で争いが起こったという記述が確認できないことである。先にも引用した『特高月報』を例にすると、1940年1月分に記載されている長崎県北松浦郡江迎《えむかえ》村日窒鉱業江迎炭業所では、他鉱山の方が賃金が良いことを理由にして待遇改善を求める朝鮮人のストライキが起こった。また、1943年9月分の樺太恵《え》須《す》取《とる》郡恵須取町木原組では、自由労務者（戦時動員ではない出稼ぎの朝鮮人労働者）と比べて賃金が少ないので賃金増額と待遇改善を要求し、朝鮮人労働者28名が事業主を恐喝して小遣い銭の前借りを起こした事件もある。

当時の朝鮮人労働者は、差別だと感じたことは遠慮なく異議申し立てをして争議を起こしている。1943年に福岡県小倉市（現在の北九州市小倉北区）許斐町《このみまち》の小倉製鋼株式会社では、朝鮮人48名が事業主の地下足袋配給が不公平であるとして一斉ストライキを起こしている。地下足袋のことで争議を起こすのであれば、民族差別による賃金格差はさらに激しい争議となり、全国規模で発生したであろう。しかし、『特高月報』にそのような傾向は確認できない。これもまた、賃金差別を否定する証拠と言える。

民族差別による賃金格差が学術的に立証できない中で、別の主張が注目を浴びる。それは、賃金は貰っていたが朝鮮人は日本政府や日本企業によって強制的な貯金をさせられ、実質的な賃金搾取を受けていたという主張である。該当論文としては、1981年の小寺初世子《こでらさよこ》「第二次世界大戦におけるいわゆる〝朝鮮人徴用工〟への未払賃金供託事件に関する法的一考察――一般市民の蒙る戦争災害の救済」（広島大学平和科学研究センター編『広島平和科学』第四巻・広島大学平和センター所収）や2003年の古庄正「朝鮮人戦時動員の構造――強制連行に関する一考察」（日本植民地研究会編『日本植民地研究』第15号・アテネ社所収）などが挙げられる。強制貯金という名の搾取を受けていたため、手元に残る金額はほとんどなかったという言説が広がり始めたのである。

しかし、この賃金搾取説にも説得力はない。戦時期においては、日本人も朝鮮人も賃金から一定額の強制貯金が天引きされていた。貯金には大きく分けて2種類存在し、一つは国から強制的に貯金させられる愛国貯金、もう一つは労働者が任意で会社に預ける任意貯金である。朝鮮人だけが強制的な貯金をさせられたわけでもなく、日本人よりも多額な強制貯金をさせられていたという実証もない。「強制連行派」は任意貯金とは名ばかりのもので実際は強制であり、会社から不当に搾取されたと主張している。しかし、第4章で紹介するように、北海道の日曹天塩《にっそうてしお》炭鉱（日曹炭鉱天塩鉱業所）の朝鮮人個別賃金表によって、任意貯金は強制ではなかったことが証明された。それどころか、賃金額が少ない者には国からの強制貯金が免除されていたことも判明したので、賃金搾取説も学術的に否定されたと言っていいだろう。

第2節　労働科学研究所の報告内容を整理する

当時の労務状況を記した一次史料

以上、「強制連行派」は賃金に関連させた民族差別による朝鮮人の強制労働を実証できなかった。では、暴力的な労務管理に関してはどうだろうか。結論から述べると、一次史料はこの点に関しても明確に否定している。本節では、朴慶植も引用した、労働科学研究所による朝鮮人労働者の勤労状況の調査報告（『第8冊』）と労働科学研究所報告『第1部 工業労働及労務管理 第9冊 半島人労務者の作業能力に関する科学的見解 炭鉱における半島人労務者』（1943年9月。以後、『第9冊』）を改めて読み返し、その内容をまとめたい。

『第8冊』では、合計13の鉱業所が調査対象となっている。それぞれAからNとアルファベットで記載されており、Jは九州の鉱山だと冒頭で紹介されているが、その後はまったく触れられていない。分布はAからFが北海道、GからIが本土、KからNが九州となっている。労働科学研究所の調査員が各炭鉱の労務所員から聞き取り調査などを行い、雇用主である会社側が朝鮮人労働者へどのような労働現場を提供しているかを確認している。以下、各鉱業所における日本人と朝鮮人の労働者数を記載する。

各鉱業所における日本人と朝鮮人の内訳（１９４１年12月末時点）

Ａ　６６８４名：日本人５６４８名、朝鮮人１０３６名
Ｂ　６３７４名：同　５４２７名、同　９４７名
Ｃ　９２２０名：同　６６４８名、同　２５７２名
Ｄ　１２９８名：同　９３３名、同　３６５名
Ｅ　１３５０名：同　１０３６名、同　３１４名
Ｆ　１９９０名：同　１４８４名、同　５０６名
Ｇ　４３７９名：同　３１２０名、同　１２５９名
Ｈ　３３９５名：同　２９０３名、同　４９２名
Ｉ　２１６３名：同　１８７９名、同　２８４名
Ｋ　７９８１名：同　６８８０名、同　１１０１名
Ｌ　２６００名：同　１９００名、同　７００名
Ｍ　３７４６名：同　３１７０名、同　５７６名
Ｎ　記載なし

次に全鉱業所が朝鮮人労働者に抱いているイメージや作業に関する方針を見ていきたい。『第８冊』には「Ｉ　各事業場生産管理に関する報告」が設けられており、ＡからＮの鉱業所が朝鮮人労働者とどのように接しているかが記載されている。

各鉱業所における共通認識・共通事項

朝鮮人労務者の長所　同僚に対する同情心が強い

汚い作業に従事してもあまり嫌悪しない

肉体労働に対し耐久性が強い

両親に対する犠牲的精神が強く、年長者を尊敬する

朝鮮人労務者の短所　付和雷同性が強い（些細な事でも集団行動を起こす）

忍耐心に乏しく怠惰に流れる傾向がある

動作が緩慢（訓練次第では一般労務者までになり得る）

虚偽の申し出を意としない

規律的概念に乏しく、規則を平気で破る

作業に配属するにおいての利害得失

言葉が分からず、指揮指導上障害となる。

動作が緩慢である。

辛抱する力に乏しく、休むことが多い。

同一作業場に半島人のみを配置する場合には技術的に劣り、かつ鈍重なので危険性が多く、かつ他の作業部面に影響して作業の進行を不円滑とする恐れがあり、監視する必要が生ずる。

環境面

ほとんどの鉱業所で内地人と同様に利用できる浴場、理髪店、配給所などがあり、中には野菜や魚などの商店・市場や朝鮮向けの飲食店も設置されている。（『第８冊』９頁～67頁）

「朝鮮人労務者の短所」の項目を見ると、「民族差別である」という批判が飛び交いそうであるが、反面、これは当時の各鉱業所が抱いていた不満でもある。実際に、働く意欲がなく規則を平気で破る朝鮮人労働者には、朝鮮へ送還させる不良送還という措置がとられていた。

注目すべきは「環境面」で、多くの鉱業所では日本人も朝鮮人も同じように施設を利用できたという点であろう。ここを見ると、暴力や抑圧を受けたという強制労働のイメージは浮かんでこない。

充実した環境と設備

『第８冊』には朝鮮人労務者を対象にした食事事情や設備関連の調査結果が掲載されている。その中で筆者が特に注目した項目は「娯楽関連」である。以下に筆者が作成した表を掲載する。なお、文中に出てくる「半島人」とは朝鮮人のことである。

〔A鉱業所〕

寮には朝鮮将棋、朝鮮楽器（太鼓11個、鐘７～８個）を備えているが、前者はあまり利用せず、後者は半島人も喜び歌う。ただし、あまりに喧噪なため公休日以外には許可しない。

蓄音機、ラジオ、半島レコードを備えているが、すぐに壊してしまう。

半島人のみを対象にした映画会を年４回開催している。また、彼らだけの演芸会を各寮にて年４～５回開催し、大いに喜ばれている。

賭博は厳重に禁止しているが、決してやめない。

市街地には飲食店、特に半島料理店があり各人適当に気分転換を図りつつある。

半島人酌婦を16名置き、遊興費については会社にて価格を定めているが、酌婦に対する検診は治療の責任を免れるため会社の医局では行わず、町医に委ねている。

〔B鉱業所〕

半島人は一般に相撲と駆け足等を好む。

半島人のみを対象とした映画会を協和会または会社主催で月1回くらいの割合で開催している。

市街地に半島人銘酒屋1戸の開業を許し半島人酌婦7名を置く。予防具は各寮に備え付け、各自無償で使用させているが、利用者は少ない。

〔C鉱業所〕

各寮公平にラジオ、蓄音機、新聞雑誌、内鮮両将棋、金棒などを設置している。

半島人労務者の気分転換、性欲解決策として半島労務者居住地区中心に慰安所を置く。建物を無償貸与し、他労務課にて物資を配給監督する。契約書により遊興費を定める。

半島酌婦16人を置き、毎月1回炭鉱病院にて検診するとともに予防具を各寮に無料で備え付けるが、利用する者は少ない。

〔D鉱業所〕

年2回くらい寮内素人演芸会を開く。蓄音機は一度与えたがすぐ壊してしまったという。

市街地に半島銘酒屋（半島酌婦2〜3人）1戸、内地人銘酒屋も数戸ある。

〔E鉱業所〕

寮にてときどき素人演芸会を催し、半島労務者の歓迎を受けている。

昨年に初めて遠足を試みて高成績を収めた。50人宛２班に分かれ札幌に赴き、札幌神社、護国神社などに参拝させた。

演芸会、遠足共に経費は会社が負担した。

「太陽館」（建物無償貸与）という娼館（半島人酌婦６人、後に３～４人）が経営されているが、利用者が少ないため近く閉店の予定。

〔F鉱業所〕

寮には半島語、内地語の各新聞、アサヒグラフ、写真ニュースの他、単行本も置く。

朝鮮将棋、朝鮮楽器なども置く。各寮にて年１～２回、休日を利用して囲碁会、将棋会を開催し賞金を出す。

半島人は一般にフットボールを好むので、それを組織化したいと考えている。半島映画、半島劇団も年２回ほど会社に招いて観覧させる。

性欲解決策として、半島銘酒屋１軒を指定し、建物を無償貸与して半島人に経営させる。半島人酌婦４人、毎月炭鉱医局で検診させる。

〔G鉱業所〕

囲碁、将棋、図書室、ビリヤード室あり。音楽に関してはブラスバンドがある。

映画歌劇、遠足登山を催した。運動会、弓道大会が年１回、野球大会、競技大会が年２回、テニス大会が年３～４回開催される。

〔H鉱業所〕

運動会年２回、スキー大会年２回、素人演芸会年１回、柔道衣・剣道具を備えている。まわしを買って相撲をさせる。

スキーを寮に設備する。映画会（月2回以上）あり。ブラスバンド2組あり、朝鮮楽器も購入する。
〔I鉱業所〕
合宿所娯楽室にて月1〜2回の茶話会が催される。映画会も月1〜2回開催される。
ラジオ、蓄音機を備え付ける。
〔L鉱業所〕
半島映画を毎月1回流しているが、フィルム不足。
音楽関係は半島人用の設備なし。その他の慰楽に関する施設で半島人使用の設備なし。
※K、M、N鉱業所は記載無し

これが、強制労働と言えるだろうか。遠足や競技大会（賞金もあり）が開催され、中にはブラスバンドやビリヤード室、スキー場が設置されている。

日常生活においても、会社側は朝鮮人労働者を内地人（日本人）同様に扱うことを意識していたことがうかがえる。M鉱業所では、「一緒に寝よ、一緒に飯を食《く》へ、一緒に遊びに行け、共に生活せよ」という注意が労務課長より与えられている（『第8冊』115頁）。A鉱業所の調査では、朝鮮人家庭などを日本人主婦が世話をしているという内容（同73頁）も記載されており、浴場なども日本人と朝鮮人の混浴がほとんどであった。これらの点から見ても、日本人と朝鮮人が日常生活から交流していたことがうかがえる。

外村大『朝鮮人強制連行』では、動員された朝鮮人たちの状況を次のように説明している（傍線・筆者）。

（日本人から同胞として、また感謝される存在として扱われるような）社会的雰囲気が広がっていたという事実は確認できない。（中略）配置された職場においてトラブルが多発していた。そして、一般の日本人民衆からも温かい対応を受けたとは言いがたい。逆に彼らは警戒すべき異質な存在として扱われていた。職場では逃亡防止のための監視が行われ、労務管理や住居（寮や社宅）も通常は日本人と別であった。そして近隣住民との接触も極度に限定的であった。それは、逃亡者をかくまったとか、腹をすかして寮を抜け出した者に食事を与えたといった、あってはならない事態として起こったものの他は確認できない。（外村大『朝鮮人強制連行』98頁）

外村の主張は、証言などの戦後に調査された内容を基に構成されているが、一次史料である労働科学研究所の報告内容とあまりに乖離がある。少なくとも、朝鮮人労働者を「警戒すべき異質な存在」と認識していたのであれば、多くの鉱業所が手厚い娯楽を用意していたこととと矛盾が生じる。

警戒の証拠として、労務管理や住居の「内鮮別離」、近隣住民との限定的接触を挙げているが、『第8冊』を見ると違和感が出てくる。これが一部の鉱業所、あるいは限定された地域の話ならばまだ問題はないかもしれないが、外村は明らかに日本全国での傾向として説明している。

全国の鉱業所を調査した一次史料は、日本人主婦などが朝鮮人労働者の世話をしたこと、浴場が混浴になっていること、日本人同様に市街地に繰り出せたことなどを明らかにしている。これらを無視して、当時の朝鮮人労働者が「警戒すべき異質な存在」として認識されていたという主張は再考する必要があるのではないか。

さらに付け加えると、E鉱業所では「朝鮮人」という言葉は絶対に使わぬよう労務者全体に言い渡し、「半島さん」と言わせ、子供のごとく扱わせるようにしたという（『第8冊』93頁）。

食事と労働時間に関して

「強制労働」説を主張する人々は戦後の朝鮮人の証言を引用して、労働するには十分とは言えない食事量や長時間労働の強要があったと指摘しているが、一次史料ではどのような内容になっているのか。

食事に関しては、祝祭日には半島料理や御馳走を振る舞っていた事業所も存在していた（C、E、F鉱業所）。さらに言及すると、毎週日曜日と祝祭日は仕事も休みとなり（1942年当時）、A鉱業所では祝祭日には給与の6割が支給されていたという（『第8冊』14頁）。

食事量に関しては、A、C、E、H鉱業所が1日に7合の主食（米）を配給していると明記している。7合と言っても雑穀米で、米：豆類が1：1か2：1の割合で混ぜ合わされたものである。これに副食物や汁物が加わる。1942年までは戦況悪化の影響を受けていないためか、主食の配給量は存外に多い。

さらに、G鉱業所では日本人労働者よりも朝鮮人労働者の方が主食の配給量が多かったことが明らかにされている。

〔図表8〕（次頁）のように、朝鮮人労働者は米6・5合強に対し、日本人労働者は5・64合であり、約1合の差が出ていたのである。終戦に近づくにつれて全国的に食糧事情が悪化し、食事量が減少することになる。しかし、これは日本人も同様であり、朝鮮人だけが不当に食事量を減らされたことを意味しない。不十分な食事量に関しては戦後の証言が主であり、朝鮮人の食事が日本人よりも少なかったことを証明する根拠は出ていない。

また、酒はほとんどの鉱業所で支給されている。警察側の記録を見ると、泥酔した朝鮮人労働者が問題を起こすことも少なくなかったようである。例を挙げると、1943年7月分の『特高月報』では、貝島大之浦鉱業所の朝鮮人訓練班長が泥酔し、同僚隊員に暴行した上に指導員に抗争を挑んで警

〔図表８〕 G鉱業所における配給量

※米配給量は、合宿者分÷合宿者1か月延人員で計算されている。

主食物並副食物補給額（半島人合宿）合宿徴収料1日55銭			
米補給額	10,851.12円	米総量　準合宿者分　合宿者分 258.36石－6.82石＝251.54石	
副食物補給額	6,382.12円		
調味料代	2,618.47円	合宿者1か月延人員	38,685人
備品代	399.38円	準合宿者1か月延人員	1,705人
雑品代	156.43円	合宿者1日1人当たり米配給量	6.5合強
木炭代	33.01円		
水道使用料	31.00円		
賄人給料	1,193.65円		
計	21,665.58円		

主食物並副食物補給額（内地人合宿）徴収料1日55銭			
米補給額	1,337.02円	米総量　準合宿者分　合宿者分 31.834石－2.852石 ＝ 28.982石	
副食物補給額	1,693.08円		
調味料代	450.12円	合宿者1か月延人員	5,134人
雑品代	197.92円	準合宿者1か月延人員	713人
木炭代	51.75円	合宿者1日1人当たり米配給量	5.64合
水道使用料	13.00円		
賄人給料	257.02円		
計	4,055.67円		

『第8冊』103頁から作成。

察官に検挙される事件が起きている（『第8冊』105頁）。酒を支給する所では提供日を公休日やその前日に与える傾向があり、D鉱業所では酒の室内持ち込みを禁じていることが『第8冊』から確認できる（同140頁）。

労働時間に関してはどの鉱業所も2交代制や3交代制を採用しており、時間には差異が見られる。例えば、A鉱業所は午前5時から午後2時、午後2時30分から午後11時（午後12時の場合もあり）であるのに対し、B鉱業所では午前5時から午後4時30分、午後5時から午前3時となっていた。戦時中ということもあり、現代と比べると労働時間は長い。しかし、これは日本人労働者も同じ条件であった。

先ほども紹介したが、会社側は日本人と朝鮮人を一緒の作業場に配置しており、むしろ朝鮮人のみを配置することを避けていた。理由は、日本人労働者と比較して未熟であり、他の作業面に影響して作業の進行を不円滑とする恐れがあったためである。

したがって、多くの鉱業所は日本人労働者と朝鮮人労働者との混成チームで作業を行わせたのである。その点を踏まえると、長時間労働のゆえに強制労働を強いられたという説は、朝鮮人だけでなく、日本人労働者にも当てはまると言わねばならない。

さらに言えば、A鉱業所では休憩時間は食事の際に30分となっているが、実際は仕事の合間の都合を見て食事をとり、休憩するので、実働時間は5時間くらいと思われると話している（『第8冊』14頁）。労働科学研究所調査員に対して説明している者が鉱夫か鉱業所職員か判然としない点と、実働時間5時間は他の鉱業所と比較しても短いという点を鑑《かんが》みて、真実であるか疑わしい内容でもある。しかし、重要な点はA鉱業所のように他の鉱業所も仕事の合間に労働者は休憩できた可能性が浮上したことである。それを考えると、実働時間は数字上の拘束時間よりも少なくなることも考慮に入れておくべきであろう。

しかし、作業現場に日本人と朝鮮人の労働者を一緒にさせたことで、新たな問題も生じた。それは言葉の不通である。十全なコミュニケーションがとれないばかりに、誤解から口論となり、暴行にまで発展した事件も少なくない。そこで、次は鉱業所側が抱えていた悩みを紹介していきたい。

第3節　鉱業所の苦悩

争議に関して

言葉の不通という問題は、鉱業所全13社共通の悩みであったと言える。『第9冊』によれば、北海道地区と九州地区を比較すると、前者は日本語を理解する者は3分の1以下であったが、後者は3分の2以上が日本語を理解していたという（3頁）。

しかし、九州地区のK鉱業所では日本語を理解できるかどうかを調査したところ、理解できる者413名（全体の16％）、理解できない者2037名（全体の79％）、不明79名（全体の5％）であったという（『第8冊』61頁）。

こうした日本語を理解しないまま渡日した朝鮮人労働者に対して、各鉱業所は事業所到着直後から日本語を勉強する便宜を図っていた。しかし継続はできなかったため、「御安全に」や「マイト（ダイナマイトのことと思われる）」といった、必要最低限の職場用日本語しか伝わらなかった。

こうした背景から日本人労働者と朝鮮人労働者との間で争議が頻発したのである。作業中の些細な事から口論に発展したり、日本人労働者が朝鮮人労働者を叱りつけている現場を見た他の朝鮮人たちが徒党を組んで集団行動を起こしたりした。そのような事件が起こるたびに、朝鮮人労働者たちは団体行動（付和雷同）を起こすことが多かったので、鉱業所側は時に警察の力を借りて事件を鎮めなければばならなかった。

「強制連行派」はこのような警察の関与に関して、職場での労使紛争も含めて朝鮮人が何か問題を引き起こした場合にはいつでも弾圧し得る体制が築かれていたことの証であると指摘している。外村大『朝鮮人強制連行』では、朝鮮人の争議件数は1941年154件、1942年295件、1943年324件となっているが、日本に動員された朝鮮人の数は増加しているので、労働争議の発生率、参加率は低下していることになる。1941年以降、争議1件当たりの参加人数が減少していることから、外村は、この時期の労働争議が相対的に少なくなっていったのは、根本において暴力性を維持しつつ、労働者を分断しながら管理するノウハウを企業側が身につけていったためであるとしている（161〜163頁）。

しかし、一次史料に記載されている争議記録を見ても、警察側が暴力で鎮圧した記述はない。『特高月報』を読むと、朝鮮人労働者が団結して会社側に要求を出す際に、窓ガラスや電灯を割るなどの器物破損を伴ったために警察が出動したという事例が少なからず確認できる。その際も、警察側は説示や厳重訓戒に留めている。この点は第3章で詳述する。

『第8冊』に記されているB鉱業所の状況によると、待遇の不良からの紛争ではなく、かえって「はれもの」に触れるような態度から半島人が増長してきたのだという。賭博にふけり、遊びに外出して帰らず、職員がいかに説いても働かないということが増え、次第に入坑率が減少してきていることを危惧している（19頁）。

これらの点に留意すると、企業が暴力性を維持しつつ、朝鮮人労働者を分断しながら管理していたという指摘には再考察が必要なのではないだろうか。

再契約と逃亡に関して

鉱業所側が抱えていた悩みは争議だけではない。朝鮮人労働者は２年契約を結んで労働するので、2年後には退職することになっていた。しかし、日本人の多くは徴兵されるので炭鉱では人手不足になっており、会社側としては朝鮮人労働者には再契約を結んでほしかったのである。

そのため、鉱業所によっては再契約促進策が講じられていた。『第８冊』を基にして当時の鉱業所が行っていた方策をまとめた。ここでも興味深いことが記載されている。

〔A鉱業所〕

契約満了者に対する定着策として再契約者にトランク1個を与えるなど、他の鉱業所とだいたい同様の処置がとられている。

〔B鉱業所〕

再契約者には各50円の奨励金を給与するとともに実費8〜9円の写真帳を与え、さらに一時帰郷者には往復の旅費・弁当代を支給する。（一時帰郷しない者はその実費を貯金に繰り入れる）

再契約を結ばない契約満期者には土産として日の丸の額（実費３円くらい）を与え、記念とする。

〔C鉱業所〕

契約満了前に結盟挺身隊を結成し、定着促進を図っている。

再契約期間1年以上の者には約1か月の一時帰郷を許すが、再び日本に戻る者は20〜30％である。

〔D鉱業所〕

契約期間満了前に警察と協和会が協力して懇談会などを開催して再契約説得を図る。しかし、同情的態度のためかえって逆効果になった傾向がある。

再契約成績は満期者の88％であったが、一時帰郷者の再渡航ぶりから判断して実際は30％ほど。
再契約者には2年契約者には１３５円、６か月契約者（一時帰国は許さない）には30円程度の賞与を支給する。

〔F鉱業所〕

契約満了前にできる限り個々と面談し、再契約を勧誘する。

再契約締結者には賞与金を与える。再契約の上、一時帰郷を許された者が無断で契約を破棄し、帰山しない割合は30％くらいになる。

契約期間中に父母の病気などの理由で帰国した者で帰山した例はない。

※G～N鉱業所は記載無し

再契約を結んだ者には特別給与（奨励金）を与え、契約を更新しない者にも記念品を授与していた。13社中5社のみの記載なので、こうした制度が全国的に主流であったか否かを考察する議論が必要かもしれない。それでも、再契約者へ奨励金を与えていた鉱業所が存在していたことは認識すべき点である。

さらに注目すべきは、C、D鉱業所のように、再契約を結び、一時的に帰国した朝鮮人労働者で日本へ再渡航した者は2割から3割しかいなかったという点である（『第8冊』１３７頁・１４２頁）。つまりは、お金（往復分の旅費や弁当代も会社負担）だけ貰って再契約を一方的に破棄し、日本に戻らなかった者が7割から8割にものぼっていたのである。

F鉱業所は再契約者の7割が職場へ戻ってきていたようであるが、雇用契約期間中の朝鮮人労働者の中で一時帰郷して日本へ戻ってきた者はいなかったという点から見ても、当時の朝鮮人労働者の規約違反の多さを物語るものと言えよう。

『第８冊』を見ると、再契約を結んだ朝鮮人の割合は高い。Ｄ鉱業所では88％の再契約率であった。Ａ鉱業所も１９４１年10月の再契約率は68・１％（満期者数72、再契約者49）、同年11月は59・６％（満期者数１６６、再契約者67）、同年12月は１００％（満期者数13、再契約者13）と記載している（１２７頁）。しかし、すでに見たように、これら再契約者の７割以上が奨励金や旅費だけ貰って二度と日本の職場へ帰ってこなかったのである。再契約率は高かったが、逃亡率も高かったと言える。

契約期間の２年に達する前に、鉱業所から逃走・退職する朝鮮人労働者が驚くほど多かった点も事実である。Ｎ鉱業所は、第１回の募集で96名が渡航してきたが、２年間在籍したのは36名で他の60人は逃亡した（『第８冊』１２１頁）。Ｅ鉱業所では一時帰国した者が職場に帰ってこないことを話し、総督府はその点を最後まで干渉してもらわねば困ると、不満を漏らしている（同94頁）。

Ｋ鉱業所は統計的な数字も出している。解雇に関しては、２５２９名の移住者中、１９４２年１月下旬在籍数は９０９名（残存率38・８％）で、逃亡その他の退社数は１６２０名（退社率61・２％）となっている。１６２０名の退社の大部分（約73％）は逃亡であり、そのうち１７７名が発見され、48名が朝鮮へ送還されたという（同61頁）。

さらに、『第９冊』ではＥ炭鉱（『第８冊』の鉱業所とは別会社と思われる）における日本人と朝鮮人の退職比較を行い、日本に定住するようになった朝鮮人ほど退職率が高くなる点を指摘している。１９４１年末までの間にＥ炭鉱へ移住渡航した朝鮮人は約３０００名であるが、在籍数は１２２２名で退職者は１７７８名となり退職率は実に６割にのぼる（51頁）。

『特高月報』によると、全国的に見て、逃亡の一番の理由は１９４０年８月から「扇動勧誘」（別の職場から勧誘を受けて転職するための逃亡）である。朝鮮半島への帰郷ではなくて転職という点が興味深い。

財団法人協調会発行の『昭和十七年版 労働年鑑』でも、朝鮮人労働者の逃亡原因で一番多いのが「外部の好餌を以てする誘惑」であると断言している（95頁）。しかも、「誘惑」の方法は個別的ではなく組織的かつ広範に行われており、鉱業所に移入した集団労働者を渡航後に飯場へ手引きしていたことが明らかになったことも書かれている。

2位が「坑内作業に恐怖」、3位が「計画的渡航（初めから逃亡を計画しての渡日）」となる。2位の理由をもって、当時の労働環境が劣悪であったために恐怖を抱いて逃亡したという主張があるが、次の事例を見ると、必ずしもそうではないことが分かる。

例えば、朴慶植編『在日朝鮮人関係資料集成』第四巻（三一書房・1967年）には、1938年11月8日の北海道空知《そらち》郡歌志《うたし》内《ない》村住友歌志内鉱で起こった紛争議に次のような記録がある。金有植が班長であることを盾に坑内作業嫌忌を申し出て、「自分は今更坑内に入り労働するくらいなら朝鮮に帰る」と会社側に申し出たのである（1225頁）。同年10月23日の岩見沢新幌内《しんほろない》鉱業所では、李栄弥、金鎮弼が坑内作業に恐怖を感じ、入坑を拒否した（1228頁）。

『第8冊』には、F鉱業所の話で、初めて仕事に就く半島人に楽な仕事をさせると、その後の採炭などの仕事に行きたがらなくなってしまったとある（44頁）。

このような事例を見ていくと、単純に「坑内作業が怖いから行きたくない」という考え方から入坑を拒否しているように思える。例えば、「高層ビルの窓ガラス清掃は怖いからやりたくない」という心情と似ている。しかし、それをもって高層ビルの窓ガラス清掃作業が「劣悪な労働環境」と定義するには無理がある。「坑内作業に恐怖」もそれに似た要素が含まれており、坑内作業は怖いのでやりたくないと考え、逃走に至ったケースもあると考えた方がいいだろう。

こうした契約期間満了前に逃亡する朝鮮人労働者の多さに鉱業所側は頭を悩ませていた。その結果として、逃亡防止のために朝鮮人労働者を監視するという対策を立てた。具体的な逃亡防止策に関しては『第８冊』で次のように記されている。

〔A鉱業所〕
逃亡防止策として、寮では１人１か月10円以上の小遣いを手渡さないようにしている。同様に、汽車利用者には寮または労務課より証明書を交付して許可しているなど。
逃亡者数は一般に１か月20人くらいで、逃亡比率は66％。

〔B鉱業所〕
渡航半年後くらいが最も逃走率が高く、当山平均逃亡率は15％ほど。
逃亡防止策として労務課員数名で警戒にあたらせる。特に停車場及び列車中の警戒を厳にしている。
外出区域を定め、列車を利用する者に対しては寮長より証明書を交付する。

〔C鉱業所〕
逃亡防止策として警察と連絡をとり、内地人で夜警を行う。
列車内に警戒員を配置し、平常の外出範囲を定める。それより外部に出るときは、寮長あるいは労務課発行の旅行証明書が必要となる。逃亡率は出身地によって異なるが、２年間平均で15％以上（統計表では30％）が逃亡し、発見は困難である。

〔D鉱業所〕
午後６時までに寮に戻らねばならないが、実行されていない。外出範囲の制限も人数が多くなり実行されず、汽車を利用する者だけ外出証を発行の上許可している。２年間に平均20％が逃亡している。
また、勧誘者に対する警戒を厳にする必要があるとして、半島労務者は勧誘されてただちに逃亡する者は少なく、その後適当な機会を狙って逃亡する。
〔E鉱業所〕
汽車出発のたびに監視し、列車内を巡視する。内地人勧誘員に対する警戒も怠らず、怪しい半島人には行き先を尋ねたり、尾行したりする。列車使用の者は寮より証明書を発行してもらい、15円以上渡さないようにしている。
〔F鉱業所〕
警戒員4人（1人は半島人）を主として列車内の警戒にあたらせる。逃亡を幇助する内地人勧誘者にも警戒する。汽車を利用する際は、寮長の証明を受け、駅前案内所に帰山時間も一緒に届け出る。昭和14年10月移入の211名中2年間で逃亡者14名。当山は比較的低確率（6・6％）だが、逃亡者の発見は困難。
※G～N鉱業所は記載無し

「強制連行派」の中には、こうした鉱業所側の逃亡対策を人権無視の監視などと表現して批判する者もいる。

確かに行き過ぎた監視体制を敷いたところもあったであろう。しかし、重要な点は、「なぜ鉱業所が人と時間を割いてまで朝鮮人労働者を監視するような行動を起こしたのか」を考えることである。その理由は、多くの朝鮮人労働者が契約期間内に逃亡してしまうからであり、鉱業所はその対策を行わざるを得なかったのである。『第8冊』では、鉱業所の購買部にて購入した日用品を転売して逃走の資金にした者が出たと報告している（H鉱業所）。そのため、昔は朝鮮人労働者の品物購入には無干渉だった鉱業所側も、20円以上の品物は許可制にするなど購買干渉を行い、必要なものだけを買わせるようになったという（154頁）。これは、朝鮮人労働者が十分な賃金を所持していた証左でもある。

Ａ鉱業所では朝鮮人労働者に対して、給料日に現金で10円以上渡さず、残りは貯金・送金をさせていた。Ｂ鉱業所でも、給料が支払われる際は各人の貯金や朝鮮半島の家族への送金の額を本人と談合の上決定し、残りを手渡していた。大金を手にした朝鮮人労働者は逃亡する恐れが高いということを、鉱業所側は認識していたのだ。

第４節　「強制労働」説を否定する一次史料

会社文書が記す労働環境の実態

朴慶植が引用した労働科学研究所の一次史料でも強制労働を明確に否定する内容が多数存在したが、他にも様々な一次史料が残っている。在日朝鮮人運動史研究会会員である長澤秀が戦時期に作成された会社文書などを収録した『戦時下強制連行極秘資料集』全四巻（緑蔭書房・1996年）を発行している。書籍名に「強制連行」という言葉が使用されているが、史料に目を通すと強制連行や強制労働を証明するものは存在せず、それどころか否定する内容がほとんどである。本節では長澤の『戦時下強制連行極秘資料集』（以後、『資料集』）に掲載されている一次史料を紹介したい。

労働科学研究所が作成した調査報告書では、日本企業は朝鮮人労働者が少しでも環境に馴染めるように様々な配慮を払っていることが書かれていた。しかし、企業側が労働科学研究所調査員に対して虚偽や誇張を含めて説明したという可能性がまったくないとは言い切れない。そこで、会社の内部文書も読むことで、労働科学研究所の報告書が信頼できるか否かの検証も行っていきたい。

住友鉱業歌志内鉱業部では１９４０年時点で無料の共同浴場を用意していたことを明記している。

他にも、福利施設に関しては会社直営の病院を完備し、薬価は市価の3分の1であり、従業員は無料で診断できた。保養所も設置され、太陽燈浴室、薬湯浴場、日光浴室、保養室がすべて無料で使用できたとある（『資料集』Ⅱ巻・23頁）。同じく、1940年8月25日付の「半島人労務者の指導訓育調査」では、娯楽や慰安として卓球、鉄棒設備の他に碁石盤、将棋盤、ラジオ、蓄音機、小説、雑誌類を備えたことが記述されている。

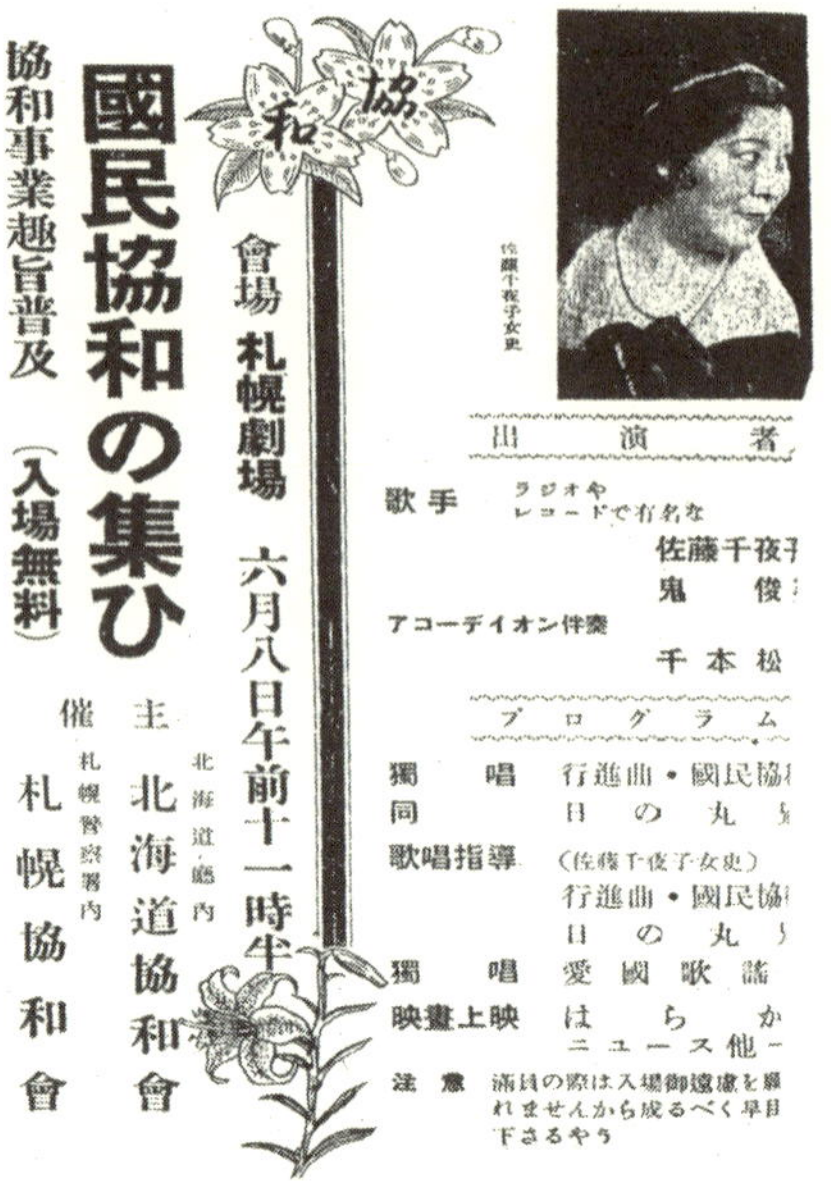

〔写真3〕協和会主催半島戦士慰安会開催の案内：住友新歌志内鉱と空知鉱の共催、1942年6月2日（長澤編『戦時下強制連行極秘資料集・Ⅲ巻』181頁）

ときには映画会または素人演芸会を開催し、案内のポスターまで作った（写真3）。ポスターの中には日本語だけでなくハングルも使用されており、朝鮮人労働者に少しでも内容が伝わるような配慮も見てとれる（次頁・写真4）。半島人専用の料亭が郊外に開かれたため切符制度で利用させているとまである（『資料集』Ⅱ巻・100頁）。その他にも、理髪室を設け、衛生に関しては特にできる限りの設備を用意して家庭的な環境を提供しようとする歌志内炭鉱の企業努力が垣間見える。

同様のことは日曹《にっそう》天《て》塩《しお》炭鉱の文書でも確認できる。1944年8月の「移入半島労務者取扱要綱」では、朝鮮将棋、朝鮮楽器、ラジオ、新聞などは常備しており、ときには映画、素人演芸会などを開催して朝鮮人労働者を慰安していた。半島人専用料亭もあり、公休日には近隣に温泉場があるのでそこで休養することができた（『資料集』Ⅰ巻・277頁）。

　こうした記述から、労働科学研究所の報告内容は事実を反映していると考えてよいだろう。日本側が朝鮮人労働者を奴隷のように働かせていたと言うのであれば、なぜこれほど充実した設備を整えたのであろうか。彼らは警戒すべき異質な存在としてではなく、朝鮮半島から海を越えて来てくれた貴重な労働力だったのである。朝鮮人労働者が来てくれなければ、日本は戦争を継続するための燃料や部品を生産できなくなる。日本企業は戦時下における産業状況を理解していたからこそ、朝鮮人労働者の環境を整え、生産率を上げてほしかったのである。

　住友鉱業歌志内鉱業部は朝鮮人労働者たちが到着すると職員はなるべく事務所前で迎え、菓子を配給していた。さらに、「鋸《のこぎり》」や「通行禁止」といった単語に対応した半島語一覧表（写真5）が作成されている。この一覧表

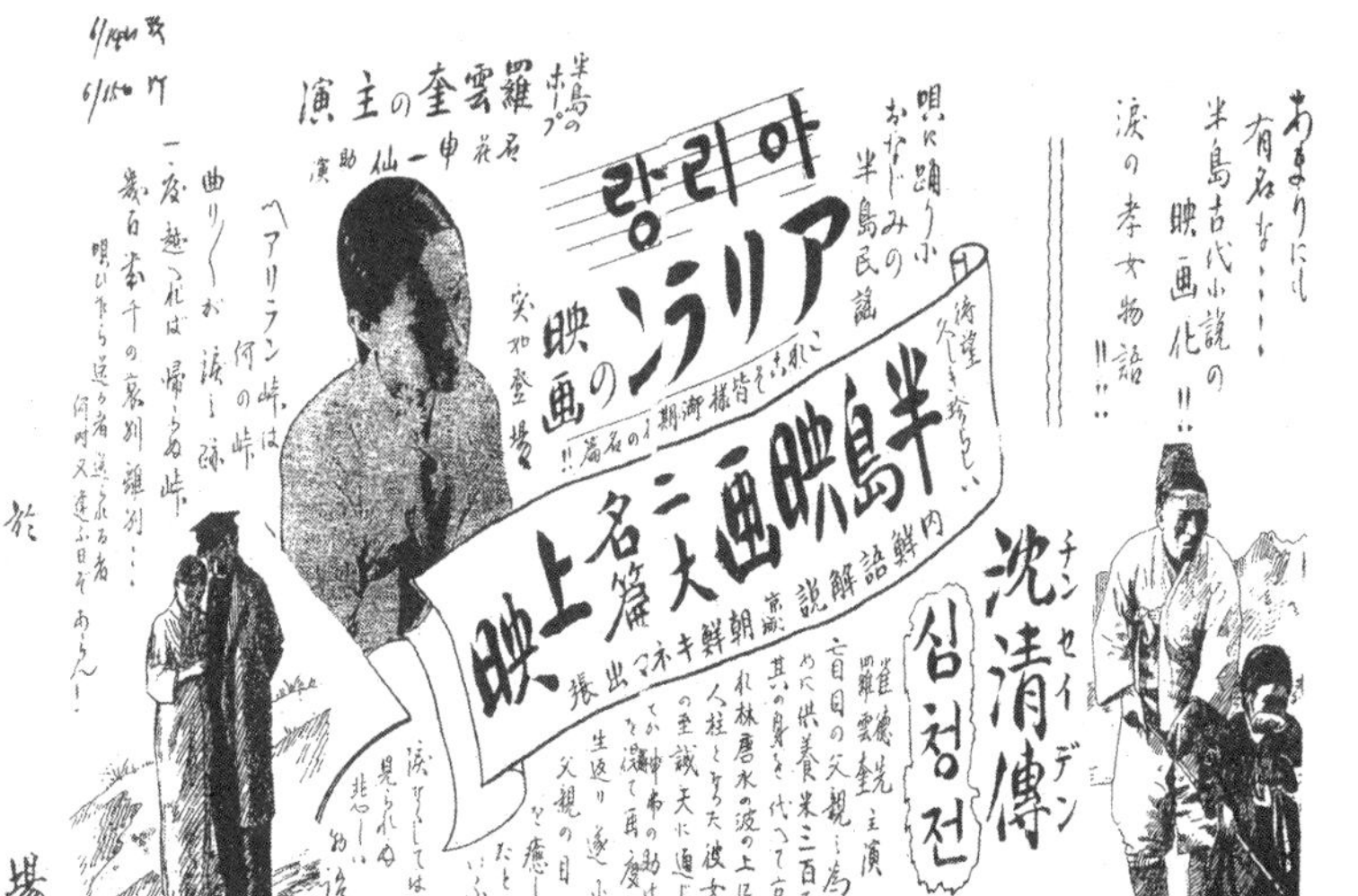

〔写真４〕半島鉱員慰安映画会開催の案内：住友新歌志内鉱と歌志内鉱、作成年記載なし（長澤編『戦時下強制連行極秘資料集・Ⅲ巻』156頁）

は日本語に慣れていない朝鮮人労働者のために日本人労務係が分かりやすく説明するために作られたのではないだろうか。

日曹《にっそう》天塩《てしお》炭鉱も朝鮮人労働者到着の際は、日本人を代表して労務関係の係員が出迎え、会食や懇談を開いていたと記録に残っている（『資料集』Ⅰ巻・277頁）。外村大『朝鮮人強制連行』でも大手炭鉱では著名な歌手や朝鮮人劇団を招いての慰問演芸会を開いていたと認めている。しかし、動員された朝鮮人の証言でより多く語られるのは暴力を伴う抑圧的な管理であったと主張する。最終的な評価として、福利厚生や安全対策、賃金をはじめとする労働条件の改善を図ることで労働力を集めて、熟練労働者を留めおく施策を日本側は行わなかったと外村は断定しているが、それは一次史料で見てきた事実と反すると言わざるを得ない。

契約更新の強制は事実か

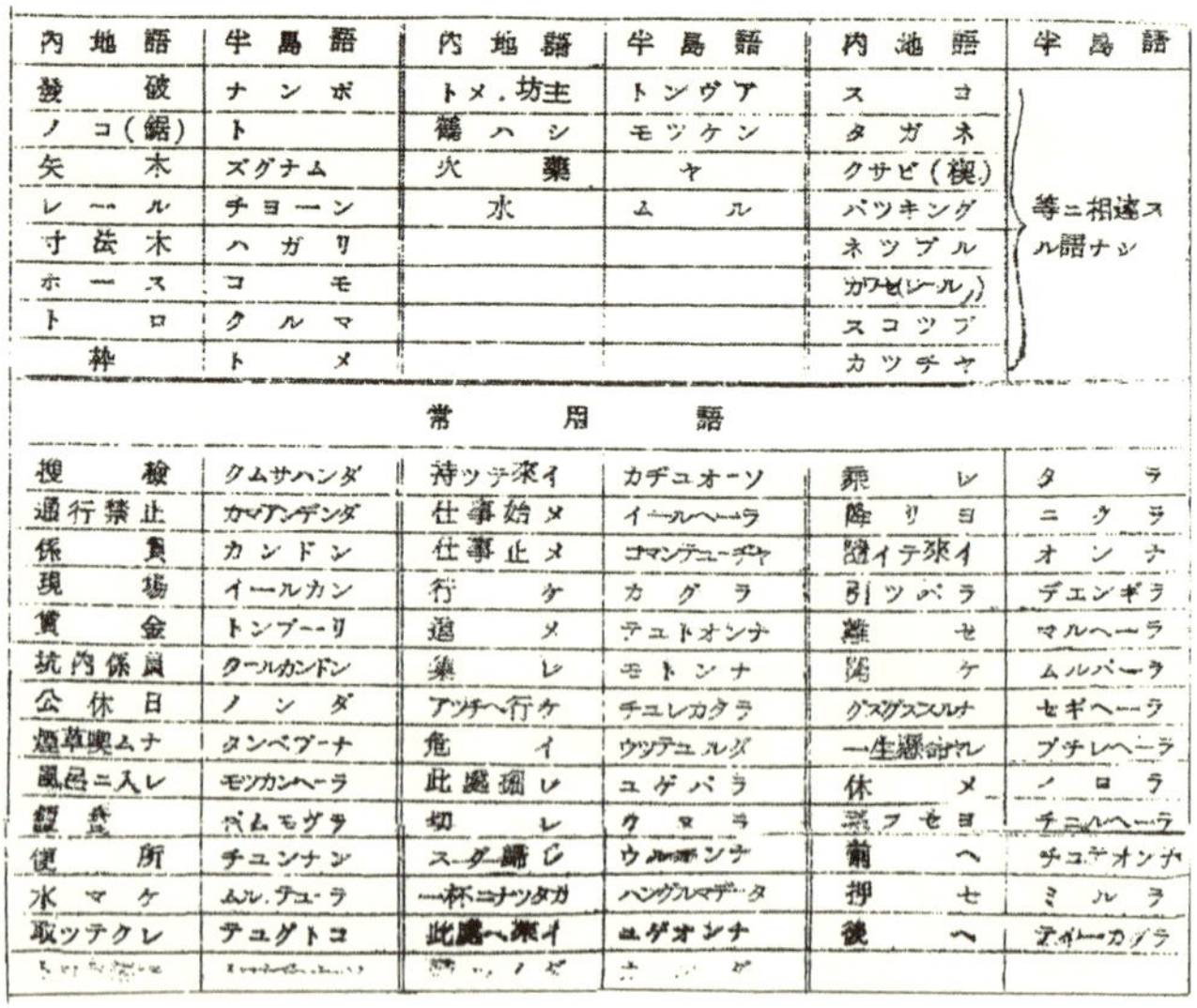

内地語	半島語	内地語	半島語	内地語	半島語
発破	ナンポ	トメ．坊主	トンヴア	スコ	等ニ相違スル語ナシ
ノコ（鋸）	ト	鶴ハシ	モツケン	タガネ	
矢木	ズグナム	火薬	ヤ	クサビ（楔）	
レール	チヨーン	水	ムル	パツキング	
寸法木	ハガリ			ネツブル	
ホース	コモ			カワセ（レール）	
トロ	クルマ			スコツプ	
枠	トメ			カツチヤ	
常用語					
捜検	クムサハンダ	持ツテ来イ	カヂユオーソ	乗レ	タラ
通行禁止	カツアンデンダ	仕事始メ	イールヘーラ	降リヨ	ニクラ
係員	カンドン	仕事止メ	コマンデユーヂヤ	歩イテ来イ	オンナ
現場	イールカン	行ケ	カグラ	引ツパラ	デエンギラ
賃金	トンプーリ	進メ	テユトオンナ	離セ	マルヘーラ
坑内係員	タールカンドン	集レ	モトンナ	開ケ	ムルバーラ
公休日	ノンダ	アツチヘ行ケ	チユレカタラ	グズグズスルナ	セギヘーラ
煙草喫ムナ	タンベブーナ	危イ	ウツテユルダ	一生懸命ヤレ	ブチレヘーラ
風呂ニ入レ	モツカンヘーラ	此處掘レ	ユゲパラ	休メ	ノロラ
飯食	パムモグラ	切レ	クヌラ	[illegible]	チユルヘーラ
便所	チユンナン	[illegible]	[illegible]	前ヘ	チユテオンナ
水マケ	ムル．テユ・ラ	一杯ニナツタカ	ハングルマデータ	押セ	ミルラ
取ツテクレ	テユグトコ	此處ヘ来イ	ユゲオンナ	後ヘ	テイーカグラ
[illegible]	[illegible]	[illegible]	[illegible]		

〔写真５〕訓練・指導のための半島語一覧表：歌志内鉱業部、1939年９月26日
（長澤編『戦時下強制連行極秘資料集・Ⅱ巻』63頁）

労働科学研究所の報告では、２年間の労働契約が終了した際に帰郷か再契約かの選択が朝鮮人労働者に委ねられていたことが記載されていた。しかし、外村大『朝鮮人強制連行』では契約期間が満了しても帰郷を許されなかったと主張している。実際は朝鮮人に選択の自由などなく、強制的に契約の更新をさせられて故郷に帰ることができなかったという。

それを証明する資料として、外村は本書でも紹介している『石炭鉱業の鉱員充足事情の変遷』に収められた座談会の内容を引用している。北海道立労働科学研究所の者が「契約期間は二年でそれで帰すのですか」という質問に対して、鉱業所の者が「更新するんですよ。本人の希望によって。（笑声）」「『更新』だと強くいうのです」と述べた。このことから、ほとんど強要によって契約更新がなされたと見るべきであろう、と外村は結論づけている（『朝鮮人強制連行』156頁）。

しかし、筆者が『石炭鉱業の鉱員充足事情の変遷』を確認してみたところ、外村の解説と真逆のことが記されていることが判明した。外村が引用した箇所の直後に、茂尻《もしり》鉱業所の職員が朝鮮人家族を朝鮮半島へ送り返していたことが話されている。旅費は会社側が負担しており、帰途で寄った大阪や京都で朝鮮人の旦那だけが逃げていたことも明記されている。逃げた旦那は大阪か京都でまた金儲けしてから帰っていたという。朝鮮人が出稼ぎとして労務動員を活用していたことを示すエピソードだ。外村が引用した資料には最終的に朝鮮に帰れたことを示しているので、重大な事実誤認である。

契約どおりに朝鮮人労働者を帰郷させたことを示す一次史料は多く残っている。1942年8月28日に住友歌志内鉱業所で作成された「契約期間満了半島鉱員に対する帰鮮旅費支給に関する件」には契約満了者32名（帰鮮者25名、契約更新者6名、公傷治療中1名）の帰郷にかかる旅費の金額を支給する旨が記されている。帰鮮者25名に関しては名簿も作成されており、それを（写真6）として掲載する。

また、入山採炭株式会社坑務所にて1942年4月4日に作成された「第二次移入半島人満期者処

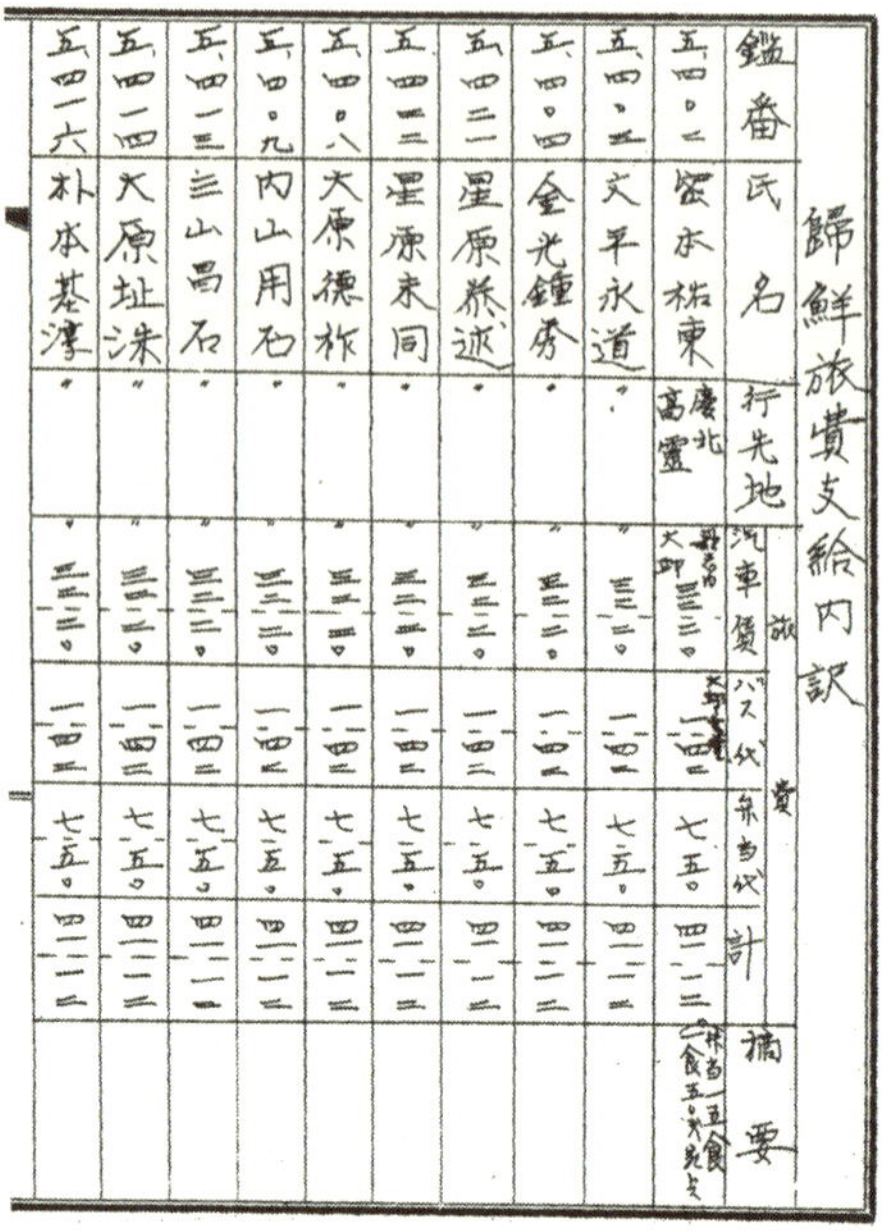

帰鮮旅費支給内訳

鉱番	氏名	行先地	旅費 汽車賃	旅費 バス代	旅費 弁当代	計	摘要
五四〇二	密本祐東	慶北高靈	[illegible]	[illegible]	七五〇	[illegible]	[illegible]
五四〇五	文平永道	〃	[illegible]	[illegible]	七五〇	[illegible]	
五四〇四	金光鍾秀	〃	[illegible]	[illegible]	七五〇	[illegible]	
五四二一	星原燕述	〃	[illegible]	[illegible]	七五〇	[illegible]	
五四三三	星原来同	〃	[illegible]	[illegible]	七五〇	[illegible]	
五四〇八	大原徳祚	〃	[illegible]	[illegible]	七五〇	[illegible]	
五四〇九	内山用石	〃	[illegible]	[illegible]	七五〇	[illegible]	
五四一三	三山昌石	〃	[illegible]	[illegible]	七五〇	[illegible]	
五四一四	大原址洙	〃	[illegible]	[illegible]	七五〇	[illegible]	
五四一六	朴本基澤	〃	[illegible]	[illegible]	七五〇	[illegible]	

〔写真6〕帰鮮旅費支給内訳：住友歌志内鉱業所、1942年8月28日（長澤編『戦時下強制連行極秘資料集・Ⅲ巻』220頁）

遇の件　伺」も帰郷に関する文書である。1940年度に移入した朝鮮人労働者（移入時は248名、文書作成時は118名）のうち、契約更新せずに朝鮮へ帰る選択を取った「永久帰鮮者」が78名となった。土産料として15円と旅費を会社側が労働者へ支給している。契約を更新して、一時的に帰郷した後に日本へ戻り労働を継続する「一時帰鮮者」は25名で1年間の再契約を結んで1か月間の帰郷となっている。土産料が25円支給され、往復の旅費の実費も支給される（『資料集』Ⅲ巻・305頁）。

旅費どころか土産料まで支給される朝鮮人労働者たちは本当に強制労働をさせられていたのであろうか。少なくとも、朴慶植が表現した奴隷労働者という言葉は適切ではないと思われる。結論から言って、朝鮮人労働者たちは帰郷できていた。再契約者には報奨金（歌志内では一年間更新で帰郷しない者は102円、一時帰郷者には25円）を与え、土産料と往復の旅費まで支給していた（『資料集』Ⅲ巻・169頁）。外村は契約の強制的更新を問題視しているが、更新者よりも帰郷者が多い一次史料が確認できた以上、全国的に契約の強制的更新がなされていたと見なすことは不可能である。

契約更新者名簿（写真7）によれば、歌志内の再契約者で一時帰郷をしない者には102円も支払

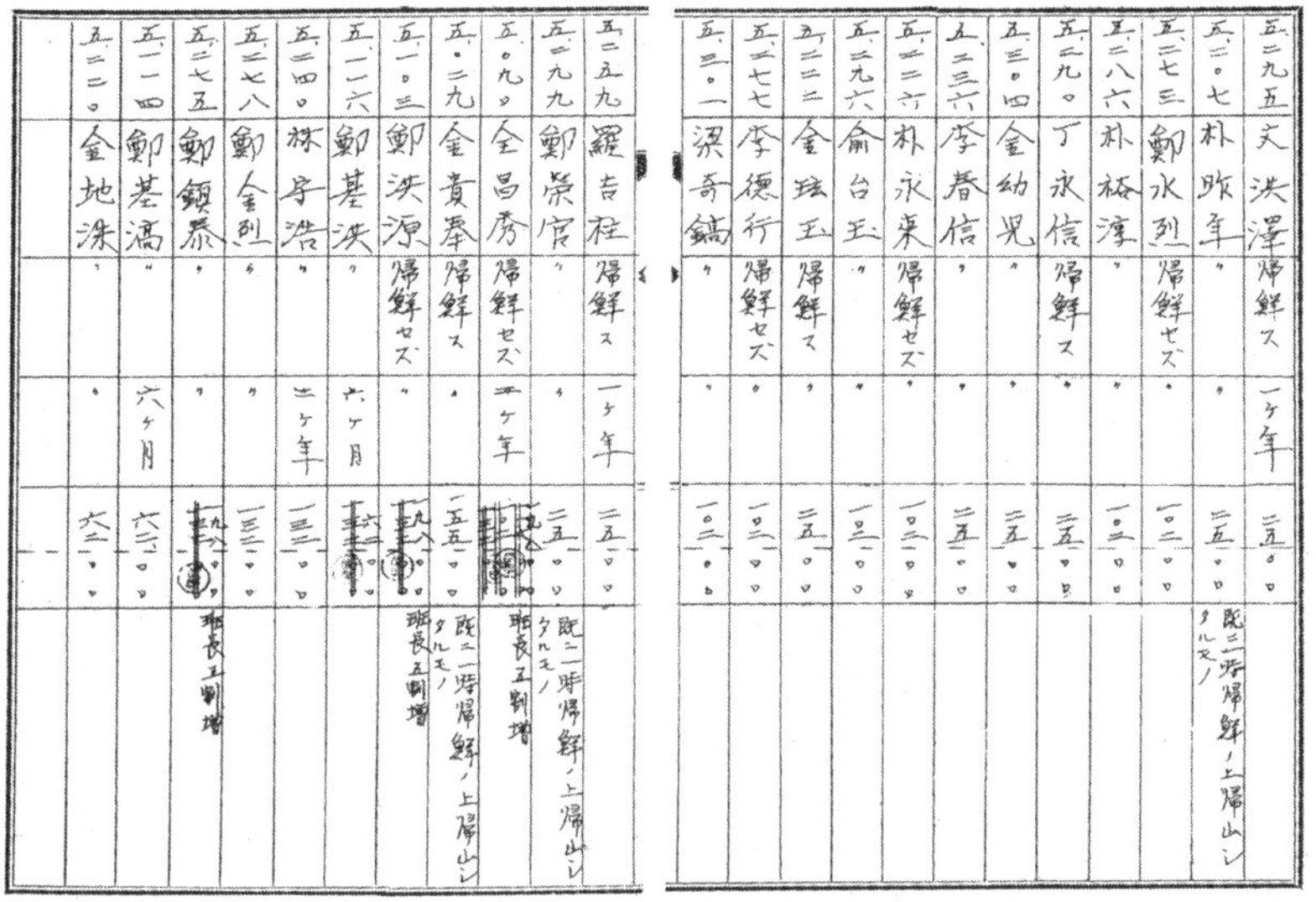

〔写真７〕契約期間延長半島鉱員に対する特別給与金支給の件：住友歌志内鉱業所、作成年記載なし（長澤編『戦時下強制連行極秘資料集・Ⅲ巻』170頁）

われていた。一時帰郷者に与える旅費や弁当代などの実費を加算したのかもしれない。この名簿からは、朝鮮人班長は報奨金の5割増しである198円を受け取っていたことも分かる。強制的に契約を更新できなかったからこそ、金銭的なインセンティブを与えて再契約者を増やそうと企業側が努力していたのだ。

なお、再契約時の報奨金を貰ったまま日本へ帰ってこない朝鮮人労働者が多いことが労働科学研究所報告に書かれていたが、日曹天塩炭鉱の事業主代理から天塩警察署長へ「募集半島人労務者逃走捜索願」の書簡（1944年2月6日付）が提出されており、再契約奨励金100円をもって逃走したと書かれている（『資料集』Ⅰ巻・321頁）。

朝鮮人労働者が一方的に契約を破り、堂々とお金を詐取している事例があったことを「強制連行派」の人々はどのように考えているのだろうか。

筆者の主張に対して、「強制連行派」は、

1942年の再契約状況を示す資料のみを挙げての議論は恣意的であると反論している（竹内康人『朝鮮人強制労働の歴史否定を問う』140頁）。続けて、1944年には契約の強制的更新が一層強化されると彼らは主張しているが、これは、少なくとも1942年時点までは契約更新の強制はなかったと認めたことになる。

また、更新の強制について、具体的な一次史料は一切紹介していない。おそらく、その年の9月から徴用が開始されるので、契約更新が強制的になったと考えているのではないか。1944年から強制的な契約更新が横行したのは事実なのだろうか。

『特高月報』を見ると、1944年度から契約更新に関する争議が急増している。同年における争議件数115件に対し、契約期間満了に伴う契約更新や帰郷についてのトラブルが発生して争議に発展したものは18件であった。1943年度以前ではこうした争議はほとんど発生していなかったのだが、急増した理由は何だったのであろうか。争議の内容を確認すると、多くは輸送関係が原因であった。1944年になると、燃料などの物資不足やアメリカ軍による空襲や輸送船の破壊が激しくなる。これによって日本と朝鮮半島の往復が困難となり、以前のように自由な移動が不可能になった。

山口県の東洋鋼板株式会社の下松《くだまつ》工場では、朝鮮人労働者8名は契約期間満了当日に帰郷することを要望していたが、輸送関係の都合で延期になってしまった。会社側の対応が不誠実であると憤慨した朝鮮人たちは会社からの事情説明も聞かずにストライキを決行したが、所轄署が説得した結果、一同は就労することに同意した（『特高月報』1944年6月分・60頁）。つまり、会社側が強制的な契約更新を迫ったことが原因ではなかったのである。

会社側に瑕疵があると思われる争議は、『特高月報』1944年10月分に収録されている、所属隊長と寮長の独断によって契約更新された争議と一時帰郷を条件に含まない契約更新をされたと憤慨して一時帰郷を求めた争議の2件である。他には、契約更新を推奨する説明や懇親会が複数回行われたことによる反発で争議を起こしているが、これは強制や詐欺による契約更新とは言えないだろう。少なくとも、『特高月報』から強制的な契約更新の横行は認められない。

契約更新における朝鮮人の優位性

「強制連行派」は朝鮮人の契約更新に注目するが、当時の日本人はどうだったのであろうか。長澤秀編『戦時下朝鮮人中国人連合軍俘虜強制連行資料集Ⅰ（統計編）』（以後、『統計編』）に石炭統制会労務部が1943年9月4日に作成した「炭鉱労務統計表」が収録されている（写真8）。「極秘」とされている同統計表は、国内の労働事情を詳細に分析するために各炭鉱から石炭統制会に提出された各種報告書を基に作成したと、統計表の作成者は説明している（316頁）。

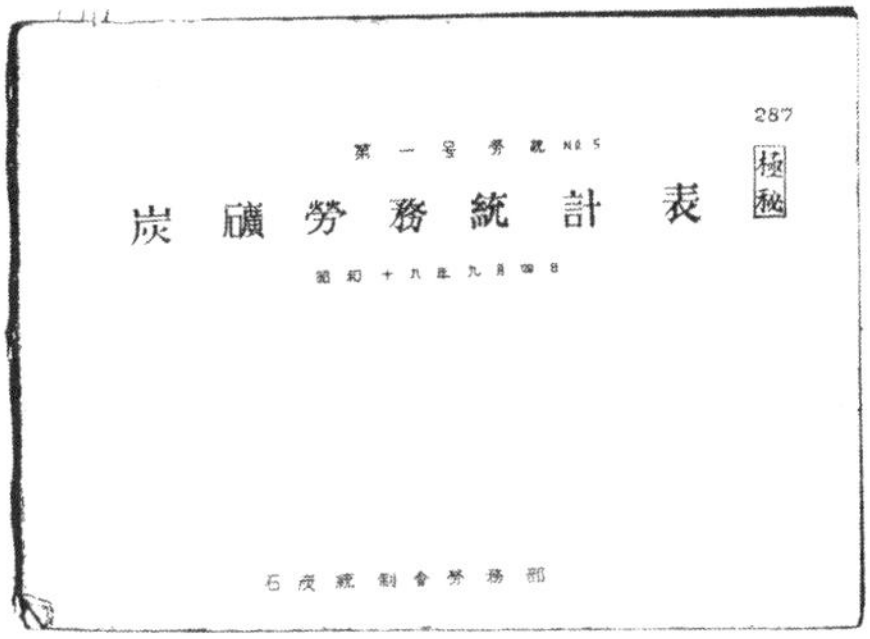
287

極秘

第一号　労統 No.5

炭礦労務統計表

昭和十八年九月四日

石炭統制會労務部

〔写真８〕石炭統制会労務部『炭鉱労務統計表』（1943年）の表紙（長澤秀編『戦時下朝鮮人中国人連合軍俘虜強制連行資料集Ⅰ（統計編）』313頁）。右上に「極秘」とある。

そこには同年4月における主要炭鉱179箇所の「職別より観たる地域別に依る内鮮人別百分比（1）」（318頁）が掲載されており、日本人と朝鮮人の比率が記されている。これによると、採炭夫の全国比率は日本人42・3%に対し、朝鮮人は57・7%である。つまり、採炭夫の4割は日本人労働者であった。日本人は1939年から徴用であったので、これらの日本人は契約満期を迎えても強制的に労働期間を延長されていた。

1943年7月分の『特高月報』では「期間更新に対す

る徴用工員の動向」という項目が設けられている。それによると、同年8月31日から翌年の3月31日までに期間満了を迎える新規及び現員の徴用工員の労働期間を「一年乃至二年更新することを決定」したと明記している（63頁）。

同様のことは1944年10月に発行された『国民徴用の解説』（朝鮮総督府監修）にも記載がある。18頁（樋口雄一編『戦時下朝鮮人労務動員基礎資料集Ⅲ』162頁に該当）には、日本人労働者も徴用期間が2年から3年に延長されているので、朝鮮の人々も時局の変化を考えて徴用に協力してほしいとの訴えも記されている。

このことからも分かるように、強制的な契約更新を受けていたのは日本人と言える。朝鮮人は契約更新をせずに帰郷できていたが、日本人は契約期間満了による退職という選択肢が存在しなかったのである。先に紹介した『炭鉱労務統計表』でもその点がうかがえる。1943年4月時点の「地域別内鮮人別より観たる雇入経路並解雇事由百分比（8）」（『統計編』333頁）によると、日本国内における朝鮮人の「期間満了者数」が33・7％であるのに対し、日本人は数値の記載がない（次頁・写真9）。朝鮮人のみが契約期間満了を理由に退職できていたのである。

他にも「円満退山者数」という項目があるが、これは労働者側か会社側の都合で労働者が退職することとなり、最終的に双方とも納得した解雇であったと思われる。この比率は日本人19・0％、朝鮮人12・3％となっており、先の「期間満了者数」と合わせると全国平均の朝鮮人解雇事由の46％は朝鮮人側あるいは会社側からの退職要望であったことが分かる。これは朝鮮人の「逃走者数」36・9％を上回っている。これを見ると、1943年4月時点までは強制的な契約更新が行われていなかったことの証左であり、朝鮮人労働者は逃走以外に退職する手段がなかったという従来の「強制連行派」の主張が誤りであったことを示している。

解雇	労務調整令ニヨルモノ	期間満了者数		33.7	9.6
		円満退山者数	19.0	12.3	17.1
		逃走者数	6.1	36.9	14.9
		其ノ他	13.9	8.0	12.2
		計	39.0	90.9	53.8
	昇格		1.4		1.0
	勤労報国隊	令ニヨルモノ	18.5	0.9	13.5
		令ニヨラザルモノ	41.1	8.2	31.7
	合計		100.0	100.0	100.0

〔写真９〕地域別内鮮人別より観たる雇入経路並解雇事由百分比（８）：1943年４月時点の全国合計。左側の数値が日本人、真ん中が朝鮮人、右側が平均となる（長澤秀編『戦時下朝鮮人中国人連合軍俘虜強制連行資料集Ⅰ（統計編）』333頁）

『統計編』では他にも、石炭統制会勤労部が作成した「主要炭鉱勤労者事由別解雇調」が収録されており、１９４４年度は９月時点までの統計表が掲載されている(84頁)。同表は調査対象の炭鉱数が不明であるが、同年の日本人と朝鮮人の解雇理由を記している貴重な史料である。これを見ても、朝鮮人には退職理由に「期間満了」があるが、日本人には記載がない。徴用が朝鮮人に適用される９月でも期間満了で退職した朝鮮人が２９４人いたことが確認できる。筆者が確認したところ、１９４４年４月から９月までに期間満了で退職した朝鮮人は合計で１７１５名であった。この点を踏まえると、１９４４年に契約更新に関する争議が増えたことは事実であるが、契約更新せずに帰郷した朝鮮人が実際に存在したことが確認できたのだから、「強制連行派」の反論は強制的な契約更新を証明し得ない。

さらに、朝鮮人は契約更新時に多額の奨励金を受け取っていたが、日本人は金銭を受け取っていなかったようである。１９４３年７月分の『特高月報』には労働期間延長が決定した後の日本人徴用工員たちの意見が記載されている。そこで「入営や応召の際休職手当を呉れるが新規徴用はただ解除になるだけで別に其の後の手当等はない」ことが不満であると述べている（64頁）。どうやら、日本人の場合は2年間の労働契約が終了した際、別種の職場へ新たに徴用される労働者も多数存在していたようである。彼らは朝鮮人のように以前の職場で同じ仕事を続けられる保証はなく、過去の経験を活かせない職場へ就労するせいで昇給も難しい。「強制連行派」は朝鮮人のみに注目しているが、日本人と比べて優位な立場にあった側面、優遇されていた側面も見てとれる。契約期間が満了になれば更新せず帰郷できる選択肢を持ち、更新をした際も高額な奨励金を受け取れる朝鮮人労働者は、日本人から見れば、むしろ羨ましい存在に見えたのではないだろうか。

第5節　証言の取り扱いに関して

証言収集の問題点

以上、本章では一次史料を基にして「強制連行」説も「強制労働」説も学術的に証明されていないことを説明した。では、なぜ「強制連行派」の人々は自分たちの学説を見直そうとしないのだろうか。その原因は、強制連行や強制労働があったと話す証言者が多く存在するからであろう。当時を生きた人間の言葉に耳を傾けることは学術研究においても重要な活動である。

しかし、歴史学において証言の取り扱いは非常に難しいことであり、素人が簡単に行えるものではない。崔碩栄《チェソギョン》『韓国「反日フェイク」の病理学』（小学館新書・2019年）を読むと、その点がよく分かる。崔は証言者から話を聞きだす聞き手側の姿勢に問題があることを鄭恵瓊《ジョンヘギョン》の体験談を基にして詳細に解説している。

韓国の民族問題研究所の責任研究員を務めたことがある鄭恵瓊は『日帝末期朝鮮人強制連行の歴

史』（景仁文化社・２００３年）の中で１９９７年から１９９８年にかけて日本から来韓した市民団体を自身が案内し、江原道《カンウォンド》平昌《ピョンチャン》地域の徴用体験者たちの証言を集めたことを記している。

そのときの調査では、同じ時期、同じ村から渡日した数名の老人たちが集められ、無理やり連れて行かれて賃金も受け取れず、奴隷のような生活をしていたと証言した。しかし尹《ユン》という老人だけは待遇も良く、いい経験だったと話したのである。

これを受けた日本人の面談者たちは、都合の悪い証言が出たときは高圧的な態度で、「なぜあなただけ違うのか」と追及し、自分たちが望む証言ではないときには「韓国人は嘘が上手い」と、差別的な偏見を隠そうとしなかったという（崔碩栄『韓国「反日フェイク」の病理学』２０３〜２１０頁）。中立的な立場から証言を収集しない聞き手たちの姿勢は学術的活動と言えるだろうか。崔碩栄はその点を指摘している。

また、聞き手側ではなく証言者を取り巻く環境にも注意せねばならない。鄭は韓国の市民団体による聞き取り調査にも参加しているが、そこでも事件が起こった。補償推進協議会が全州地域で調査した際に、「補償を見返りにして」被害者を利用する団体の横暴を鄭たちは目撃したという。先に連絡をして面談準備ができていると思っていた鄭たちの前には、仕事を放り投げて駆けつけた老人、すぐにでも補償金を貰えると思って家族まで連れてきた老人たちがいた。面談が進むにつれ、「お金はいつくれるのか」という言葉を我慢していた老人たちが、午後になると少しずつお金の話を口にしてきたことに、鄭たちは唖然となったという（鄭惠瓊『日帝末期朝鮮人強制連行の歴史』２００３年・３１２頁）。

実はこの時期、日本の「人権弁護士」たちの協力を得て、日本政府と日本企業に訴訟を起こして勝つことができれば多額の賠償金が貰えるという話が、韓国内の徴用経験者の老人たちに広まっていた。その中には訴訟の準備金などと称して、老人たちからお金を引き出した詐欺師もいた（崔碩栄前掲書２

04頁）。全州の老人たちは、この種の詐欺被害に遭った人々だったのであろう。老人たちは、鄭たちの団体ならば補償金を貰えるのではないかと考え、仕事を抜け出してまで参加したのである。しかし、面談をしても一向に補償金の話が出てこないので、老人たちは引き潮のように面談会場から抜け出してしまう。鄭たちは他の証言者を探すしかなく、全州市内に向かうためにタクシー運転手の話を聞いて高齢者が多く集まる場所を訪れたが、すでに遅い午後であるうえ、天気が寒くて高齢者たちの姿を見つけることができなかったという（鄭前掲313頁）。

以上のことから分かるように、強制連行や強制労働の証言には金銭が絡んでいる。逆に言えば、金銭が絡まなければ証言者の発見すら困難となる。お金を貰うために、聞き手にとって都合のいい話、つまり、無理やり連行されて奴隷のように働かされた話をすれば大歓迎を受ける。そこでは内容の真偽は確認されない。都合の悪い話をした尹老人が受けた仕打ちを考えれば、証言の収集に歴史の真実を明らかにしようという学術的姿勢は皆無である。

このことから、証言を集める際には特定の学説に肩入れしない中立的立場を堅守し、金銭問題や政治的イデオロギーを持っていない証言者を特定しなければならない。しかし、朝鮮人戦時労働者問題が日韓間で政治問題になっている以上、そのような証言収集は難しいと言わざるを得ないだろう。そもそも、歴史学とは一次史料に重きを置いて歴史を考察する学問である。日本の歴史学界が証言、すなわちオーラル・ヒストリーを本格的に歴史考察に取り入れ始めたのは1970年代と言われており、比較的新しい学術的手法なのである。

歴史学における証言の有用性

1931年に結成され、現在も活動を続けている歴史学研究会は日本国内の歴史学界で影響力を持つ学会の一つであるが、同会から発行している『歴史学研究』にて証言（オーラル・ヒストリー）に関する特集を組んだのは第五六八号（1987年6月）である。

一橋大学名誉教授である中村政則がオーラル・ヒストリーと歴史学の関連性について簡略に説明している。中村が言うには、オーラル・ヒストリーが1970年代に日本の歴史学界の注目を浴びるようになった理由は、ノンフィクション作家の影響が大きかったためであると分析している。上野英信の『追われゆく坑夫たち』（岩波書店・1960年）や『地の底の笑い話』（岩波書店・1967年）、山本茂実の『あゝ野麦峠』（朝日新聞社・1968年）などを例に挙げている。

そして中村は「オーラル・ヒストリーに関係のありそうな本」として、本多勝一『中国の旅』（朝日新聞社・1972年）、金賛汀・方鮮姫『風の慟哭――在日朝鮮人女工の生活と歴史』（田畑書店・1977年）、吉沢南『私たちのなかのアジアの戦争』（朝日新聞社・1986年）など、現在の歴史認識問題にも関係する書籍を挙げている。中村は、これらの本で取り上げられている人々は、製糸工女、娼婦、元兵士、在日朝鮮人、中国人で、いわば底辺民衆あるいは支配された側の人々であると説明する。これらの人々の多くは文字を書かない、あるいは記録を残さない人々なので、彼らの体験を伝えようとすれば、聞き書きに頼らざるを得ない。だからこそ、オーラル・ヒストリーの対象になり得ると主張している。

一方で、聞き書きは万能ではないことにも触れている。聞き書きは、話し手の記憶違いがあったり、自慢話に終わったり、時、場所、聞き手が違うたびに話の内容が変わったりすることがあるという。したがって、聞き書き資料を使用する際は、よほど慎重でなければならない点を強調する。このことから中村は証言を補完資料と位置づけていることを告白している（中村政則「オーラル・ヒストリーと歴史学」・前掲『歴史学研究』4頁）。

これらのことから、日本では当初、証言はあくまで補完資料として位置付ける研究者がいたことが分かる。中村は証言を収集する際に、「話を聞けばいいという態度ほど安易で危険なものはない」と警鐘を鳴らし、オーラル・ヒストリーにはマイナス面もあることを指摘している。例えば、聞き書きだけでは主観主義に陥りやすくなり、事件や経験を肥大化・誇張しやすいことを挙げている。中村はオーラル・ヒストリーの方法論をさらに鍛えていく必要があると主張している。

清水透「聞き取りの諸問題――インディオ社会の経験から」(前掲『歴史学研究』)では、研究者自身の研究姿勢が重要になってくると指摘している。フィールド調査の成果に安易に飛びつくのではなく、じっくりと時間をかけ、人間的な次元から証言者と付き合っていかない限りは信頼できる証言資料は得られないという。

『歴史学研究』第五六八号では、日本軍が中国人を大量虐殺したという「南京事件」を日本に広めた朝日新聞の本多勝一を囲んでの座談会が掲載された。その議事録は青木書店にて『オーラル・ヒストリーと体験史――本多勝一の仕事をめぐって』という書籍名で1988年に刊行された。

その座談会の中で、本多は「生きている人」としての資料と、そのような「書かれた資料」との間に、本質的な差がないことを周りの研究者に向けて主張する。その例として、本多の著作である『南京への道』(朝日新聞社・1987年)に出てくる田中三郎(仮名)という元兵士から話を聞いて、「一万四千何百何十何人」という中国人が、日本兵によって皆殺しになった証言が当時の新聞に出たことを挙げて証言の信憑性を強調する。

参加者の一人である宇都宮大学教授の笠原十九司は、オーラル・ヒストリーと聞き取りの方法をこれからの日本の歴史学のなかで市民権を持たせていくには、聞き取り資料から逆に文献史学を批判してゆくという作業をやっていくことも必要だと主張する。おおむね本多の意見に賛同しているように見える。

一方で、立命館大学教授の鈴木良は、「体験だけ」ということは歴史学で説明するにはあり得ないことで、どこかに痕跡、すなわち何らかの形で残るはずだと主張する。証言は証言として関連づけないと史料批判にはならないと述べ、本多の意見にやや難色を示している。鈴木は証言者の話を何度も繰り返し聞いていると、自分自身もその内容が真実であると思い込んでしまうという、オーラル・ヒストリーの手法としての注意点も指摘している。証言には、その内容が虚偽かどうかを判断できないという問題点があること。また、本多が聞き取って、それを書籍として出してしまうと、今度はその出版物が神格化されてしまう問題があることも鈴木は指摘する。究極的には、鈴木は史料批判という作業を怠ってはならないことを示唆している。すなわち、証言の聞き取り調査という歴史研究では、聞き取りをする人間の力量が極めて重要であることを説いたのである。この点は、先の清水透と同意見である。

しかし、鈴木はさらに踏み込んで、聞き手が一定の目的意識、すなわち、読者をある一つの結論へ誘導しようとする文章を書いてしまう危険性に言及する。本多の著作物は聞き取りをそのまま文章にしているのではなく、それを通して本多の主張が出ていると指摘している。本多自身は、「そんなに主張していますかね。まあ、さきほどの『論理は事実なり』あるいは『事実は論理なり』の意味ではそうなるかもしれませんが」と言っているが、鈴木は、「いやいや、強烈な主張ですよ」と言って、一歩も譲る気配がない（歴史学研究会編『オーラル・ヒストリーと体験史――本多勝一の仕事をめぐって』青木書店・1988年・156〜158頁）。鈴木は、本多自身は学問的に証言を採集し、客観的立場でそれらを「時間的に並べた」つもりでも、「日本軍による虐殺があったのだ」という目的意識が働いて、結果的に「南京事件はあった」という結論に導いてしまっていると指摘したのである。

１９８０年代後半までは証言のみで歴史を考察する手法は危険であると考える日本の研究者が一定数存在した。人間の回想には記憶違いや後から知り得た知識の混入、あるいは、自己の行為の正当化の傾向などが不可避であるから、聞き取りの成果は文献研究の成果によって裏づけられ、補強されなければならないという考え方である。

慰安婦問題で一変

しかし、１９９１年に発生した慰安婦問題によって、証言の取り扱いに慎重であった歴史研究の手法が批判されるようになる。『歴史学研究』第六八三号（１９９６年４月）に広川禎秀「日本における近現代史研究とオーラル・ヒストリー」という論文が掲載されている。日本では戦争中の悲惨な体験などが口述によって明らかにされ、それによって歴史研究が刺激を受ける可能性が大きいとして、元慰安婦たちの証言を挙げている。これらの証言は、歴史研究者を含めた日本社会と世界に衝撃を与え、現代史研究者によって新史料が発掘された。これによって、戦争責任問題に関する新たな研究組織である日本の戦争責任資料センターが作られ、雑誌『戦争責任研究』が発行されたことを説明する（前掲『歴史学研究』28頁）。

すなわち、日本の戦争責任資料センターは必ずしも研究者による自発的なものではなく、元慰安婦の証言が出たことを受けて、それに迎合するような形で設立されたという。すべてが証言で構成されている歴史叙述であっても科学的分析を経ている場合は歴史学的研究であり、綿密な裏づけと不必要な部分の削除が欠かせないと、広川は指摘する。

こうしたオーラル・ヒストリーの広がりは、学校教科書も無視し得ず、近現代史には多くの人々の証言が掲載されるようになる。これがやがて、多くの教科書で「従軍慰安婦」の記述や「強制連行」

の証言が記載される下地となるのである。

こうした動きは証言者への不用意な信頼を招きかねないとして、『歴史学研究』第七四七号（２００1年3月）では藤原帰一「なぜ国民が語られるのか」にて警鐘を鳴らしている。藤原は、オーラル・ヒストリーという、歴史における記憶の回復はパンドラの箱を開けるような効果を歴史学に与えることになったと表現している。「経験の重み」とか「生き証人」といった意味づけが、それぞれの「証言」をほとんど無条件に権威づけしてしまう。証言の信憑性は「歴史の証言」という言葉の前には吹き飛ばされ、体験談と証言が学者の構成する歴史分析よりも信用されるという恐慌的事態を迎えることになることを藤原は危惧する。

しかし、藤原の警鐘も虚しく、元慰安婦への聞き取り調査によって、証言の神聖化が進んでいく。『歴史学研究』第七七九号（２００3年9月）では中村政則が「言語論的転回以後の歴史学」という論文を発表し、慰安婦問題をめぐる論争の中で社会学者の上野千鶴子の主張を紹介している。上野は元慰安婦の証言が加害者の性犯罪を追及する機運になったことに対し、歴史家のみが客観性・中立性という特権の上に胡座《あぐら》をかいていることを批判した。また、たった一つの証言でも、従来の常識を覆すことがあるとして、公文書を重視し、口承や証言に二次的・副次的な価値しか置かない歴史研究者の態度も批判した。

中村は、たった一つの証言でも歴史の読み直しが始まるという上野の意見はまったく正しいとしながらも、「歴史家は史料を読まなければ話にならない、史料を読まない歴史家の仕事は、歴史学の自己否定である」（『歴史学研究』第779号・34頁）と述べている。

しかし、中村のこうした主張は次第に上野の掲げる証言至上主義に押し流されていく。『歴史学研究』第八一一号（２００6年2月）では、再びオーラル・ヒストリーの特集が組まれているが、その題名が「方法としての『オーラル・ヒストリー』再考」であった。「再考」という言葉が表すように、ここでは主に証言者への聞き取り調査そのものの重要性を説く論文が多い。実際、歴史学研究会委員の名で特集の言葉が記載されているが、その中で「むしろ市井の人々へのインタビューを通して、文字史料からこぼれおちる人々の体験に耳を傾け、歴史の主体としてすくいあげていくことにこそ、その意義があるといえる」（前掲『歴史学研究』1頁）としている。

「オーラル・ヒストリーの対話性と社会性」を執筆した桜井厚もその考え方に立脚しており、口述歴史家のP・トンプソンを引用し、文書資料よりも口述資料に高い評価を与えていることを紹介している。文字史料からは聞き得なかった声や日常の生活実態を歴史に組み込むうえでも、オーラル・ヒストリーは大きな役割を果たすとして、学術的作業を経た証言の重要性を指摘する。

歴史叙述のための記録・素材として用いようとしたオーラル・ヒストリーであったが、慰安婦問題の広がりによって、公文書などの文献資料よりも有効な資料にすべきであるという意見が噴出し、現在に至っている。

表面上は証言の学術的作業の必要性を説いているが、第5章でも紹介するように、現在の「強制連行派」がその作業を行っているとは思えない。単純な証言の一覧表にとどまり、証言者の話を鵜呑みにする研究手法は歴史学とは言えない。さらに、何の説明もなく証言内容を突然変更（第5章にて詳述）する姿勢は、強制連行と強制労働はあったという結論に誘導するための詐術的手法とも言える。まさに、鈴木良が危惧した事態に陥っていると言えよう。

以上、「強制労働」説への反論を展開したが、大筋は「強制連行」説同様、多くの一次史料によって学術的に否定できる。奴隷労働者のイメージを植え付けた朴慶植の『朝鮮人強制連行の記録』を検証すると、一次史料の意図的操作や改竄が認められ、日本だけではなく韓国の研究者からも批判を受けている。「強制連行派」はその事実を認めようとせず、国や企業による賃金搾取や暴力的抑圧を主張して強制労働の定義を拡大しようとしている。しかし、新史料の発掘や間違った史料解説が明るみに出て、何一つ学術的に証明できていない。

日本企業は朝鮮人労働者が快適に生活できるように労働環境を整えていた。演芸会や映画観賞会も開催し、開催案内のポスターまで残っている。契約の更新を結ぶために朝鮮人労働者に対して奨励金や記念品を用意しており、暴力や強迫による強制的な更新ではなかった。事実、再契約を結ばずに朝鮮半島へ帰った労働者も多数確認できており、強制労働の形跡を見ることはできない。

強制労働を認める証言は朴慶植の時期から紹介されていたが、こちらも十分な検証がされているとは言えず、内容に不可思議な点も多い。「強制連行派」は証言を重要視しているが、歴史学は一次史料に重点を置く学問である。「生き証人」という価値をつけて証言のみで歴史を叙述する手法は１９９１年の慰安婦問題が話題になってからであり、本来ならば細心の注意を払わなければならない歴史考察である。朝鮮人戦時労働者問題も日韓の政治問題に発展したために、客観的観点から語ることができる証言者を見つけ出し、中立的立場から証言を聞き出す者を派遣することが困難になっている。

結論として言えることは、証言のみで「強制労働」説を立証することは不可能であり、必ず一次史料が必要になることである。「強制連行」と題する資料集が多く発行されているが、日本政府や日本企業が組織的に強制連行や強制労働を行ったことを裏づける史料は未だに発見されていない。

第2部

一次史料から見た朝鮮人労働者の実態

キム・ソンヒ（日本名の記載なし）の動員証明写真。北海道住友鉱業株式会社の鴻之舞鉱業所に動員された当時の写真とされている。撮影年記載なし。7名が集合できるほどに広い坑内で近代的な作業器具も写っている。日帝強占下強制動員被害真相糾明委員会『強制動員寄贈資料集』(2006年）34頁

イ・ジュベク（日本名・完山柱伯）の動員証明写真。横須賀海軍施設部館山宿舎にて1943年度秋季錬成大会第六班優勝記念の写真。皆が誇らしい笑顔を見せている。優勝賞品のビールが確認できる。日帝強占下強制動員被害真相糾明委員会『強制動員寄贈資料集』(2006年）105頁

第３章　『特高月報』が記す朝鮮人労働者の実態

第１節　『特高月報』は何を記しているのか

『特高月報』とは何か

第１章と第２章で多用した『特高月報』であるが、本章で詳細な史料解説を行いたい。

『特高月報』とは、内務省警保局保安課がまとめたもので、現在は復刻版が政経出版社より１９７３年に発行されている。１９３０年（昭和５年）３月分から１９４４年11月分が閲覧可能で、１９４４年は５月分、９月分は欠号となっている。

朝鮮人労働者などに関する記述は「朝鮮人運動の状況」の中に収められており、内容は月ごとに変化するが、主なものとしては次の項目が挙げられる。「在住朝鮮人の地域協力」「治安維持法の検挙者（共産主義や民族主義的な活動や事件の詳細）」「時局犯罪」「職場における争議」「朝鮮人労務者数や争議数のデータ」等はほとんど毎月記されている。

朝鮮人戦時労働者問題における日本の先行研究では、『特高月報』という一次史料を用いて朝鮮人の強制連行や差別待遇も含めた強制労働を肯定する手法がとられていた。同史料には、当時の朝鮮人労働者が起こした炭鉱での争議の内容が記されている。「強制連行派」の人々は争議が発生した原因を日本企業による奴隷的待遇から脱却するために朝鮮人労働者は抗議したと主張したいのである。

例えば、朴慶植《パクキョンシク》が編集した『在日朝鮮人関係資料集成』第一巻（三一書房・1975年）では、「これらの官庁資料はそれらの持っている本質的な、支配者が政策を遂行する立場から必要性によってつくられたものであり、科学的観点からまた在日朝鮮人側の立場から見た場合、多くの偏見と誤りが含まれているものである。しかし一方支配者側が在日朝鮮人をどのように看取しており、またどのように取扱おうとしたかを知る上で貴重な資料でもある」と説明している（4頁）。

また、戦後補償問題研究会編『戦後補償問題資料集』第二集（1991年）でも、「戦時中の日本帝国主義による朝鮮民衆を対象とした強制的労務動員政策を数量的に把握するため、日本の官憲資料中の統計数字を集めた」として、『特高月報』を紹介している（8頁）。このように、『特高月報』や日本の警察が作成した資料を重要な一次史料として紹介する研究書や資料集は多い。

しかし、『特高月報』の記録には朝鮮人労働者側が原因で起こった事件も多く存在する。先ほど紹介した『戦後補償問題資料集』第2集には、次の争議を引用している。1940年1月15日に福岡県嘉穂《かほ》郡山田町の山田炭鉱では日本人坑夫が朝鮮人坑夫の怠慢を叱り採炭作業を命じたところ、付近にいた2名の朝鮮人坑夫が日本人の行為に激昂して、日本人坑夫を殴打して全治5日の傷害を与えた。加害者2名は傷害罪として送局され、1月19日に起訴猶予となって本籍地へ送還された（81頁）。

文章を読む限り、日本人坑夫は朝鮮人坑夫に対して怠けずに働くよう注意喚起して作業を命じただけで無関係の朝鮮人2名に殴打されたと理解できる。筆者としては、日本人坑夫に過失はなく、むしろ殴打した朝鮮人坑夫2名に問題があるように思えてならない。資料集として掲載しているだけなのかもしれないが、こうした争議に対する「強制連行派」の見解がないため、強制連行や強制労働を主張する資料集に『特高月報』を収録することが果たして妥当であるのか疑問を持たざるを得ない。

外村大『朝鮮人強制連行』（岩波書店・２０１４年）でも『特高月報』を紹介しているが、ここでも朝鮮人労働者が引き起こした事件には触れていない。具体的な争議の事例として、日本人労務担当職員による殴打、企業側が病気の朝鮮人労働者に制裁を加えて死に至らしめたことに同僚が抗議したと見られる事件のみ紹介している。日本側の暴力的な労務管理が争議の原因となっているケースがいくつかあると外村は述べているが（65頁）、朝鮮労働者側の暴力は取り上げていない。２０２０年12月18日発行の『週刊金曜日』第一三〇九号でも外村は『特高月報』を紹介しているが、朝鮮人労働者が起こした事件は一切指摘していない。

『特高月報』が貴重な一次史料であることは「強制連行派」の先行研究でも認められている。では、私たちはどのように読み解けばよいのであろうか。「強制連行派」が主張するように朝鮮人への差別や強制労働を証明する史料としてふさわしいのか。あるいは、それとは異なる朝鮮人労働者に対する新たな視点は出てこないのか。『特高月報』に記されている内容を整理し、総合的に判断する必要があるのではないかと筆者は考えた。

朝鮮人労働者による争議の全容

『特高月報』に記載されている内容を整理するにあたって、朝鮮人の日本渡航が正式に許可された募集渡航が１９３９年９月に開始されたことを踏まえ、筆者は１９３９年１月分から閲覧可能な１９４４年11月分まで記載されている争議事件の内容すべてを調査した。朝鮮人労働者の日本国内における労働実態を把握するために次の点に着目した。①何が（誰が）原因で争議に発展したのか、②争議の過程で暴行が起こったのか、どちらが暴行したのか、③争議はどのように解決したのか（所轄警察署はどのように対応したか）である。

筆者の調査では、戦時動員期間における『特高月報』に記された争議総数は４０３件であった。その結果、驚くべきことが判明した。

まず、①の「何が（誰が）原因で争議に発展したのか」という事柄に関しては、「朝鮮人側が原因で起こった争議」と「朝鮮人側が原因で起こったと思われる争議」が合計１７９件にのぼったのである。「日本人側が原因で起こった争議」と「日本人側が原因と思われる争議」は合計98件、原因が特定できない「判別困難な争議」が１２６件であることから、日本人よりも朝鮮人側が原因で引き起こされた争議事件が多かったと言える。内訳を次に記す。

『特高月報』（１９３９年1月分〜１９４４年11月分）朝鮮人労働者争議原因内訳（全４０３件中）
朝鮮人側が原因で起こった争議 ‥91件
朝鮮人側が原因で起こったと思われる争議 ‥88件
日本人側が原因で起こった争議 ‥61件
日本人側が原因で起こったと思われる争議 ‥37件
判別困難な争議 ‥１２６件
※詳細は歴史認識問題研究会ウェブサイトにて掲載中（『歴史認識問題研究』第８号）

「朝鮮人側が原因で起こった争議」とは、先ほど紹介した１９４０年1月15日に福岡県の山田炭鉱で発生した争議などを指す。「朝鮮人側が原因で起こったと思われる争議」の例としては、１９４４年10月に北海道の丹野組笠井飯場で発生した争議がある。朝鮮人労働者の丹山は作業中に頭痛を訴えて現場監督（西川）から付近の木陰で休む許可を貰っていた。しかし、丹山が無許可で帰寮したため西川は丹山を呼び出して、叱責のうえ殴打する。これを目撃した同僚の朝鮮人数名が憤慨して西川に軽傷を加えたが、同組管理者が西川を謝罪させて解決する（『特高月報』１９４４年10月分・56頁）。体調不良の朝鮮人を殴打したことは咎《とが》められるべきことかもしれないが、根本の原因としては、朝鮮人労働者が現場監督の許可を得ずに勝手に帰寮したことであろう。ただし、体調不良や言語の問題（丹山は「休みたい」という日本語を知らなかった可能性がある）という観点から見て、朝鮮人労働者側にもやむを得ぬ事情があったとも言える。このことから、「朝鮮人側が原因で起こった争議」として挙げた福岡県の山田炭鉱と比較して朝鮮人側に明らかな非や過失があるとは言い切れないので「朝鮮人側が原因で起こったと思われる争議」とした。

一方で、「日本人側が原因で起こった争議」としては、１９４３年10月の樺太の金山飯場で起こった日本人労務係など５名が、逃走した朝鮮人２名のうち１人を私刑によって死なせた事件（『特高月報』１９４３年10月分・１８１頁）がある。ただし、中には事業主である会社側の責任とは言い切れない争議も存在する。具体的には「食料規正」と「輸送制限」によって引き起こされた事例である。前者は、日本全体の食糧不足により、雇用側である炭鉱の事業主が労働者の食糧の量を減らしたりしたために、朝鮮人側が食料増配を求めて起こした争議である。後者は、契約期間が満了した朝鮮人が朝鮮半島に帰郷するにあたって、海上輸送の規制が日本国内で行われていたために、すぐに朝鮮人労働者の帰郷手続きができなかった。このため、朝鮮人側は早急な帰郷手続きを求めて争議を起こした。

これら二つの事柄は直接的には事業主側の責任ではないが、日本の政策が原因で引き起こされた事件なので、これらも「日本人側が原因で起こった争議」として含めている。

「日本人側が原因で起こったと思われる争議」としては、１９４３年10月に起こった福岡県の三井田《みついた》川《がわ》鉱業の争議が挙げられる。日本人労働者が朝鮮人労働者に対して作業の熟練を催促したことで口論となり、朝鮮人125名が仲裁した舎監など8名を暴行し、事務所や食堂の一部も破壊した（『特高月報』1943年10月分・182頁）。これに関しては日本人の催促が原因であるが、作業の熟練を要求することをどこまで咎められるかが問題である。現代においても仕事現場にて作業能率を求められることはめずらしいことではない。ましてや、戦時中という国の将来のかかっている状況で戦争遂行に必要な物資の産出に就いている人間にとって作業能率は重大な事柄である。このケースでは日本人側に明確な非や過失があるとは言い難い。

最後の「判別困難な争議」に関しては、1939年11月に北海道の新幌内《しんほろない》炭鉱で起こった争議を例として挙げることができる。朝鮮人坑夫と日本人指導員との間に喧嘩が生じ、朝鮮人労働者140名が加勢して事務所の窓ガラスや置物を破壊した（『特高月報』1939年11、12月分・189頁）。何が原因で喧嘩をしたのか判明しないため、争議原因判別が困難な事例とした。

次に、②の「争議の過程で暴行が起こったのか、どちらが暴行したのか」という事柄に関して説明したい。暴行の判定に関しては、争議の中で「複数回の殴打」や「懲戒的制裁」「負傷した」「物を使用しての殴打」が伴ったものは暴力行為とした。逆に、単なる「殴打」は時代背景を考慮して暴行には含めないこととした。この点は後述する。また、「乱闘」「争闘」「喧嘩」「格闘」「殴り合い」の場合は、日本人、朝鮮人双方に暴行があったとカウントした。

統計の結果、朝鮮人側のみの暴行が確認できた争議が合計109件、日本人側のみの暴行が確認できた争議が合計14件、双方に暴行が確認できた争議が合計43件となった。

朝鮮人が日本人よりも暴力を行使する事例が多かったことが分かる。ただし、これまでの数値はあくまで筆者の判断で作成したものであり、件数は概数であることを念頭に置いて参照していただければ幸いである。個別の事件に関する争議詳細は『歴史認識問題研究』第８号に収録されている拙作『『特高月報』（１９３９年１月分～１９４４年11月分）朝鮮人労働者争議事件一覧表」に全４０３件が記載されている。同表は歴史認識問題研究会のウェブサイトから閲覧できるので、参照していただきたい。

最後の③「争議はどのように解決したのか（所轄警察署はどのように対応したか）」に関しては、１９３９年から１９４４年まで一貫して、日本の警察が朝鮮人労働者に対して行う行動は「（厳重）戒告・訓戒」「厳諭」「調停」「説得」「慰撫」であり、暴力によって鎮圧した記述はほとんど見当たらない。

以上の事から、先行研究で「強制連行派」の人々が主張していた朝鮮人の強制労働を証明する証拠として、『特高月報』はじつはふさわしくない。むしろ、まったく反対の側面が見えてくる。細部については今後の議論によって修正されることもあり得るが、『特高月報』に記載されている内容から当時の朝鮮人労働者の暴力的な側面がむしろ浮き彫りとなったことは否定できない事実だ。

このように『特高月報』を読み解いていくと、従来の強制連行や強制労働の主張、今回は特に後者の事例だが、本当に朝鮮人労働者たちは職場で奴隷のような差別的待遇や理不尽な暴力を受けていたのか疑問である。

朝鮮人は奴隷労働者だったのか？

例えば、１９４１年1月分の『特高月報』には次のような事例が記されている。長崎県の日鉄鉱業株式会社北浦鉱業所では、新年休業で劇場に来ていた金という朝鮮人労働者は、横になって階段を塞いでいたため、私服警官に注意された。金は宿舎に帰り、同僚に「日本人坑夫に殴打された」と誇大に伝えた。酩酊していた朝鮮人同僚１００名は棍棒などを持って劇場に襲来し、押しとどめた私服警官を殴打して昏倒させた。警防団１８５名が出動して鎮静化できたが、警察は金を含めた25名を法律違反として送局し、他の者は厳重訓戒を与えただけで釈放している（97頁）。

この事件で興味深い点は、同僚の朝鮮人労働者たちは酒に酔っていたという記述である。朝鮮人労働者にも酒（祝酒）が配給されていたという証だ。なお、『特高月報』では他にも泥酔した朝鮮人労働者が問題を起こすという事件が毎年発生しており、酒の増配を求めるストライキを起こした争議も確認できる。筆者が調べたところ、酒に起因した争議件数は全部で30件であった。

一番多かった争議原因は、賃上げ要求や送金問題などの金銭問題であり、68件確認できた。他には、食糧問題で62件、作業上のトラブル61件、言語不通や誤解による日常生活での喧嘩32件であり、酒関連は争議原因の第5位となる。

往々にして『特高月報』では、朝鮮人労働者たちは争議を聞きつけ現場に集合し、周囲に同調して騒ぎを大きくしていった事件が多く記録されている。その際に、窓ガラスや電灯などの器物を破壊する行為も引き起こしている。これが、第2章で紹介した朝鮮人労働者の「付和雷同」であり、多くの日本企業を悩ませていた。

例として、『特高月報』1943年1月分の大濱《おおはま》炭鉱（山口県）で起こった事件を紹介する。朝鮮人労働者に1人2合2勺の清酒を配給したところ、一部の者が酩酊して酒の増配を要求した。事務所側が断ると激昂して同僚を扇動し、32名の朝鮮人のうち30名が参加して事務所に乱入、窓ガラスやストーブを破壊した（80頁）。

単なる器物損壊だけでなく、集団で暴行を加える事件も多く記録されている。『特高月報』1943年7月分にある樺太《からふと》大泊《おおとまり》郡大泊町佐々木組で起こった事件では、朝鮮人労務係員が無断外出をして日本人管理人から注意された。しかし注意されたことに激昂した同労務員は所属隊員を使い同管理人に傷害を加えたうえ、事務所の器物を破壊した。参加した朝鮮人は70名全員であった（103頁）。

こうした記述を見れば、朝鮮人は奴隷のような弱い存在ではなかったことが分かるだろう。従来の学説では、日本人から一方的に暴力を振るわれ、理不尽な差別と過酷な労働を強いられた朝鮮人というイメージが前面に押し出されていた。この説を補強するかのように、争議では警察が関与して職場での労使紛争も含めて朝鮮人が何か問題を引き起こした場合にはいつでも弾圧し得る体制が築かれていたと「強制連行派」の研究書で指摘されてきた（例えば外村大『朝鮮人強制連行』52頁）。

しかし、これまで見てきたように一次史料を丁寧に読み解けば、「強制連行派」の主張をすべて受け入れることは困難である。住友鉱業歌志内《うたしない》鉱業所が１９４０年８月作成した「半島人労務者の指導訓育調査」の中には「紛擾争議ありたる場合其の原因及処置」という項目が設けられている。それによると、朝鮮人労働者が争議を起こした際は警察当局と連絡をとり、説諭訓戒することが明記されている。事件首謀者と扇動分子に限っては相当期間警察に拘留し処分するとある（長澤秀編『戦時下強制連行極秘資料集Ⅱ』１０１頁）。確かに、警察が争議に関与していたことは事実であるが、「説諭訓戒」までであり、暴力をもって朝鮮人を弾圧することを歌志内鉱業所も承認していない。

第２節　日本警察と朝鮮人労働者

先行研究による『特高月報』の取り扱い方

以上、『特高月報』に記されている朝鮮人争議に関する全容を簡潔に説明したが、「強制連行派」の人々は、『特高月報』は日本の警察が記した文書なので警察を含めた日本人による暴力行為は隠蔽されている、と反論することが予想される。『強制動員真相究明ネットワークニュース№20』（２０２２年）で竹内康人が「当時の警察権による『厳諭』は暴力行為を含むものであった」（５頁）と主張しているが、具体的な根拠はない。おそらく、戦後の証言を基にしていると思われる。

竹内の最新の反論としては、日本側の暴力や拘束による強制労働を記さずに朝鮮人を暴力的と表現することは恣意的な読解であるという指摘（『朝鮮人強制労働の歴史否定を問う』２０２４年・１４０頁）がある。本章の冒頭でも触れたが、『特高月報』を強制連行・強制労働の資料集に収録し、あたかも朝鮮人への暴行が日常的に行われていたことが『特高月報』に記されているかのように説明したのはむしろ「強制連行派」である。確かに、『特高月報』には日本人による朝鮮人への暴行が記されている。しかし、実際には朝鮮人側が原因で起こった争議の方が多く、朝鮮人による日本人への暴行も多数記載されていた。「強制連行派」がこの点を今まで一切紹介しなかったことは歴史を客観的に考察するうえで問題である、というのが筆者の主張である。

一次史料の分析は全体を読み通して、客観的立場から考察しなければならない。記述内容の信憑性を疑うのはいいのだが、『特高月報』の記述に信憑性はないと主張しては、過去の「強制連行派」の学説の根拠の一つが間違っていたと認めることになる。何度も繰り返すが、『特高月報』には日本人による暴行も複数記載されている。この時点で日本側の暴力を隠蔽しているという反論は成り立たない。もし、日本人が暴力を振るったという記述は事実で、朝鮮人が暴力を振るったという記述は虚偽であると考えるのであれば、それは史料のつまみ食いと言って、歴史学における御法度である。

実際、先行研究では『特高月報』を引用する際、不十分な説明が目立った。例えば、外村大『朝鮮人強制連行』は、兵庫県川崎重工業艦船工場は朝鮮人労働者５００名を受け入れたが、日本人労働者は朝鮮人と食事を共にせず、相互扶助的親睦会に朝鮮人を加入させなかったと説明している（67頁）。外村は朝鮮人に対する差別として紹介したかったと思われるが、『特高月報』１９４０年11月分を読むと、詳細が記されている。

「朝鮮人労働者の作業能率に対する事業主の見解」と題された報告書には、従業員補充のため造船部に３００名、電機部に１００名、造機部に１００名の計５００名の朝鮮人労働者を雇用したと記している。いずれも24～25歳で日本語を十分に理解できないため、指揮命令が徹底せず作業操作に齟齬《そご》をきたし、注意力緩慢のため負傷者も続出したという。しかも負傷者はケガの程度を誇張し、哀号泣訴《あいごうきゅうそ》して取扱上相当困難していると書いている。さらに、日本人工員との意思疎通が極めて不良であったこともあり、日本人工員は朝鮮人工員と食事を共にせず、朝鮮人工員は相互扶助的親睦会に加入させない態度を示すようになったという。なぜ川崎重工業の日本人工員はこのような態度を取ったのであろうか。その理由と思われる事柄が１９４０年1月分の『特高月報』に記載されている。

「朝鮮人労働者指導に対する内地人現場係員の談」の中で北海道の住友鉱業所上歌志内炭鉱で働く日本人坑内係による朝鮮人労働者に対する感想が赤裸々に語られている。曰く、会社側が朝鮮人労働者を甘やかして現場は困っている。朝鮮人は勝手なことは言うし、都合の悪いことは知らないと言い、ときどき何かを振り回していて困ったものである。また、仕事ができない癖に金ばかり要求し、どこの山は金払いが良いとか言って始末が悪い。金がほしければ稼ぎの良い仕事があるからやってくれと言うと「やれない」と答えるので訳が分からないとも話している。

当時の上歌志内炭鉱で働いていた朝鮮人労働者は訓練期間中であった。坑内係の話によると、日本人は新採用と同時に請負制（能力給）となるため収入に差が生じるが、朝鮮人は働く者も働かない者も最低2円の賃金を支払っていたとのことである。ここでも朝鮮人の優遇が見てとれる。同様のケースは北海道の大夕張炭鉱でも生じている。訓練期間終了後の朝鮮人に対する待遇が日本人熟練坑夫と同一であったため、これに不満を抱いた日本人熟練坑夫の多くが転出する事態に発展したという（『特高月報』１９４０年11月分・86頁）。２、３か月の訓練を受けただけの新人坑夫が熟練坑夫と同等の待遇になってしまっては、長年勤めた日本人労働者たちが不満を抱くのは無理からぬことであろう。

上歌志内の坑内係は、朝鮮人も日本人坑夫と同様に扱うべきであると主張している。また、朝鮮人労働者と一緒に働くことで言語や感情の行き違いから暴行事件が起きていることも指摘されている。驚くべきことに、上歌志内鉱業所は無抵抗主義を採用しており、日本人が殴打されても手を出さないように指示していると語られている。賃金待遇や無抵抗主義の件を考慮すると、会社側が朝鮮人を甘やかしているという日本人坑内係の主張は説得力がある。

このような点を踏まえると、川崎重工業の日本人工員が朝鮮人と距離をとろうとした理由が見えてくるのではないか。会社に「取扱上相当困難」と言わしめる者と安易に一緒になればトラブルに巻き込まれることは容易に予想できる。言語も価値観も異なる民族が一つの職場で働いているのである。しかも、川崎重工業の場合は一気に500名も朝鮮人が就職したので、騒動も大きくなるであろう。日本人工員はむしろ、要らぬトラブルを起こさぬように朝鮮人工員と距離をとろうとしたのではないだろうか。

1939年に朝鮮人の日本渡航が解禁された当初はこうした日本人と朝鮮人の文化摩擦が起こっていたことがうかがえる。日本企業はこうした問題を直視して朝鮮人に配慮した措置や対策を講じていった。その成果は、第2章で紹介した1943年の労働科学研究所の報告書に記されている。労務動員初期に会社側が朝鮮人を過剰に優遇したことも日本人労働者の反発を招いたと考えられるが、この点は先行研究では触れられていない。

朝鮮人は日常的に暴行されていたのか？

『特高月報』に記載されている争議内容を誤って紹介していると思われる先行研究も存在する。20

１６年に緑蔭書房から発行されている『朝鮮人強制動員韓国調査報告１』（龍田光司編）は、朝鮮人が起こした争議の大半は日本人による暴行が原因であると指摘している。

編集者である龍田光司は福岡県遠賀《おんが》郡の日産化学工業所高松炭坑で起こった争議（１９４０年１月）を「暴力事件」と捉え、日本人労務係による暴力が原因と説明している。しかし、実際に『特高月報』を見てみると、争議の原因は無断外出をしようとした朝鮮人労働者２名にあることが分かる。日本人労務係が制止して殴打し、これを聞いた朝鮮人同僚２００名が労務係詰所に押しかけた。労務係（先の日本人労務係かは不明）が大型小刀をもって虚勢を示したことで一時不穏な様相をなしていたとあり、龍田の言う暴力とは、無断外出を止めようとした際の殴打ということになる。

龍田は、争議において先に暴力を振るうのは日本人であると主張しているが（龍田編前掲２１７頁）、なぜ先の高松炭坑での争議事件の説明で朝鮮人２名の無断外出を省いたのか。『特高月報』では、坑内で指示や注意を受けても無視したり反抗的態度をとる朝鮮人労働者が殴打されて、それを聞いた朝鮮人労働者たちが付和雷同して争議を起こしたことも多く記されている。このような場合も日本人の暴力が原因と考える研究者がいるかもしれない。

もし、殴打による戒めが朝鮮人のみで日本人には行われていなかったら民族差別という指摘は可能であろう。しかし、日本人も同様に殴打されていたことが明らかとなっている。司法省刑事局が作成した『思想月報』第八八号（１９４１年10月）には「国民徴用令に依る被徴用者其の他の一般動向」がまとめられており、徴用された日本人の不満内容が整理されている。その中に、職場内の規律が厳格で殴打されることがあるという内容が確認できる（６頁）。戦争の激化により、日本国内の職場でも軍隊式労務管理が形成され、規律も厳格化された。少しでも態度が悪いとただちに鉄拳制裁を加えられ、平時とは異なる緊迫した労働環境に不満を漏らす日本人も一定数存在したことがうかがえる。このことから、仕事上の注意で殴打されていたのは朝鮮人だけではなく、日本人も同様であったことが分かる。これが、『特高月報』で単に殴打されたという記述だけでは暴行には当てはまらず、朝鮮人差別の根拠にもなり得ないと筆者が考える理由である。

他には、食費は本人負担であるのに食事が粗悪で量も少ないことが不満要素として紹介されている。この内容だと、徴用された日本人は食費の全額を自己負担していたと読み取れる。朝鮮人労働者も毎月給料から食費が差し引かれていたが、会社側も食費を負担していた。この点を踏まえると、むしろ朝鮮人の方が労働環境の面で優遇されていたのではないかと考えてしまう。

それでもなお、殴打した側が悪いと主張するのであれば、次の争議はどのように考えればよいだろうか。『特高月報』1942年8月分によれば、山口県の沖の山鉱業所では日本人労務係が朝の点呼で腹痛により参加しなかった朝鮮人労働者に対して「病気する奴は死んでしまえ」と言い、該当労働者が憤慨してその労務係を殴打する事件が起こっている(253頁)。この場合、先に殴打したのは朝鮮人労働者なので、この事件で悪いのは朝鮮人だろうか。筆者は本件を日本人側が原因で起こった事件として認識している。

『朝鮮人強制動員韓国調査報告1』では総じて、争議へ至る朝鮮人側の言動を軽視し、朝鮮人による暴力事件に対しては抑圧から身を守るために起こした、あるいは日頃の不満から起こしたと説明している。また、朝鮮人労働者が起こす「集団暴力」事件は1942年度に激増すると説明する一方で、事例が出ているのは10件に過ぎないと龍田は解説している(221頁)。

『特高月報』に記載されている1942年の争議数は筆者が確認したところ、64件であった。このうち、朝鮮人側が原因で争議が起こった件数は38件で、日本人側による原因が11件、原因判別困難が15件であった。また、龍田は朝鮮人の「集団暴力」事件は10件に過ぎなかったと説明しているが、同年の日本人の「集団暴行」事件は筆者が確認した限り3件である。さらに、筆者の判断では朝鮮人の「集団暴行」の件数は10件ではなく、17件であったことも付記しておきたい。そのうち、朝鮮人が朝鮮人に暴行を加えている事件が2件確認できた。禁止されている賭博を行っているところを朝鮮人通訳に発見されて叱責されたことに対する報復と作業中の怠惰を朝鮮人幹部に注意されたことが原因による暴行事件であった。この点だけを見ても、朝鮮人による暴力事件は管理抑圧から身を守るために発生したと説明する龍田の主張には疑問が残る。

また、龍田は『特高月報』の争議を個別に紹介しているのだが、警察署が朝鮮人に対して行った「鎮撫《ちんぶ》」という原文を「制圧」に書き換えている。鎮撫とは反乱や暴動などを鎮めて、安心させることである。一方で、制圧とは威力で相手の力を抑えつけることを意味する。前者は相手との歩み寄りを重視する言葉であり、後者は相手を屈服させることを主眼とした言葉であると言えよう。龍田は現代の言葉で分かりやすく説明しようと試みたのかもしれないが、結果として、間違った解説をしてしまったと言える。他にも、「検束（警察による拘束）」「検挙」「書類送致」なども「制圧」としているが、これらの言葉は現代の日本でも意味が通用するので、書き換えや追記は必要なかったはずである。

例として、『特高月報』1944年10月分に記載されている岩手県の東亜鉱業株式会社田老鉱業所の宮古精錬所の争議を取り上げたい。龍田は『朝鮮人強制動員韓国調査報告1』の中で、争議の原因は「日本人工長の暴力」であると指摘して、警察によって制圧されたと紹介している（284頁）。しかし、『特高月報』を読んでみると、争議原因は朝鮮人側にあると筆者は考える。

争議発生当日、朝鮮人労働者（李）が出勤の際に自身と同僚4名分の出勤名札を労務事務所に掲げた。これでは、もし同僚4名が欠勤しても出勤扱いになってしまう。これを目撃した日本人工長（吉永）は各自で出勤名札を掲げるべきことを諭示し、出勤名札掲示を依頼した者を調査した。調査の結果、依頼者たちは全員出勤していることが判明し解決したと思われたが、その直後に朝鮮人労働者（青木）が事務所に来て休業すると言って出勤名札を持ち帰ろうとした。吉永が理由を尋ねても答えなかったため青木を殴打したが、これを聞いた青木の兄である訓練隊長が吉永に対して殴打理由を詰問し、これを傍で見ていた同訓練隊長の所属隊員たちが各職場に電話や伝令で通報したため同僚朝鮮人87名が工場事務所を襲撃した。吉永と日本人係員2名は全治10日から15日の傷害を受け、事務所の窓ガラスや衝立も破壊された。所轄署は首謀者11名を検束し、暴力行為等の法律違反として取り調べを行った。

以上のことから、争議の原因は理由を告げずに休業しようとした青木という朝鮮人労働者にあることが分かる。日本人工長は青木を殴打しているが、これは休業理由を尋ねても青木が無視した結果である。同僚の出勤名札を掲げた事件を見ても、日本人工長は言葉による説明をしているので、暴力によって朝鮮人労働者を従わせていたわけではない。あまりにも不誠実な青木の態度を戒めるために、当時としては問題にされていなかった殴打による注意を行ったのである。

こうした点を踏まえると、龍田の争議説明は誤解を招く文章であると言わざるを得ない。また、朝鮮人87名が襲撃して日本人3名に傷害を与えたことも龍田の説明文には書かれていないので、警察が無抵抗の朝鮮人たちを制圧したかのようにも読めてしまう。

「特高」という言葉を聞いて、暴力的な警察をイメージしてしまう人もいるかもしれないが、『特高月報』に記載されている警察の対応を読む限り、暴力によって争議を鎮静化させた事例は見当たらない。1941年6月分から「鎮圧」という言葉が出現している。鎮圧とは騒ぎを力で抑えて鎮めるという意味であるため、この場合は警察側も何らかの実力行使を行った可能性がある。しかし、鎮圧という言葉は1939年から1944年までで3件しか確認できないため、全体として見れば警察が実力行使に出ることは極めて稀であったと言えよう。

日本警察は朝鮮人労働者に対して暴力的であったというイメージが強制労働説の中で根づいているようであるが、『特高月報』１９４４年３月分に記載されている北海道荒巻組の争議を紹介したい。鈴木英次郎（朝鮮人下請）は朝鮮人労働者25名を軍関係採石場に稼働させる誓約をしていたが、本人は日夜遊興に耽り、労働者に支払うべき賃金までも浪費して行方を晦《くら》ませた。これを知った労働者たちは怒り、一斉ストライキを起こす。所轄警察署がいろいろと斡旋した結果、賃金は荒巻組及び新管理者となった朝鮮人が折半して支払うこととなり、労働者側も了解して就労した（81頁）という。このように、警察側が朝鮮人を手助けするケースも存在しており、安易に日本警察が朝鮮人労働者を抑圧していたという構造で歴史を考察すると、客観的分析が疎かになってしまう。

朝鮮人労働者は強かった

朝鮮人労働者が警察官に暴力を振るう事件も複数確認できる。例として、１９４３年５月分の日鉄二瀬《ふたせ》鉱業所潤野《うるの》炭坑（福岡県）で起こった争議事件を紹介したい。帰寮中の朝鮮人労務者３名が路上で泥酔し大声で歌い、所轄署巡査が注意するが３名は同巡査に暴行を加えて逃走する。巡査は付近の村民の応援を得て追跡し、朝鮮人寄宿寮前で1名を検束しようとしたところ、坑内会館にて映画観覧中の同僚朝鮮人65名がこれを聞き、大挙して巡査と村民を襲撃し、村民４名に重軽傷を加えた。福岡県は朝鮮人53名を検束して鎮撫し、その中心分子を傷害罪として取り調べを行った。

朝鮮人労働者が集団で日本人警察官に暴行を加えることは決してめずらしいことではなかった。１９４４年11月分の『特高月報』60頁には警察側の所感が記載されており、当初は些細な事柄で発生した紛争が発展して、「遂《つい》に警察官に対する集団暴行を敢行する」に至る事件が発生していると記されている。

筆者が調べた限りでは、１９３９年頃は警察の説得に応じて争議がその日のうちに解決した事例が多かった。しかし、１９４２年頃から警察の説得に応じず、さらに暴動を引き起こす事例が増加しているように思える。単純な件数の増加だけではなく、暴力性も増している傾向が見える。

終戦に近づくにつれ、日本人労働者は少なくなり、朝鮮人労働者が増加する。数の有利から朝鮮人労働者はより大胆な行動に出ることができたのであろう。『特高月報』１９４２年３月分に岩手県の松尾鉱山の争議が記されている。特定の朝鮮人労働者が同僚たちを扇動して騒ぎを起こす前に発覚したのだが、扇動者は「検束も別に苦痛ではない」「先生方（係員）なんて弱いものだ。皆で掛かれば忽ち降参する」（２０８頁）と同僚たちに話していたという。

この記述から見ても、朝鮮人労働者の中には人数の有利を理解していて、争議を起こせば事業所も自分たちの要求をある程度認めるはずだと考える者も存在したのであろう。また、検束は苦痛ではないという言葉からも、日本人警察官は朝鮮人労働者に対して暴力的ではなかったこともうかがえる。暴力を伴う争議が起こっても、警察は説得や鎮撫に努めている。

従来の学説では、日本人は朝鮮人に対して差別的な言葉を日常的に浴びせていたという考察もあるが、次の『特高月報』１９４２年４月分に記載されている争議を見てほしい。福岡県八幡製鉄所の食堂で労働者19名（内、朝鮮人12名）が昼食の際、愚鈍で他の労働者から軽視されていた日本人労働者（田中）に対して朝鮮人労働者（徳山）が「お茶を汲んで来い」と言っても応じなかったため傍らの朝鮮人労働者（巴山）が「早く行かぬか」と田中の頭部を殴打したのを見て、日本人世話役見習い（平岡）は田中を屋外に連れ出し、「朝鮮人から馬鹿にされては詰まらぬではないか」と激励するとともに朝鮮人労働者12名に「今後田中を馬鹿にすると承知せぬ」と威嚇した。傍らにあった薪でその中の２、３

名を殴打したところ朝鮮人労働者は総立ちとなり、不穏の形勢となる。作業主任たちが鎮撫仲介に努めた結果、一応鎮静化する。所轄署は関係者及び会社側責任者を招致し、厳重諭旨及び警告を行ったところ、一同謝罪し今後真面目に就労することを誓約した（152頁）。

この争議で注目したい点は、朝鮮人が日本人を見下して使い走りにしようとしたことである。八幡製鉄所のみの特殊なケースという可能性もあるが、朝鮮人が奴隷労働者のように扱われていたという強制労働説とはまったく異なる状況である。様子を見ていた日本人世話役見習いが発した「朝鮮人から馬鹿にされては詰まらぬではないか」という言葉は確かに朝鮮人を蔑視した内容だろう。しかし、日本人が朝鮮人蔑視発言をしたからと言って、それがただちに朝鮮人が奴隷のように虐げられていた証拠にはならないということがこの争議から分かるであろう。『特高月報』全体を読んで判明することは朝鮮人労働者の立場は先行研究で言及されているものよりもはるかに強いということである。例えば、不良の日本人労働者に対して朝鮮人労働者が注意した事例も確認できる。

『特高月報』1943年12月分に記載されている兵庫県の川崎重工業製鉄工場の事件を紹介したい。日本人労務者（山下）は再三の無断外出、食事係への暴言、食事の奪取等素行極めて不良で寮長の再三にわたる注意勧告も効果がなかった。ある日、山下と山岸（日本人）は食堂で自身の食券で食事を受け取るが、山下は外来友人の大西の食事を無券で請求した。食事係が拒否したところ山下は土足のままカウンターを乗り越え炊事場に入り、食券を奪ってこれを大西に与える。これを目撃した朝鮮人労働者（松原）がその行為に堪《たま》りかねて「礼儀知らず」と難詰《なんきつ》する。すると、山岸は「ヨボヨボ」という差別的発言を連呼し、これに激昂した朝山（朝鮮人）は食事をやめて山岸に治療約２か月を要する切創を与える。乱闘に発展しそうになったが、炊事係が事務所に急報したため事務員が駆けつけ、山下・松原等を取り鎮める。所轄署は工場側責任者に対して特に日本人工員の指導監督に万全を期し、不祥事件の未然防止に格段の努力を払うように警告を発する。朝山は傷害罪として近く送局の予定、その他の関係者に対しては厳重戒告、始末書の提出を申し渡した（141頁）。

こちらの争議は日本人労働者側に過失があり、警察も日本人労働者への指導を会社側に要求している。また、1943年6月分の日本亜鉛工業株式会社（福井県）に関する記述では、坑内事故により死亡した朝鮮人の葬儀執行に際し、会社側がこれに参加せず、かつ死体焼却の燃料の少なさから「我々に対する会社側の態度冷淡なり」と一同憤慨し、不良朝鮮人の扇動も加わり、100名全員が労務係員社宅に大挙して押しかけ、暴力沙汰に発展する。特高課並びに所轄署が35名を急派し、首謀者10名を検挙するとともにその他は厳諭就労させた（115頁）。朝鮮人労働者は仲間意識が強く、大人数の朝鮮人が就労している事業場では強気の姿勢も見られる。

ただし、無条件で連帯意識があるというわけではなく、同じ朝鮮人同士でも傷害事件に発展する争議も起こっている。『特高月報』1943年6月分には福岡県の三菱飯塚鉱業所の争議で次のように記されている。訓練隊長松永（朝鮮人）は、自分より若輩である訓練隊長国川（朝鮮人）が隊員間に信望があることを不快としていた。労働者の訓練方法に関して両者で意見が対立した際、松永は裁縫用鋏で国川の下腹部を突き刺し、全治1週間の傷害を与えて逃走して所在不明となる。これを聞いた国川に所属する朝鮮人92名は同情して一斉ストライキする。所轄警察署は鎮撫のうえ、全員を即日就労させるとともに加害者を捜査中と記している（115頁）。これまでの強制労働説では、朝鮮人の争議は日本の植民地支配に対する抵抗運動の一環と捉える研究者が存在した。しかし、これまで確認してきた『特高月報』の内容を見ると、日本の朝鮮半島統治という政治的動機よりも、職場の環境や人間関係などに起因するトラブルが圧倒的に多いと言える。日本の会社や警察が朝鮮人への差別を助長したり、暴行を加えていたわけではない。

第３節　今まで無視された争議と事件

ここから先は、「強制連行派」が今まで触れてこなかった『特高月報』記事を紹介していきたい。これまでの先行研究は『特高月報』に記載されている日本人による朝鮮人への暴力事件のみが紹介され、朝鮮人の暴力事件は伏せられてきた。しかし、この他にも『特高月報』では「時局犯罪」として朝鮮人労働者による不倫事件が少なくない事例で紹介されており、その中には強姦事件として記されているものもある。

不倫・強姦事件

例えば、北海道の三菱美唄《びばい》鉱業所の寮内にて夫が出征中の婦女子（夫は同炭鉱の坑夫）と朝鮮人労働者の不倫に端を発する事件が起こっている。同女性が通訳朝鮮人と密談していることに嫉妬した朝鮮人労働者は、炊事中に訪問し、嫉妬心のあまり炊事用出刃包丁で同女性の腹部を刺し即死させた。そのまま通訳朝鮮人も殺害しようとするが未遂のまま逃亡し、所轄署が捜索した結果、山林にて発見し検挙したという（『特高月報』１９４０年８月分・１５２頁）。

また、『特高月報』１９４３年３月分では大阪市に住んでいた朝鮮人写真技士が傷痍軍人であることを詐称して高額で就労していたが、雇い主の義理の妹に甘言をもって籠絡《ろうらく》しようとして拒絶されると、「自分が傷痍軍人として一生責任を取る」と言って不倫関係を結ぶ。その後、女性が妊娠すると堕胎薬の服用を迫るが断られる。不倫が発覚することを恐れた朝鮮人は解雇逃走を計画して、再応召するという嘘を流していた。しかし、大阪府特高課が検挙し、厳諭のうえ朝鮮人を送還した（73頁）。

『特高月報』１９４３年３月分には、「移入朝鮮人労働者の風紀問題」として福島県石城《いわき》郡磐城《いわき》炭鉱株式会社鉱業所ほか三つの鉱業所の事例が紹介されている。それによると、現在移入朝鮮人労働者は4179名おり、休日には付近の料理屋で遊興しようとするも、その執拗さと不潔により遊興を拒否されたことがあったという。そのことで日本人婦女子に対して醜行を企てたり、出征兵妻と不倫関係を結ぶことがあり、その他の日本人婦女子との不義事件や強姦事件などいずれも少なくない状況であると明記されている。

その時期に表面化した事例（1939年10月から1942年8月）の13件を検討すれば、強姦2件（告訴事件化したもの1件）、出征兵妻との姦通3件（告訴事件化したもの2件、懲役に処されたもの1件）、寡婦との不義3件、既婚婦女子の不義4件、未婚婦女子との不義1件であったという（87頁）。

これらの風紀問題については、男子と同一職場にて働く婦女子が存在したため、彼らは媚態をもってその歓心を買い、あるいは不偶な寡婦に対して金品を贈与して籠絡し、ついに同棲するに至る等の事例が増加傾向にあると記されている。日本人女性に金品を送っているということは、朝鮮人労働者は相当額の給料を稼いでいたことの証明と言えよう。福島県特高課においては、彼らの動向を監視し指導取締を加える一面、日本人婦女子にも留意し、諸紛議の未然防止に鋭意努力中であるという。

『特高月報』1943年7月分には兵庫県の日亜製鋼所で起こった争議の説明として、かねてより朝鮮人労働者が日本人婦女子を揶揄《やゆ》していたことで村民の感情的対立を生み出してしまったと記載がある。争議発生日、一般朝鮮人が路傍で放尿していたのを村民が発見して朝鮮人労働者と誤解して叱咤したことで双方乱闘に至ったという（104頁）。これまでの記述を見るに、朝鮮人労働者は気軽に日本人女性に声を掛けられる環境に置かれていたことが分かる。

1943年10月分に記されている福岡県濱崎豆炭《まめたん》工場では、朝鮮人労働者2名が飲酒帰途に出会った日本人妻に卑猥的行為を繰り返し、その夫から鎌で傷害を加えられた。これを聞いた同僚朝鮮人は復讐のために出向いたが、本人等がいなかったので傍観中の日本人４名に傷害を加えたため警察は首謀者を含めた30余名を検挙する事件も起こっている（１８２頁）。

１９４４年2月分では強姦事件が紹介されている。朝鮮人労働者（西原）が出征者の妻と知り合い、不倫関係を迫るが同妻は拒絶していた。炭鉱の公休を利用して同妻を映画見物に誘い出し、その帰途、休憩所で突然同女性を押し倒し、強制的に不倫関係を結び、その後十数回にわたり不倫を継続し、ついに同妻は妊娠したとある。所轄警察署は西原を検挙取り調べの結果、戦時刑事特別法第17条違反として所轄検事局に送局した（97頁）。

他には、北海道のオコツナイ道路で起こった事件も紹介されている。飯場《はんば》内土工夫（李）は募集により渡来したが暴力行為で懲役6か月に処され、その執行を受けた後本籍地に送還されるが、約一か月で再度募集に応じ渡来したが逃走し、各地を流転する。ある日、道路を通行中14～15歳の娘を発見し、強姦する。自身の犯罪が露見することを恐れて、その場で娘を殺害することを決意し絞殺する。所轄警察署は検挙取り調べの結果、強姦致傷並びに殺人罪として地方裁判所検事局に送局する。起訴となり、公判の結果、死刑の判決が下るが被告人は即日上告したという（98頁）。

強制労働の証拠として長年紹介されてきた『特高月報』であるが、朝鮮人労働者が起こした不倫事件や強姦事件はこれまで注目されてこなかった。きちんと読み込めば、日本人が加害者で、朝鮮人が被害者であるという構造は必ずしも成り立たないことは明白である。

驚くべき逃走計画

第2章にて、朝鮮人労働者の逃走理由として他職場への転職が多いと述べたが、『特高月報』にも朝鮮人労働者の逃亡が記されている。１９４２年11月分に富山県の日本カーバイト株式会社魚油工場で稼働していた朝鮮人労務者（総数93名）のうち隊長班長など15名が集団逃走計画の首謀者となり、相互連絡して隊員を扇動し同志獲得に奔走していたが、富山県特高課に探知された。取り調べの結果、具体的な扇動勧誘協議の内容が判明した。

①ここを逃走して自由労働者となれば、日当5円は普通で場所によっては10円にもなる。
②自分が前に日本に募集で来て逃走した際、三日三晩歩き続けて某朝鮮人飯場に到着することができた。だから逃走したら最後まで逃げ通さなければならない。
③逃走するには少なくとも各人5円以上を用意しなければならないから、貯金を払い戻してあらかじめ持っていることが必要。
④昼間逃走すれば朝鮮人であることが一見して分かるから夜間逃走すべきである。
⑤逃走方向は鉄道路線や重要道路を通っては捕らえられる危険が多いから、一応山岳地帯に向け逃走し、追跡の手が緩んでから目的地に向け逃走するのが良策である。
⑥毎月27日が勘定日で、その前日の26日は指導員側は「明日は勘定日だから逃げない」と思っているから26日が絶好の逃走日である。もし26日に決行できない場合は勘定日の翌日に逃走すべきである。何となれば指導員側は「隊員は貯金もしたし、送金もしたから逃げることはない」と思っているからである。
⑦誰か一人逃げた場合は、どんな困難があろうと一度に全部逃走すべきである。もし逃げないでいるとただちに警戒が厳重になって、二度と逃走することができなくなる。
⑧逃走途中警官に捕らえられても、警官は殺すようなことは絶対にしないので、少しも心配ない。長くて一か月で本籍地に送還されるのが関の山である。

以上のことから、朝鮮人労働者が転職を動機にして逃亡事件を起こしていたことが分かる。警察に捕まっても殺される心配はなく、朝鮮半島に送還されるだけだと言っていることは興味深い。つまり、逃走の目的は朝鮮に帰ることではなく、日本の他の職場に移ることなのだ。また、日本警察が暴力を振るわないことを朝鮮人労働者自身が理解していたのである。

一番多い逃亡理由は他の職場への転職であり、炭鉱労働への恐怖や待遇の不満、劣悪な労働環境によるものではなかった。

「強制連行派」は逃亡防止のための歩哨や鉄条網の設置を朝鮮人への人権侵害だと述べているが、労働科学研究所の調査によると１９４１年時点で２年間の労働契約期間が満了する前に炭鉱から逃走する朝鮮人労働者が驚くほど多かったことが判明している。場所によっては期間契約満了前の逃亡・退社が60％に達するほどであった。朝鮮人労働者の監視は膨大な人数の逃亡者を出さないための日本企業側の対策だったのである。

『特高月報』１９４２年11月分には「新規移入朝鮮人労務者中に協和会員章其他等所持者の発見」(57頁)という項目があり、兵庫県の三菱生野《いくの》鉱業所での出来事が記されている。11月10日に渡来した朝鮮人労働者１００名に対し、兵庫県特高課が逃走防止の対策で所持品の一斉検査を行ったところ、15名が協和会員章、労務手帳などを所持していたことが判明した。取り調べによると、全員が再渡航者で、帰国に際して官印章や労務手帳を返納せず、今回の再応募に際してこれらを所持して日本に来て、その後逃走しようと企んでいたことが判明した。二度も自主的に日本へ渡航している朝鮮の人々がいるのに、強制連行をする必要はないであろう。当時の朝鮮の人々にとっては、１９３９年から開始された労務動員は出稼ぎの良い手段だったのである。

日本在住朝鮮人の様相

『特高月報』を読むと、争議内容だけでなく、当時の朝鮮人の日本での生活を垣間見ることができる。1941年4月分では「米穀消費規正実施に伴う在住鮮人の動静」(85頁)という項目が設けられている。戦争の激化により、日本国内では食糧の不足が懸念されるようになる。問題打開のために米穀消費規正を実施して、六大都市では米穀配給に通帳制を採用することとなり、配給量は1人1日の消費額を2合3勺程度(11歳以上60歳までは1人1日2合3勺、職業により特別増配をなし最高は筋肉労働者で3合8勺まで配給する)と定めた。

各府県でも従来の割当配給量を改訂しつつあったが、そこで問題になったのが朝鮮人労働者である。在住朝鮮人の大部分は労働者であり、しかも一般的に大食なので、従来1人1日の消費額は1升から7、8合程度であったため、今回の規正に対して苦痛を訴えていると書いている。

記述には「彼等は未だ真に時局を認識する程度に向上し居らず、節米に対する理解に乏しきものありて、中には徒に不満を訴え、延《ひ》いては不穏なる言動を敢えてなすものあり」とある。例えば、(1)通帳制実施区域外に転出しようとする者、(2)米穀商店に大勢で押しかけて買い漁りする者、(3)集団を成して遠隔の地まで買い出しに赴く者、(4)日本に居住すると食糧不足に苦しむと考えて帰鮮する者、(5)食糧不足を理由に怠業して労働紛争議を起こす者、(6)食糧配給に日本人と朝鮮人との間に差別があると反抗する者が出ているという。

警察はこうした朝鮮人の動向に警戒しているとして書いているのだが、この文章から読み取れることは、朝鮮人は日本人と一緒に戦争をしているという認識が希薄であったということである。戦時中の食糧不足に対処するために食料規正が実施されることに対して大部分の日本人は了承しているのだが、朝鮮人は米などを買い占めたり、朝鮮半島へ帰ろうとする者まで現れている。こういった現象も、戦時の労務動員を出稼ぎと認識していた朝鮮人が多かったことを物語っているように思われる。

『特高月報』１９４１年6月分では「米穀消費規正実施に対する在住鮮人の動静（其の二）」が掲載されており、兵庫県の加藤耐火煉瓦株式会社での出来事が紹介されている。工場で働いている朝鮮人女工18名が午後6時の退社規定を破り午後3時ごろに退社したり、３、４日目ごとに欠勤する傾向を示した。工場の職員が理由を尋ねると、「空腹のため仕事に耐えられない」「米不足で毎日就労できない」「代用品その他の買い入れに時間を要する」といった回答が返ってきた（67頁）。その後の対応は記載されていないが、会社や警察は戦時期における節米の趣旨や代用食の出回り事情を懇説しても朝鮮人労働者に納得してもらえないことに苦労していることが文章から読み取れる。

１９４１年6月分の記事では他にも、福岡県の山田炭鉱では食料規正によって朝鮮人労働者は朝に渡される昼用の弁当を朝食補充として午前中に食べてしまい、午後の作業に入ると空腹を理由にして作業をさぼる者が一定数出ていることが報告されている（68頁）。同様に、門司市の鉄道工事現場を担当していた清水組の朝鮮人労働者20名が空腹による作業不能を主張して農村方面に無断で転移住してしまった事例も確認できる（前掲書69頁）。朝鮮人の中にも日本人と一緒になって戦争遂行に理解を示して労働に従事する者も存在したが、多くの朝鮮人は食糧が規正された理由を深く考えていなかったのかもしれない。彼らにとって重要なことは日本が戦争に勝つことではなく、賃金の金額と食事内容だったのである。『特高月報』は戦時の労務動員で日本に来た朝鮮人労働者の様相を様々な角度から記している。記述を総合的に見ることができれば、強制連行や強制労働が事実ではないことが分かるであろう。

第4章　新史料発見・日曹天塩《につそうてしお》炭鉱の朝鮮人労働者の実態

第1節　30年間秘匿された一次史料

朝鮮人労働者の個別賃金表を発見

強制連行や強制労働を明確に否定する一次史料も新たに発掘されている。筆者は2022年に北海道博物館を訪問し、戦時中に北海道の炭鉱で働いた朝鮮人労働者に関連する史料を収集した。その際、日曹天塩炭鉱関連史料の中に朝鮮人労働者の個別賃金表「稼働成績並賃金収支明細表」（以後、賃金表）を発見し、大変驚いた。

これまでの研究で朝鮮人戦時労働者の賃金を扱った論文は多数存在するが、あくまで日本人全体と朝鮮人全体の平均賃金を比較する内容であり、詳細なデータであっても職種別の平均賃金しか引用されてこなかった。2019年に、韓国の落星台経済研究所研究員である李宇衍《イウヨン》が「朝鮮人の賃金差別の虚構性」（『反日種族主義』文藝春秋・2019年所収）という論文で日本窒素が経営していた長崎県江迎《えむかえ》炭鉱の1944年5月の『賃金台帳』を紹介して日本人労働者と朝鮮人労働者の詳細な比較研究を行った。江迎炭鉱の賃金台帳は1か月分とはいえ、日本人と朝鮮人の個別の賃金が記されており、個別の賃金データを発見して論じた研究は李宇衍が初ではないだろうか。

北海道博物館で発見した日曹天塩炭鉱の個別賃金表は１９４４年5月分から１９４５年6月分までの14か月分であり、これほど長期的な記録を記した賃金表を筆者は見たことがなかった。朝鮮人のみの賃金表なので日本人と比較することはできないが、これまで明らかにされてこなかった朝鮮人戦時労働者の賃金状況が記載されていた。

＊巻末に、今回発見した賃金表の全体についての解説を付した。

本章では、日曹天塩炭鉱の賃金表について解説していくのだが、実は同史料は１９９１年発行の『在日韓国・朝鮮人の戦後補償』（戦後補償問題研究会編・明石書店）ですでに取り上げられていた。日曹天塩炭鉱関係史料を紹介した姜徳相《カンドクサン》は「移入朝鮮人労務者勤労状況報告あり。鉱業所から朝鮮慶尚北道《キョンサンプクト》奉化《ポンファ》郡祥雲春陽、小川各面長宛報告。各面出身者の明細書である。各面宛に報告されていたらしい」とのみ解説した（２２３頁）。具体的な賃金額には一切触れず、労働者個別の賃金表であることすら分かりにくい説明文である。なぜ、これほど重要な一次史料を簡略な説明だけで終わらせてしまったのだろうか。

同様のことは１９９６年に緑蔭書房から刊行された長澤秀編『戦時下強制連行極秘資料集Ⅰ 東日本編』（以後、『資料集Ⅰ』）に対しても指摘することができる。長澤は１９９４年の『在日朝鮮人史研究』24号に「日曹天塩炭鉱と朝鮮人強制連行」という論文を寄稿しているが、その中で先に挙げた姜徳相の日曹天塩炭鉱賃金表解題を紹介している。このことから、長澤は『資料集Ⅰ』を発行する以前に同賃金表の存在を認識していたことが分かる。『資料集Ⅰ』全３９０頁中、日曹天塩炭鉱関連史料は１９０頁にのぼり、資料集全体の約半分を占めているのだが朝鮮人の個別賃金表は一枚も収録しておらず、その存在にすら言及していない。朝鮮人戦時労働者の研究において、14か月分の個別賃金データは非常に重要な一次史料であるはずだ。筆者はこれまでの先行研究では謎に包まれていた日曹天塩炭鉱の「稼働成績 並《ならびに》賃金収支明細表」を分析し、これまで不明瞭であった朝鮮人戦時労働者の賃金状況を明らかにした。

日曹天塩炭鉱と朝鮮人労働者について

まず、日曹天塩炭鉱について簡単に説明しておきたい。同炭鉱は北海道の天北《てんほく》炭田と呼ばれる炭鉱群の中で最大の規模を誇る炭鉱であり、国内最北に位置する。

明治時代から試掘はされていたが、交通事情の悪さから放置されていた。しかし、１９３７年に日本曹達《にほんそーだ》株式会社（1920年2月設立）が買収する。日本曹達は炭鉱・鉱山の買収に積極的であり、増加した山々を統括管理するために１９３７年４月に日曹鉱業株式会社を設立する。日本曹達の子会社となった日曹鉱業がその後、日曹天塩炭鉱を運営していくことになる。

日曹天塩炭鉱が本格的に採炭を開始するのは１９３８年８月であるが、その後の日曹鉱業株式会社の業績が不良となったため、１９４１年２月に日本曹達は子会社の再編成を行い、１９４５年１月に日曹鉱業は日本曹達に吸収合併される。合併登記は戦後の１９４５年11月であったが、１９４９年12月の企業再建整備法に基づく分離の際、赤井、天塩、魚沼の３鉱業所を事業所とする日曹炭鉱株式会社として再出発する。その後、日曹天塩炭鉱は採炭を続け、１９７２年７月29日に閉山となる。

〔図表９〕北海道における炭田の分布

『北海道ファンマガジン』ウェブサイト掲載の地図を基に作成

日曹天塩炭鉱に初めて移住した朝鮮人労働者は、募集に応じた慶尚北道慶山《キョンサン》郡出身者１４１名であり、1940年8月に来山した記録が残っている。北海道開拓記念館編『北海道開拓記念館調査報告　第3号（明治初期における炭鉱の開発　日曹炭鉱における生活と歴史）』（1973年）によると、その後の朝鮮人労働者数は1941年と1942年は193名、1943年は220名、1944年は299名、1945年は199名であったという（306頁）。他にも様々な資料が残っており、1943年6月時点で171名（日本人は326名）、1945年4月15日時点で234名（日本人は男342名、女90名）、1945年6月時点では225名（日本人は358名）と記載されているデータも残っている（北海道豊富高等学校編『日曹炭鉱の歴史と生活〈資料〉』1991年）。

朝鮮人用の寮は第一尚和寮、第二尚和寮があり、寮長はどちらも日本人が担当したが、寮係員と炊事室担当は朝鮮人も入っていた。大和寮は日本人と混合の寮であり、寮長はいなかったが係員と炊事室は日本人が担った。

日曹天塩炭鉱の賃金表に関して

次に、日曹天塩炭鉱「稼働成績並賃金収支明細表」を北海道博物館が収蔵するまでの経緯を簡単に説明したい。博物館開館前後の1971年に日曹天塩炭鉱が中心となって天北炭田の調査を進めていた。その資料が1972年11月に同炭鉱から博物館に直接寄贈された。その後の整理作業を経て、1979年1月に北海道博物館（当時は北海道開拓記念館）の収蔵資料として登録される。当該の賃金表は原本ではなく複写である。同賃金表は、労働者を送り出した「面《ミョン》」（日本で言う村）の行政責任者である面長に、毎月の労働者個別の収入、支出、任意貯金、送金状況を炭鉱の事業所が整理して伝える文書であることが読み取れる。

今回発見したのは、忠清南道《チュンチョンナムド》の青陽《チョンヤン》郡、慶尚北道の奉化郡、慶尚南道《キョンサンナムド》の河東《ハドン》郡の各面長に送った文書であることが確認できた。その文書が北海道博物館に残っていたことを考慮すると、日曹天塩炭鉱が送付した文書そのものではなく、控えとして保存していた写しだと思われる。しかし、北海道博物館が収集した当時から複写であったのかどうか、誰が複写を作成したのかなど、1979年1月より前の具体的な状況は特に記録がなく、不明である。

また、1枚に二つ以上の面の地名を書いて、労働者の名前を記している賃金表が40枚確認できた。面長宛ての書類で複数の地名をわざわざ記入し、複数の面に同じものを送ったという可能性は低いので、40枚は実際に面長に送った文書ではなく、送った文書の控えをつくるとき、紙や手間を節約するためか、複数の面の内容を1枚の紙にまとめた可能性が高い。複数の面の内容をまとめたと考えられる根拠として「郡《グン》」の中の面の記載に混乱が見られることが挙げられる。控えを作るときに間違えて記載した可能性がうかがえる。

今回発見した朝鮮人労働者の賃金表は1944年5月分から1945年6月分が冊子となって保管されていた。記載されていた朝鮮人労働者の総数は159名であり、途中で名前が削除される者や賃金表そのものが出なくなることによって月ごとの人数は変動するが、1944年10月分と11月分が137名記載で最大人数となる。職種は全員が採炭夫だが、中には1か月から数か月間、坑外での雑夫をこなした者も確認できる。一般的に、坑外の仕事は坑内の仕事である採炭夫と比較すると賃金は安いが仕事量は軽くなる。

筆者が北海道博物館で撮影した実際の賃金表の一部を掲載する。〔写真10ａ〕〔写真10ｂ〕（次々頁）は、1945年6月分の玉宗面出身労働者の賃金表である（このほかすべての賃金表の写真が歴史認識問題研究会ウェブサイト上で閲覧可能）。

まず、日曹天塩炭鉱の賃金表に記載されている項目について説明したい。同賃金表には「収入之《の》部」「支出之部《の》」「差引」の内容が詳細に記されている。坑内労働である採炭夫の賃金形態は請負制（能力給）であり、個人の作業能率によって賃金額が決定していた。以下、賃金表に記載されている語句を簡単に説明する。

「会社操業日数」＝会社の営業日数を示す。一か月間に３日間ほどの公休日が設けられていたことが分かる。

「本日稼働日数」＝労働者別の出勤日数を示す。正確には本月稼働日数となるだろう。

「収入之部」＝労働者別の収入総額を示す。

「稼働賃金」＝一か月間に働いた賃金を示す。

「賞与」＝ボーナスの金額を示す。毎月支払われていたことが分かる。

「月収計」＝「稼働賃金」と「賞与」を合計した賃金を示す。

「支出之部」＝労働者別の支出総額を示す。

「天引貯金」＝愛国貯金を指すと思われる。戦時中は日本人も国から給料の一部を強制的に天引きさせられていた。理由は不明だが、１９４５年３月分のみ全労働者の金額が記載されておらず、天引貯金免除とされていたことが分かる。

「購買品代」＝日曹天塩炭鉱には購買所が設置されていたので、そこで購入した代金を示していると思われる。１９４４年11月分までは記載されているが、翌月以降は一切記載されていない。

「賄《まかない》料」＝寮から提供される食事代を示す。

「其他」＝内容不明。支出の中で一番大きな金額を占めており、月収の高い者ほど高額である傾向に見えるが、少額に抑えている者も確認できる。

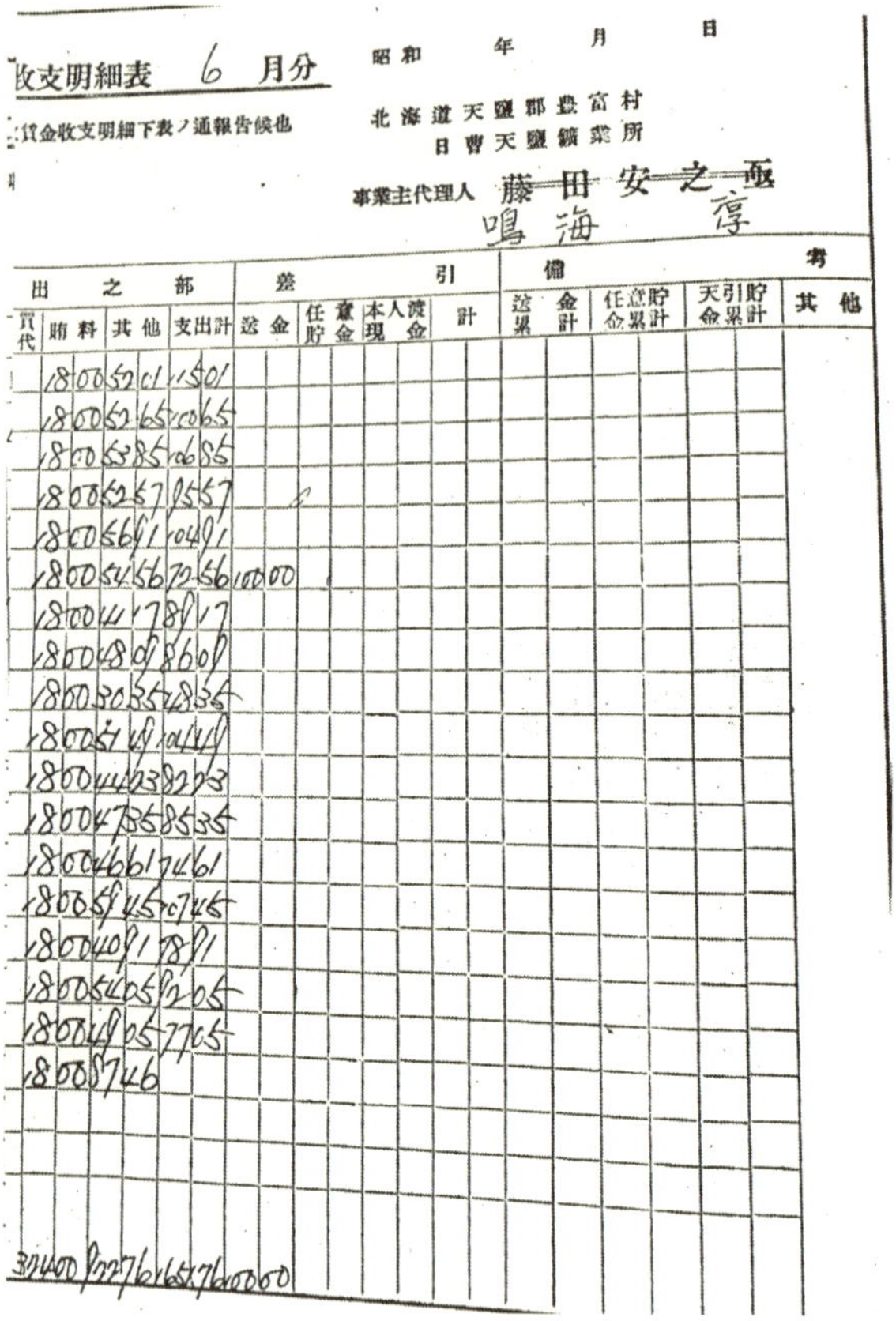
収支明細表　6 月分

賃金収支明細下表ノ通報告候也

昭和　年　月　日

北海道天鹽郡豊富村
日曹天鹽鑛業所
事業主代理人　藤田安之亟
鳴海　淳

出之部				差引				備考			
買代	賄料	其他	支出計	送金	任意貯金	本人渡現金	計	送金累計	任意貯金累計	天引貯金累計	其他
	1800	5201	1501								
	1800	5265	1065								
	1800	5385	1085								
	1800	5257	9557								
	1800	5691	10491								
	1800	5456	7256	10000							
	1800	4117	7817								
	1800	4809	8609								
	1800	3035	4835								
	1800	5149	10449								
	1800	4423	8223								
	1800	4735	8535								
	1800	4661	7461								
	1800	5445	10745								
	1800	4091	7891								
	1800	5405	9205								
	1800	4905	7705								
	1800	5746									
	32400	92276	165276	[illegible]							

〔写真10ａ〕日曹天塩炭鉱「稼働成績並賃金収支明細表」の一部・その１：1945年６月分・河東郡玉宗面の朝鮮人労働者の賃金表　※歴史認識問題研究会ウェブサイトにて全賃金表を掲載。

「支出計」＝「天引貯金」「購買品代」「賄料《まかない》」「其他」を合計した金額を示す。
「差引」＝賃金表に説明がないため不明。
「送金」＝朝鮮半島で暮らしている労働者の家族への仕送り金を示す。
「任意貯金」＝労働者が任意で賃金の一部を会社に預金した金額を示す。

今回発見した日曹天塩炭鉱の賃金表で重要な点は、着山直後の朝鮮人徴用労働者（河東郡出身者）の個別収支金額や貯金額、送金額の変遷が判明した点である。これまでの研究では、一定期間の朝鮮人労働者の賃金状況を具体的に証明した研究は発表されていない。しかし、日曹天塩炭鉱の賃金表によって１９４４年10月に初就労して翌年６月までの９か月間働いた朝鮮人徴用労働者の詳細な収支状況を個別に追跡することが可能となった。彼らはどれほどの金額を稼いだのであろうか。

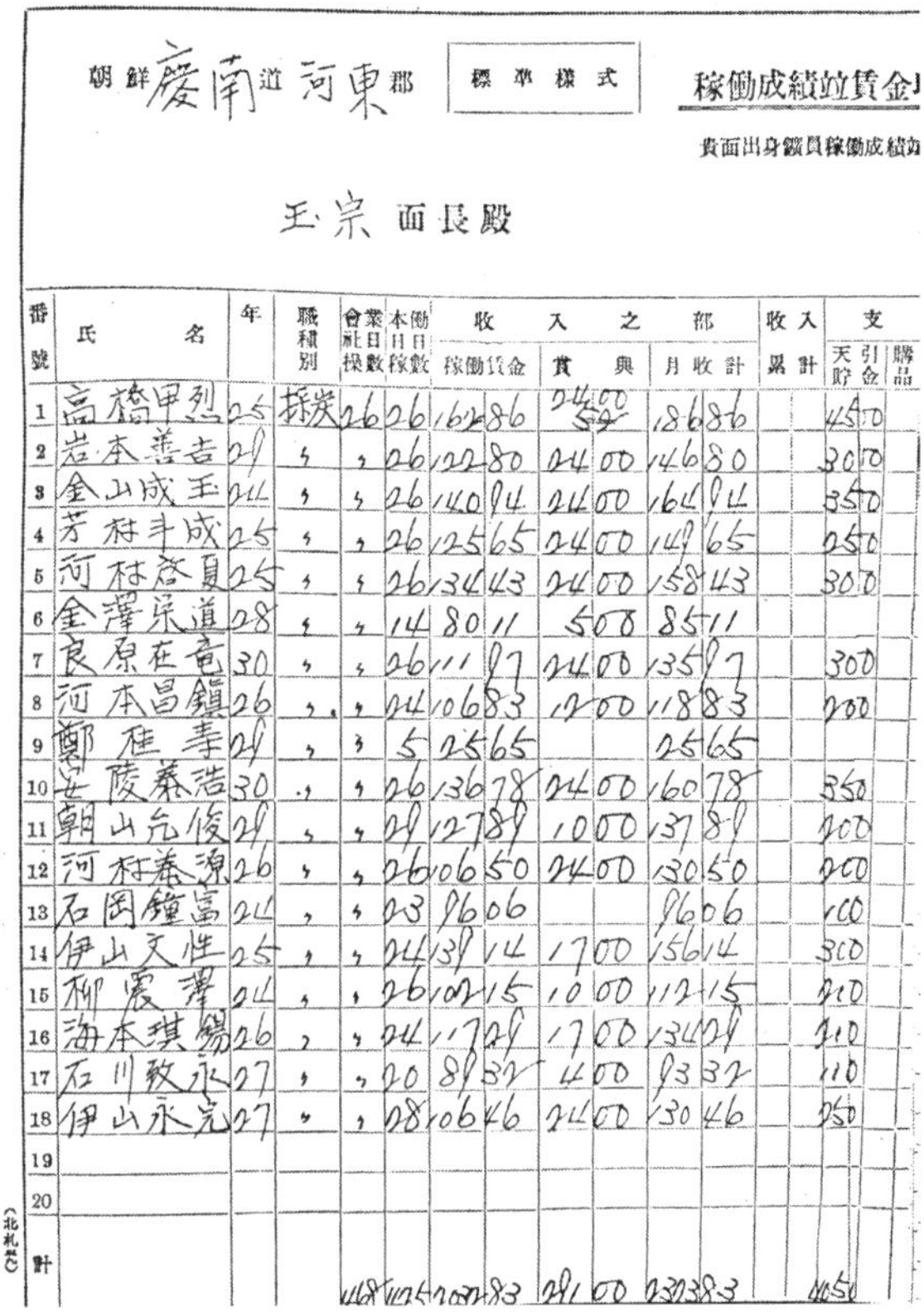
朝鮮慶南道河東郡　標準様式　稼働成績並賃金

貴面出身鑛員稼働成績並

玉宗面長殿

番號	氏名	年	職種別	會社操業日數	本日稼働日數	稼働賃金		賞與		月收計		收入累計	天貯	引金	購品
1	高橋甲烈	25	採炭	26	26	162	86	24	00	186	86		450		
2	岩本善吉	21	〃	〃	26	122	80	24	00	146	80		300		
3	金山成玉	24	〃	〃	26	140	94	24	00	164	94		350		
4	芳村手成	25	〃	〃	26	125	65	24	00	149	65		250		
5	河村啓夏	25	〃	〃	26	134	43	24	00	158	43		300		
6	金澤泉道	28	〃	〃	14	80	11	5	00	85	11				
7	良原在竜	30	〃	〃	26	111	97	24	00	135	97		300		
8	河本昌鎭	26	〃	〃	24	106	83	12	00	118	83		200		
9	鄭在孝	21	〃	〃	5	25	65			25	65				
10	安陵羲浩	30	〃	〃	26	136	78	24	00	160	78		350		
11	朝山允俊	21	〃	〃	21	127	81	10	00	137	81		200		
12	河村泰源	26	〃	〃	26	106	50	24	00	130	50		200		
13	石岡鐘富	24	〃	〃	23	96	06			96	06		100		
14	伊山文性	25	〃	〃	24	139	14	17	00	156	14		300		
15	柳震澤	24	〃	〃	26	102	15	10	00	112	15		210		
16	海本琪錫	26	〃	〃	24	117	21	17	00	134	21		210		
17	石川致永	27	〃	〃	20	89	32	4	00	93	32		110		
18	伊山永完	27	〃	〃	28	106	46	24	00	130	46		250		
19															
20															
計				468	[illegible]	[illegible]	83	281	00	2303	83		4050		

（北札幌）

〔写真10ｂ〕日曹天塩炭鉱「稼働成績並賃金収支明細表」の一部・その２：同

第2節　朝鮮人徴用労働者の賃金上昇率が判明する

9か月後に1・6倍以上の昇給

１９４４年10月分、11月分の賃金表に記されている河東郡出身労働者たち86名が同年の10月12日から就労したことは先に触れたが、最初の２か月間は訓練期間であったことが賃金表から読み取れる。根拠としては、出勤日数である「本日稼働日数」が18日間を超える者がいないこと、寮の食事代を示す「賄料」が他の官斡旋労働者（奉化郡と青陽郡出身者）と比較して少額であったこと、10月分と11月分の賃金が同額であったことが挙げられる。当時の炭鉱は新入労働者に最低でも２か月間の訓練期間を設けていた。例えば、新幌内《しんほろない》鉱業所の「半島労務者訓練及ビ取扱要綱」（作成年不明・朴慶植編『朝鮮問題資料叢書 第1巻』アジア問題研究所・１９８１年所収）では、第一次から第三次の訓練期間をそれぞれ２か月間と記している。炭鉱に着いてすぐに行われる第一次訓練の内容は、団体生活と規律、食事作法や整理清掃を教える生活訓練や、作業の基礎操作を学びながら就業する就労訓練などが行われた（２８８頁・２９４頁）。

日曹天塩炭鉱の「移入半島労務者取扱要綱」（１９４４年8月）でも訓練期間を設けることが記されている（『資料集Ⅰ』２７７頁）。河東郡出身労働者たちが18日間を超える出勤をしていなかった時期は最初の２か月間だけである。奉化郡、青陽郡の労働者たちの平均出勤日数は22・４日間（出勤日数不明の者や無出勤者は除く）であり、明らかに状況が異なっている。「賄料」に関しては、奉化郡と青陽郡労働者の10月分及び11月分の「賄料」が18円60銭であるのに対し、河東郡労働者の同期間の金額は11円40銭である。彼らが他の出身者と同様の稼働日数と「賄料」になるのは就労３か月目の１９４４年12月分からである。訓練期間中の賃金は定額制となるので、賃金表10月分と11月分の月収が同額になっているのはこれが要因であろう。訓練期間が終了したと思われる12月分賃金表から月収が約2倍に増える労働者が激増することから、1944年12月から河東郡労働者は一般の坑内夫と同じ請負制（能力給）の賃金制度に切り替わったと推測できる。これらの点を踏まえると、1944年10月に来山した河東郡労働者たちは最初の2か月間は訓練期間であったと考えられる。

日曹天塩炭鉱で働いていた朝鮮人徴用労働者は訓練期間2か月間、請負制7か月間でどれくらいの収入を得ていたのであろうか。まずは賃金上昇率を見ていきたい。1944年10月に就労した河東郡労働者86名のうち11名は逃走や病気による帰郷などの理由で賃金表から名前を消し、9か月後の1945年6月まで残った者は75名であった。河東面労働者12名は1944年10月分の賃金表が確認できないため、ここでは朝鮮人63名の9か月間の賃金変化として計算した。調査方法は賃金表に記載されている労働者の月収から出勤日数で割った日収で計算した。月収ではなく日収を採用した理由は、前者だと出勤日数の違いで金額が大きく変わってしまい、朝鮮人徴用労働者の純粋な能力給の上昇率が分からなくなってしまうからである。後者ならばその心配はなく、賞与を含めない日収を労働者の能力給と捉えることが可能になると考えた。結果は次のとおり。

就労から9か月間の日収上昇率（賞与含めない）

平均上昇率　１６６％
最大上昇率　２４９％
最低上昇率　１２０％
日収平均増加額　＋１・８１３円

〔図表10〕日曹天塩炭鉱朝鮮人徴用労働者の賃金上昇率

慶南道河東郡岳陽面　氏名：富本再挙

年月	職種	稼働日数	稼働賃金	賞与	月収計	日収	
						賞与を含まず	賞与を含む
1944年10月分	採炭	18	50.78円	6.00円	56.78円	2.82円	3.15円
1944年11月分	記載なし	18	50.78円	6.00円	56.78円	2.82円	3.15円
1944年12月分	採炭	26	91.80円	6.00円	97.80円	3.53円	3.76円
1945年1月分	採炭	26	101.17円	6.00円	107.17円	3.89円	4.12円
1945年2月分	採炭	21	116.13円	6.00円	122.13円	5.53円	5.82円
1945年3月分	採炭	28	140.24円	12.00円	152.24円	5.01円	5.44円
1945年4月分	採炭	26	129.25円	12.00円	141.25円	4.97円	5.43円
1945年5月分	採炭	29	158.61円	24.00円	182.61円	5.47円	6.30円
1945年6月分	採炭	26	147.49円	24.00円	171.49円	5.67円	6.60円

就労から9か月間の日収上昇率（賞与を含まず）	2.85円	201%
就労から9か月間の日収上昇率（賞与を含む）	3.44円	209%
就労から最高日収の上昇率（賞与を含まず）	2.85円	201%
就労から最高日収の上昇率（賞与を含む）	3.44円	209%

〔図表11〕日曹天塩炭鉱朝鮮人徴用労働者の賃金上昇率

慶南道河東郡岳陽面　氏名：趙山憲珩

年月	職種	稼働日数	稼働賃金	賞与	月収計	日収	
						賞与なし	賞与あり
1944年10月分	採炭	18	50.46円	6.00円	56.46円	2.80円	3.14円
1944年11月分	記載なし	18	50.46円	6.00円	56.46円	2.80円	3.14円
1944年12月分	採炭	24	69.44円	6.00円	75.44円	2.89円	3.14円
1945年1月分	採炭	27	86.93円	12.00円	98.93円	3.22円	3.66円
1945年2月分	採炭	25	80.29円	6.00円	86.29円	3.21円	3.45円
1945年3月分	採炭	28	107.52円	12.00円	119.52円	3.84円	4.27円
1945年4月分	採炭	25	98.20円	6.00円	104.20円	3.93円	4.17円
1945年5月分	採炭	19	73.95円	12.00円	85.95円	3.89円	4.52円
1945年6月分	採炭	26	103.16円	24.00円	127.16円	3.97円	4.89円

就労から9か月間の日収上昇率（賞与を含まず）	1.16円	142%
就労から9か月間の日収上昇率（賞与を含む）	1.75円	156%
就労から最高日収の上昇率（賞与を含まず）	1.16円	142%
就労から最高日収の上昇率（賞与を含む）	1.75円	156%

日収最大増加額　＋３・５４０円
日収最低増加額　＋０・５８８円

賞与を含めない日収の上昇率を見ると、就労から９か月で日収が平均１・６倍以上増え、最大の者は約２・５倍上昇し、最低の者でも１・２倍の賃金が貰えていた。分かりやすいように２人の朝鮮人労働者の賃金上昇率を示した表を掲載する（前頁・図表10・図表11）。

ここで取り上げた同じ面の２名の労働者は、初就労時こそ日収額はほぼ同額であったにもかかわらず、９か月後には無視できない金額差が生じている。これこそが炭鉱における請負制（能力給）を証明するデータであり、朝鮮人内でも作業能率の高い者ほど高賃金を得ていたことを示している。当時の日本国内の物価を考察するために大川一司編『長期経済統計８　物価』（東洋経済新報社・１９６７年）を引用する。鉱業のデータがなかったため、ここでは１９３９年から１９４３年にかけての製造業平均賃金を紹介する。詳細は〔図表12〕（次頁）のとおりである。

戦時中の日本は年々物価が上昇していくので、１９４４年以降も製造業平均賃金は上昇すると思われるが、〔図表12〕で記されている朝鮮人労働者の賞与ありの日収金額だけを見ても十分な給与を貰えていたと考えていいだろう。見逃してはならない点は、日曹天塩炭鉱の朝鮮人徴用労働者は労働期間９か月の新人採炭夫でありながら、これほどの賃金を貰えていたということである。最後の賃金表である１９４５年６月分に記載されている75名の賃金から計算したところ、彼らの平均月収は１２５円３銭、平均日収は５円22銭９厘であった。詳細を〔図表13〕（次頁）に示す。

たったの９か月間（そのうち２か月間は訓練期間）で日収７円以上を稼ぐ朝鮮人労働者が現れていることは驚きである。さらに指摘すれば、会社の操業日数である26日間を毎日出勤したのは「６・５円以

〔図表12〕1939年から1943年における国内製造業平均賃金

	計	男	女
1939年	2円10銭	2円52銭	89銭
1940年	2円28銭	2円78銭	1円 5銭
1941年	2円56銭	3円 5銭	1円18銭
1942年	2円82銭	3円29銭	1円32銭
1943年	3円27銭	3円75銭	1円51銭

※表中の金銭は日収を示し、手当や賞与を含んでいる。

〔図表13〕1945年６月分の日曹天塩炭鉱朝鮮人徴用労働者の日収金額分類

日収金額	該当者人数	世代別内訳				平均稼働日数（26日中）
		40代	30代	20代	10代	
7円以上	3名			3名		25.7日
6.5円以上7円未満	2名	1名		1名		26.0日
6円以上6.5円未満	12名		3名	9名		22.8日
5.5円以上6円未満	13名		5名	7名	1名	24.5日
5円以上5.5円未満	14名	3名	6名	4名	1名	23.2日
4.5円以上5円未満	15名	1名	4名	10名		23.9日
4円以上4.5円未満	7名	1名	2名	4名		24.7日
4円未満	9名	3名	4名	1名	1名	24.7日

上７円未満」のところだけであり、「６円以上６・５円未満」に至っては12名の労働者の平均出勤日数は22・８日間である。これは、何らかの理由により欠勤していることを示している。出勤日数が少なくなれば、月収は低くなる。後述するが、皆勤すれば賞与の額が増えるので、朝鮮人労働者は〔図表13〕で示した金額以上を稼げる可能性を持っていたと言える。

実際、１９４３年に日曹天塩炭鉱が作成した『職紹関係綴』の中に収められている「移入朝鮮人労務者勤労状況調」では１５２名の朝鮮人労働者の最高日収が10円10銭、最低日収は３円20銭、平均日収は４円50銭であることを記している。

また、１９４２年のデータではあるが、『札幌鉱山局往復文書綴』に収録されている「移入朝鮮人労務者一般状況調査に関する件」(11月９日付) には日本人と朝鮮人の賃金比較が掲載されている。

１９４２年末時点で日曹天塩炭鉱には朝鮮人労働者が３００名 (官斡旋２６２名、非官斡旋38名) 在籍していた。日本人労働者の人数は記載されていないため不明である。日本人の最高賃金が２１０円18銭で、朝鮮人の最高は官斡旋１７０円59銭と非官斡旋 (募集と思われる) が１８２円20銭であった。

最低賃金は日本人が１０３円30銭、官斡旋朝鮮人が90円58銭、非官斡旋朝鮮人が１０１円14銭である。平均賃金は日本人１２０円85銭、官斡旋朝鮮人１０６円26銭、非官斡旋朝鮮人１１０円42銭である。やはり、熟練の日本人労働者と比較すると朝鮮人の金額は低く見えるが、この程度の賃金差ならば能力給の範囲内と言えるし、当時の日本国内の物価を考慮すれば朝鮮人労働者も十分な高給であったと言ってよい。

賞与金額から見える公平性

日曹天塩炭鉱の賃金表で筆者が特に興味を引かれた点は朝鮮人労働者へ支払われる賞与の金額であ

る。初めて就労する者であっても賞与は支給された。〔図表14〕の1944年10月分の河東郡労働者の賃金表を見ると、賞与を貰えている者と貰えていない者がいる。この差はどこから来ているのであろうか。日曹天塩炭鉱の「移入半島労務者取扱要綱」では賞与に関する詳細な情報がないため断言できないが、賃金表を注意深く見ると、「本日稼働日数」と「稼働賃金」が関係していると思われる。

まず、「本日稼働日数」すなわち出勤日数が18日間に達していることが賞与支払いの条件であったであろうことが予測できる。労働者の中には17日間以下の者でも賞与を貰っているが、この場合は「稼働賃金」が多い者が賞与を与えられる傾向にある。すなわち、賞与を貰える条件は、①一定の出勤日数、すなわち会社側が課した稼働日数(賃金表の「会社操業日数」)に到達していること、②稼働日数が足りなくともその月の作業能率が一定水準を超えていることだと考えられる。

1944年10月分以外の賃金表も見てみると、

〔図表14〕1944年10月分の河東郡労働者の賃金表(一部抜粋)

	氏名	年齢	職種別	会社操業日数	本日稼働日数	収入之部 稼働賃金		賞与		月収計	
玉宗面	金澤栄道	27	採炭	28	18	49	83	6	00	55	83
	良原在竜	29	採炭	28	14	42	20			42	20
	金城振錫	23	採炭	28	17	50	10			50	10

	氏名	年齢	職種別	会社操業日数	本日稼働日数	収入之部 稼働賃金		賞与		月収計	
金南面	松山吉道	30	採炭	28	18	51	74	6	00	57	74
	松村淇采	28	採炭	28	17	47	76			47	76

	氏名	年齢	職種別	会社操業日数	本日稼働日数	収入之部 稼働賃金		賞与		月収計	
北川面	金村三萬	33	採炭	28	13	54	08	6	00	60	08

点線の左が「円」、右が「銭」。

賞与の最大金額は１９４４年12月分から１９４５年３月分までは12円が、４月分からは14円と15円が確認でき、５月分からは25円まで上昇しているケースも、１件だが、あった。賞与金額も５月分になると５円、10円、12円、17円、19円、24円と多様となり、日曹天塩炭鉱が朝鮮人労働者の勤労状況を多面的に見て支給していたことがうかがえる。

なぜこのような細かい基準を設けたのだろうか。おそらく、日曹天塩炭鉱は賃金面で日本人と朝鮮人の公平性を守ろうとしたように、朝鮮人労働者の中でも賃金の公平性を期したと考えられる。稼働日数が少ない者や作業能率が低い者にも満額の賞与を与えれば、稼働日数の多い者や作業能率の高い者が不満を抱くことは想像に難くない。不満を抱いては、真面目に働かなくなってしまう恐れがある。そのように考えた鉱業所側は賃金における公平性を確保し、職場の活性化を図ったのではないだろうか。そのことがうかがえる事象を紹介したい。

〔図表15〕は１９４５年６月分の賃金表に記されている月収を引用し、筆者が日収計算した表である。この月に日曹天塩炭鉱側が定めた稼働日数は26日間である。玉宗面の高橋甲烈は一日も休まずに皆勤賞を取ったので賞与は24円を貰っている。一方で、辰橋面の松岡且述は１日足りない25日間であったため19円となってい

〔図表15〕稼働日数と賞与の関連性

高橋甲烈　慶南道河東郡玉宗面										
年月	職種	稼働日数	稼働賃金		賞与		月収計		日収	
									賞与なし	賞与あり
1945年6月分	採炭	26	162	86	24	00	186	86	6.264	7.187

松岡且述　慶南道河東郡辰橋面										
年月	職種	稼働日数	稼働賃金		賞与		月収計		日収	
									賞与なし	賞与あり
1945年6月分	採炭	25	158	31	19	00	177	31	6.332	7.092

点線の左が「円」、右が「銭」。

る。
ここで注目してほしいのは両者の日収（賞与なし）の金額である。繰り返すが、坑内の炭鉱労働者の賃金は請負制（能力給）であり、作業能率の高い者ほど賃金が高くなる。賞与を含めない日収は労働者の作業能率と言い換えることができる。高橋は6円26銭4厘、松岡は6円33銭2厘であるため作業能率は松岡の方が上であることが分かる。しかし、賞与を含めた日収になると高橋は7円18銭7厘、松岡は7円9銭2厘となり、最終的な賃金額は高橋の方が多いことになる。これは、作業能率が高くない者であっても真面目に出勤すれば高賃金を得ることができたことを示している。このことが如実に表れているケースが〔図表16〕である。

辰橋面出身の神農斐文は賞与なしの日収が4円50銭を超えたことがない。先ほど紹介した高橋甲烈や松岡且述が6円20銭以上であったことと比較すれば、神農の作業能率は高いとは言い難かった。しかし、その神農でも1945年5

〔図表16〕出勤日数と作業能率が賞与額に影響していたことを示す賃金表

神農斐文　慶南道河東郡辰橋面											
年月	職種	会社操業日数	本日稼稼日数	稼働賃金		賞与		月収計		日収	
										賞与なし	賞与あり
1944年10月分	採炭	28	18	47	60	6	00	53	60	2.644	2.978
1944年11月分	記載なし	28	18	47	60	6	00	53	60	2.644	2.978
1944年12月分	採炭	27	24	95	57	12	00	107	57	3.982	4.482
1945年1月分	採炭	27	14	46	92			46	92	3.351	3.351
1945年2月分	採炭	25	25	108	26	12	00	120	26	4.330	4.810
1945年3月分	採炭	28	28	129	■	12	00	141	■	不明	不明
1945年4月分	採炭	26	21	92	52	6	00	98	52	4.406	4.691
1945年5月分	採炭	27	27	117	12	24	00	141	12	4.338	5.227
1945年6月分	採炭	26	26	111	97	24	00	135	97	4.307	5.230

点線の左が「円」、右が「銭」。
■は判読不能を示す。

月分と6月分は24円の賞与を貰っており、松岡よりも多いことが分かる。やはり、作業能率の高さよりも皆勤賞を取ることの方が満額の賞与を得るために必要な条件であったのであろう。一方で、皆勤賞を取っても一定水準の能率に達していなければ満額の賞与を貰えていなかったことも賃金表から読み取れるので、賞与支給の基準を記した一次史料の発掘が必要である。

明確に言えることは、日曹天塩炭鉱では作業能率の高い者よりも会社側が指定した出勤日数を守る真面目な者ほど最終的に得られる賃金が高くなるシステムを構築していたという点である。これが炭鉱労働経験の浅い朝鮮人労働者にとって有利に働いたことは想像に難くない。

強制貯金が免除されていた

日曹天塩炭鉱の賃金表に記されている支出の項目は「天引貯金」「購買」「賄料」「其他」に分けられていることはすでに述べたが、ここでは天引貯金の金額について解説したい。

日曹天塩炭鉱の賃金表を見る限り、天引きされる金額は月収の1割から2割の金額であった。例外として約3割を引かれている労働者もいたが、これは稀なケースと言えるほど少数である。筆者はすべての河東郡労働者の総収入額と天引貯金総額を調べたが、9割以上の者が総収入の1割程度の天引きで済んでいる。

さらに興味深いことは、月収がある一定の水準に達していない者は天引貯金の免除を許されていたことが判明した点である。出勤日数が少ない者は当然月収も少なくなるのであるが、〔図表17〕の1945年1月分の辰橋面労働者の賃金表を見ると、松田万寿（18日間出勤、月収69円11銭）と神農斐文（14日間出勤、月収46円92銭）の2名は天引貯金が行われていないことが分かる。天引貯金免除はこれまでの先行研究では指摘されなかった事柄であり、新たな歴史事実が判明したと言える。こういった天引貯金の免除がどのような基準で設けられていたかは、資料が見つからないため判然としないが、このような現象は日曹天塩炭鉱賃金表の各所で確認できる。

日曹天塩炭鉱の近くには購買所が設置されており、賃金表中の「購買」はそこでの品物購入金額を示していると思われる。１９４４年11月分以降の記載がなく、河東郡労働者には１名も記されていない。

「其他」に関しては具体的な説明が賃金表に書かれていないので分からないが、支出の中で一番大きな割合を占めており、労働者ごとに金額が異なっている。基本的に、月収の高い者ほど「其他」の金額が高くなっている傾向にあるが、〔図表17〕の松岡且述のように月収１２１円86銭で「其他」が13円31銭と低額に抑えられている者も確認できる。「購買」の金額が記されている青陽郡労働者の１９４４年11月分の賃金表を見ると、５円が４名、６円78銭が１名、10円が４名、20円が１名となっている。

これらのことから、日曹天塩炭鉱の朝鮮人労働者は、稼いだ金を自分の意志で使っていたことが分かる。「購買」以外でも買い物をしていたことを示す一次史料が残っており、朝鮮人労働者が市街に出かけて品物を購入できていたことがうかがえる

〔図表17〕1945年１月分の辰橋面労働者の賃金表

氏名	年齢	職種別	会社操業日数	本日稼働日数	収入之部 稼働賃金		賞与		月収計		支出 天引		購買		賄料		其他		支出計	
松田万寿	30	採炭	27	18	69	11			69	11					18	60	43	32	61	92
川村化範	33	採炭	27	26	86	18	6	00	92	18	10	00			18	60	40	17	68	77
元川徳竜	30	採炭	27	24	85	04			85	04	10	00			18	60	33	67	62	27
松岡且述	29	採炭	27	28	109	86	12	00	121	86	25	00			18	60	13	31	56	91
高田奉友	29	採炭	27	26	101	57	6	00	107	57	20	00			18	60	44	04	82	64
金田点文	25	採炭	27	29	107	96	12	00	119	96	20	00			18	60	42	33	80	93
金川再実	31	採炭	27	27	116	51	12	00	128	51	25	00			18	60	34	66	78	26
神農斐文	30	採炭	27	14	46	92			46	92					18	60	36	43	55	03
宇津木道生	24	採炭	27	27	117	59	12	00	129	59	25	00			18	60	37	36	80	96
松岡載煥	24	採炭	27	27	106	60	12	00	118	60	20	00			18	60	45	69	84	29

点線の左が「円」、右が「銭」。

記述が確認できる。

１９４１年11月に豊富町《とよとみちょう》の市街に買い物に行った朝鮮人労働者が帰ってこず、日曹天塩炭鉱は警察署に逃走の疑いありとして届け出を出している。その中には、買い物に行った朝鮮人は現金約70円を所持していたことが記されている（『資料集Ｉ』２９５頁）。１９４５年２月にも幌延町《ほろのべちょう》の市街に衣類を買いに行くと言って逃走した者も確認できる（『資料集Ｉ』３３４頁）。これらの史料から朝鮮人労働者は市街に出て買い物ができていたことが分かる。その他にも、豊富町の温泉で湯治するために出かけたまま帰ってこなかったケースも確認できる（『資料集Ｉ』３４１頁）。温泉に入るのであれば入浴料が必要になるはずなので、この場合も現金を所持していたと考えられる。

日曹天塩炭鉱の賃金表に記されている「其他」が何を指しているかは今後も研究が必要であるが、個別に金額が異なっていることから、ある程度個人で自由に使える金があったと考えてもよいであろう。少なくとも、賃金表に「購買」の記録が残っていることや先ほど紹介した逃走事件の史料と照らし合わせても朝鮮人の手元にはある程度自由に使えるお金があったと考えた方が妥当である。

第３節　朝鮮人徴用労働者はいくら稼いだ？

９か月間で収入総額１０００円超えの者も

収入と支出の解説が終わったところで、朝鮮人徴用労働者が最終的に手にした金額を考察していきたい。まずは９か月間の収入総額から見ていく。

日曹天塩炭鉱の賃金表から朝鮮人徴用労働者は86名が確認されたが、河東面出身者12名は１９４４年10月分の賃金表がないため除外した。同様に１９４４年12月分の月収と支出が不明な10名も除外した。したがって、収入総額が判明した者は64名となるが、この中には途中帰郷者、逃走者も含まれている。これら64名のうち1944年10月から翌年の6月までの9か月間働いた労働者は54名であるが、彼らのみで計算した場合の平均収入総額は〔図表18〕(次頁)の①となる。

出勤日数に約70日間もの差があるが、9か月間働いた54名の徴用労働者の平均収入総額は896円25銭となった。このうち、収入総額が1000円を超えた者は12名、950円以上1000円未満は6名であった。新入労働者がわずか9か月間(そのうち2か月間は訓練期間)で大金を得ていたことが日曹天塩炭鉱の賃金表で明らかとなった。

では、この54名の手元にはどれほどの金額が残ったのであろうか。支出総額も判明している労働者は43名まで減少するが、この者たちは収入総額から支出総額を引けば手元に残った金額(手取金)が判明することになる。推定残額の平均は〔図表18〕の②のとおりである。

結果、9か月間の収入総額と支出総額が判明した43名の平均残額は311円1銭となった。あくまで賃金表に記載されていた数値だけで計算した金額であるが、当時の国内物価を鑑《かん》《が》みても高額と言っていいであろう。例えば、週刊朝日編『値段の明治大正昭和風俗史』(1981年)によると、1944年の牛肉の値段は100グラム当たり46銭、1945年は80銭。味噌は1944年で1キログラム当たり35銭であったという。また、1994年7月7日に提出された炭鉱問題研究会作成の「三井三池炭鉱 強制連行中国人 授害賠償(損害賠償)」には、「標準米価」として1944年の玄米一升の値段は47銭だったという記載がある。

朝鮮人労働者は基本的に2年契約で労働した。彼らが2年間働けば、一体どれほどの金額を手に入れたのであろうか。賃金表から日曹天塩炭鉱の朝鮮人徴用労働者の収支金額一覧表を作成した。当該の一覧表は『歴史認識問題研究』第13号に「資料 1944年10月分〜1945年6月分 日曹天塩

〔図表18〕朝鮮人徴用労働者の収入額

① 9か月間の収入総額が判明している朝鮮人労働者54名の平均総収入額	896.25円

最高収入額 1101.13円（松岡且述　210日間労働）
最低収入額 555.38円（柳震澤　139日間労働）

② 9か月間の収入総額から支出総額を引いた残額の平均（43名）	311.01円

最高残額 527.20円（松岡且述　210日間労働）
最低残額 172.20円（柳震澤　139日間労働）

〔図表19〕日曹天塩炭鉱朝鮮人徴用労働者収支総額一覧表（単位：円）

期間：9か月　河東郡辰橋面の出身者10名

	総稼働日数	総収入 （　）は賞与総額	総支出 （　）は天引貯金、【　】は賄料を示す	推定手取金 （　）は任意貯金総額	送金総額
松田万寿	182日間	801.13 （61）	532.92 （85）【150】	268.21 （10）	無し
川村化範	213日間	952.87 （78）	613.28 （103）【150】	339.59 （172＋数円）	40
元川徳竜	176日間	698.67 （41）	419.65 （75）【132】	279.02 （150）	無し
松岡且述	210日間	1101.13 （103）	573.93 （163）【150】	527.20 （60）	50
高田奉友	215日間	958.27 （90）	643.21 （145＋数円）【150】	315.06 （21.50）	130
金田点文	不明	1018.56 （103）	655.48 （137）【150】	363.08 （45）	250
宇津木道夫	208日間	1007.06 （78）	608.11 （144）【150】	398.95 （30）	310
松岡載煥	218日間	1027.71 （109）	681.49 （173）【150】	346.22 （40）	50
金川再実	202日間	961.15 （77）	606.66 （110）【150】	354.49 （115）	100
神農斐文	201日間	898.56 〈＋数十銭〉 （102）	609.30 （112）【150】	289.26 （107）	無し

炭鉱朝鮮人徴用労働者の収支金額表（64名分）」として掲載している。こちらも歴認研のウェブサイトから閲覧可能である。〔図表19〕は同一覧表の一部である。

賃金以外に家族手当や補給金もあった

さらに、朝鮮人労働者には家族手当が支給されていたことが判明している。日曹天塩炭鉱の「半島勤労者給与状況報告月報」には官斡旋と徴用の朝鮮人労働者個別の家族手当総額が記されている。この史料は1945年10月に作成されており、徴用である河東郡の労働者たちには、就労から12か月分と思われる金額が記されている。ここから計算すると、75名の朝鮮人労働者に合計1万7645円を支払っていることが判明する。記載されている金額から分析すると、労働者1人当たりの家族手当は最低月5円、最高は月25円出ていたことが予測される。

この家族手当が直接、朝鮮半島にいる家族に送られたのか、労働者本人に渡されたのかは一次史料に明記されていないので不明と言わざるを得ないが、もし労働者本人に渡していれば、賃金表に記載されていたはずである。日曹天塩炭鉱の賃金表に家族手当の項目がなかったことを考えると、家族手当は朝鮮半島の労働者家族に送られていたと考えた方が妥当ではないだろうか。

その他に、朝鮮人労働者は補給金も受けていたことが判明している。1945年10月2日に石炭統制会北海支部長から日曹天塩炭鉱の所長に送られた「集団移入朝鮮人労務者援護に関する件」には、1944年4月1日以降に官斡旋や徴用により来日した者に対して「基本補給」と「特別補給（別居手当）」を支給すると記載している（『資料集I』362頁）。同年10月13日には「朝鮮人労務者援護立替金請求書に干《ママ》する件」が作成されており、朝鮮人徴用労働者70名に補給金が支払われたことを示す表も確認できる。内訳は20歳未満の者11名に192円50銭（1人当たり17円50銭）、20歳以上25歳未満の者16

名に４６６円40銭（１人当たり29円15銭）、25歳以上の43名に１７５４円85銭（１人当たり約40円81銭）の合計２４１３円75銭となっている（『資料集Ⅰ』３６４頁）。

先ほど、朝鮮人徴用労働者たちは９か月で平均３１０円以上の手取金を稼いでいたと説明したが、これに家族手当と補給金を追加すると〔図表20〕のようになる。

結果は、朝鮮人徴用労働者１家族当たり平均５５３円38銭を得ていたという驚きの内容となった（図表20）。この金額は訓練期間２か月を含めた１年間（手取金は９か月間）のみの収入であるため、１年間で得た平均金額は最低でも５５０円以上ということになる。労働者たちの熟練度が上がれば、さらに収入は増加する見込みがある。炭鉱労働は重労働ではあったが、それに見合う賃金を朝鮮人労働者は得ていたと言えるだろう。

送金と任意貯金

次は、送金について説明していきたい。日本で働いていた朝鮮人労働者は手元に残った金額から朝鮮半島に住む家族へ送金をしていたのだが、日曹天塩炭鉱の者たちの場合、毎月少額の送金を継続するのではなく、一定額以上のまとまった金額（１００円など）を不定期に送っていた傾向がある。最高送金総額は辰橋面の宇津木道夫で３１０円、その次が玉宗面の金澤栄道の２９５円である。労働者の中には就労中１円も送金しなかった者も複

〔図表20〕朝鮮人徴用労働者と家族の推定所得金額（43名分）

手取金（９か月分）平均 311 円 1 銭 ＋ 家族手当（１年分）平均 206 円 51 銭 ＋ 補給金（１年間労働の祝い）平均 35 円 86 銭

⇩

朝鮮人労働者とその家族の収入
平均 553 円 38 銭

数確認できる。これは官斡旋で来た者も徴用で来た者も同じであった。このことから、日曹天塩炭鉱の朝鮮人労働者の中には送金意識の高い者と低い者の差が激しかったことがうかがえる。

この理由としては、先ほど取り上げた家族手当の存在が要因になっていると思われる。毎月最大で25円振り込まれるならば、労働者側から積極的に送金をする必要性がなかったであろう。もちろん、就労当初は慣れない力仕事のせいで余裕がなく、家族へ送金すること自体が大変であった可能性もあるだろう。9か月間勤労して送金総額が判明している52名の徴用労働者の平均送金額は101円73銭であるが、この中で一度も送金をしなかった者は13名にものぼる。家族送金をまったくしなかった者の割合が25%であったことを考えると、送金をする必要性が日曹天塩炭鉱で働いていた朝鮮人労働者にはなかったと考えてもよいであろう。日曹天塩炭鉱からの家族手当だけでは不安だと考えた者だけが大金を故郷に送り、それ以外の者は思いついたときやお金がある程度溜まったときにまとまった金額を不定期で送金していたのではないだろうか。

また、日曹天塩炭鉱の賃金表では朝鮮人労働者の任意貯金額も個別に見ることができる。任意貯金も送金と同様、各個の裁量に委ねられており、任意貯金をする者もいれば、貯金していない者も確認できた。つまり、本当に任意で貯金していたことが一次史料から明らかになった。朝鮮人徴用労働者86名とその他の官斡旋労働者の中で毎月欠かさず任意貯金をした者は1名しかいなかった。貯金額も幅があり、1回の貯金が2円や5円の者もいれば50円以上の者もいた。しかし、大半の者は10円以内の金額であったことから、朝鮮人労働者の生活を圧迫するほどの金額とは言い難い。「資料　日曹天塩炭鉱朝鮮人徴用労働者収支金額一覧表（1944年5月分〜1945年6月分）」を見てもらえると分かりやすいが、推定手取金と任意貯金総額が判明している者52名中、任意貯金の総額が手取金総額の1割未満でしかない者は32名である。60%以上の徴用労働者は手取金の1割にも満たない額を任意貯金して、残りは自身が所持していたことがうかがえる。

さらに、一部の朝鮮人徴用労働者の中には収入以上の金額を任意貯金していることも判明した。例えば、辰橋面の川村化範と元川徳竜を挙げることができる。

〔図表21〕（次頁）は辰橋面の労働者である川村化範と元川徳竜の賃金表であるが、１９４４年10月分のデータに注目してほしい。川村の10月分月収は56円88銭、支出総額は30円21銭であることから残額は26円67銭になるはずだが、その月の任意貯金は40円となっている。明らかに残金を超える金額を貯金しているのである。

同様に、元川の10月分月収は59円60銭で支出総額が32円71銭、残金は26円89銭となるが、任意貯金を50円も出している。両者とも初就労であるので、過去の収入から出したという可能性はない。さらに、川村も元川も翌11月にも同額の任意貯金をしている。川村は13円13銭、元川は23円11銭をどこから捻出したのであろうか。

日曹天塩炭鉱の賃金表には残金を超過していると思われる任意貯金や送金が複数確認できる。彼らは賃金表以外に臨時の収入を得ていたのであろうか。推測として博打《ばくち》が考えられる。

当時、博打は全国の鉱業所で禁止されていたが、朝鮮人労働者は博打を好んでいたらしく、見つかって処罰を受けたことが当時の新聞や『特高月報』に散見される。前述の川村や元川は隠れて博打を打ち、それで得た金を貯金に回していた可能性もある。

日曹天塩炭鉱の史料では博打を連想させる記述が確認できる。１９４４年2月6日に作成された「募集半島人労務者逃走捜索願」では再契約奨励金１００円を貰ったにもかかわらず、同僚から借りていた約２００円の借金を返済せずに逃走した者が1名いたことを記している（『資料集Ⅰ』３２１頁）。

また、同年４月７日作成の捜索願にも同僚からの借金が嵩んだことで逃走した者が３名確認できる。

〔図表21〕 残金を超える任意貯金の例

川村化範

年月	職種	稼働日数	稼働賃金		賞与		月収計		支出										差引			
									天引		購買		賄料		其他		支出計		送金		任意	
1944年10月分	採炭	18	50	88	6	00	56	88	10	00			11	40	8	81	30	21			40	00
1944年11月分	記載なし	18	50	88	6	00	56	88	10	00			11	40	8	81	30	21			4▮	00
1944年12月分	採炭	27	73	75	12	00	85	75	15	00			18	60	41	08	74	68			25	00
1945年1月分	採炭	26	86	18	6	00	92	18	10	00			18	60	40	17	68	77			10	00
1945年2月分	採炭	25	120	95	12	00	132	95	11	00			16	80	39	32	67	12	40	00		
1945年3月分	採炭	28	143	60	12	00	155	60					18	60	50	49	69	09			47	00
1945年4月分	採炭	24	119	61			119	61	12	00			18	00	56	51	86	51			10	00
1945年5月分	採炭	27	131	71	24	00	155	71	30	00			18	60	58	58	107	18				
1945年6月分	採炭	20	97	31			97	31	5	00			18	00	56	51	79	51				

元川徳竜

年月	職種	稼働日数	稼働賃金		賞与		月収計		支出										差引			
									天引		購買		賄料		其他		支出計		送金		任意	
1944年10月分	採炭	18	53	60	6	00	59	60	12	50			11	40	8	81	32	71			50	00
1944年11月分	記載なし	18	53	60	6	00	59	60	12	50			11	40	8	81	32	71			50	00
1944年12月分	採炭	25	79	56	6	00	85	56	20	00			18	60	31	03	69	63				
1945年1月分	採炭	24	85	04			85	04	10	00			18	60	33	67	62	27				
1945年2月分	採炭	24	88	39	6	00	94	39	8	00			16	80	15	03	39	83				
1945年3月分	採炭	27	133	68	6	00	139	68					18	60	40	36	58	96			40	00
1945年4月分	採炭	24	112	39	6	00	118	39	12	00			18	00	42	93	72	93			10	00
1945年5月分	採炭	16	51	41	5	00	56	41					18	60	32	01	50	61				
1945年6月分	逃走																					

点線の左が「円」、右が「銭」。

▮は判読不能を示す。

逃走を企てるほどの借金とは何だったのであろうか。博打を好んでいた朝鮮人労働者の特徴を考えると、博打に負けてつくってしまった借金ではなかっただろうか。確認できる史料から断言はできないが、残金以上の金額を任意貯金や送金に出していた朝鮮人労働者がいたことは確実である。

朝鮮人労働者の出勤率について

今回、日曹天塩炭鉱の賃金表を調べて判明したが、朝鮮人労働者の中で会社側指定の出勤日数以上に働いた者は極めて少数であった。超過出勤した者の割合が一番多い月である１９４４年６月分でも、朝鮮人労働者全体で２割程度（69名中14名）である。日曹天塩炭鉱の朝鮮人労働者は「会社操業日数」と同じ稼働日数か、それよりも少ない日数であった者が圧倒的多数であった。以下、官斡旋労働者と徴用労働者の出勤率を示した表を添付する。

〔図表22〕（次頁）から読み取れるように、官斡旋の朝鮮人労働者の方が徴用労働者よりも出勤率が低いことが分かる。賃金表に記載されている官斡旋労働者たちの初就労は１９４２年11月２日と１９４３年12月12日の２種類に分かれているが、皆勤する者と数日しか働かない者の差が激しく、平均出勤率は９割から７割にまで転落している。こうした労働者ごとの出勤状態が長期間追跡できることも日曹天塩炭鉱賃金表が重要史料である所以である。

朝鮮人「強制連行」「強制労働」を主張する学術団体からも日曹天塩炭鉱の朝鮮人個別賃金表が発表されているので、そのことにも触れたい。２０２３年10月30日に在日朝鮮人運動史研究会から『在日朝鮮人史研究』第五三号が発刊され、その中に日曹の賃金表が「資料紹介」として掲載された。筆者は『資料集Ⅰ』で日曹天塩炭鉱の関係史料を編集・解説した長澤秀である。資料集発行から約30年後に同炭鉱の個別賃金表を取り上げた理由は何だったのであろうか。執筆動機が記されていないため

〔図表22〕日曹天塩炭鉱朝鮮人労働者の出勤率

朝鮮人官斡旋労働者							
年月	1944年5月	1944年6月	1944年7月	1944年8月	1944年9月	1944年10月	1944年11月
会社操業日数	27日	27日	27日	28日	27日	28日	28日
労働者平均出勤日数	24.6日	24.1日	22日	20.4日	20.8日	19.9日	20.1日
出勤率	91%	89%	81%	73%	77%	71%	72%

朝鮮人徴用労働者									
年月	1944年10月	1944年11月	1944年12月	1945年1月	1945年2月	1945年3月	1945年4月	1945年5月	1945年6月
会社操業日数	18日	18日	27日	27日	25日	28日	26日	27日	26日
労働者平均出勤日数	16.4日	16.6日	25.2日	25.2日	22.7日	25.3日	23.5日	24.4日	23.9日
出勤率	91%	92%	93%	93%	91%	90%	90%	90%	92%

朝鮮人官斡旋労働者出勤状況

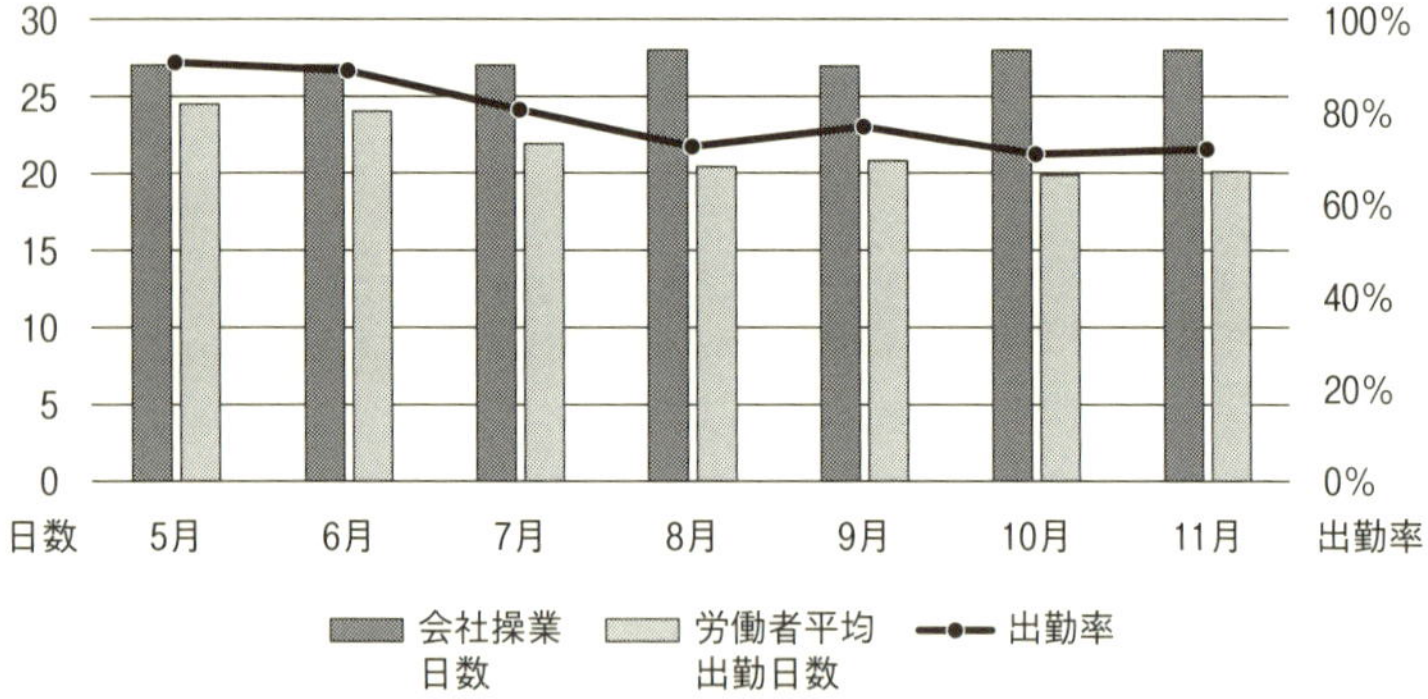

朝鮮人徴用労働者出勤状況

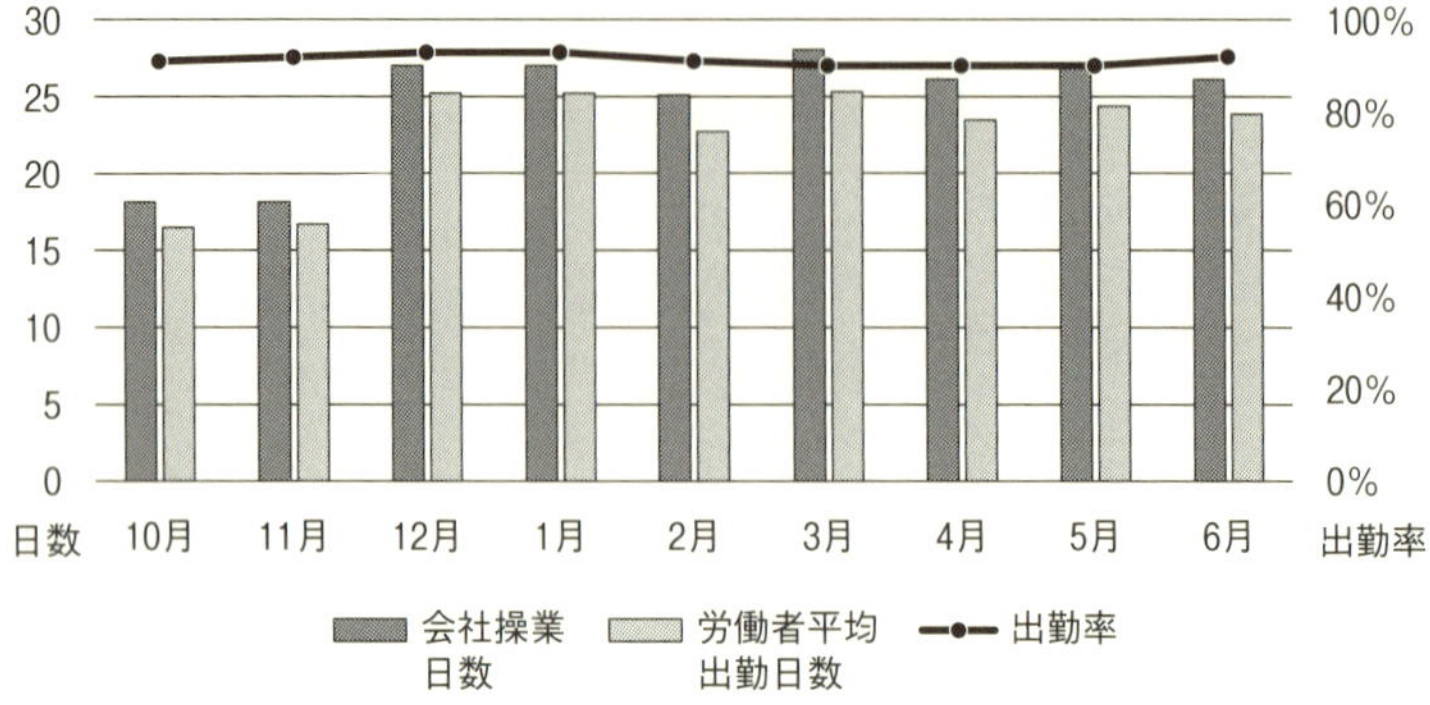

不明である。

長澤は『在日朝鮮人史研究』第五三号で１９４５年６月分の朝鮮人個別賃金表（75名分）を写真で掲載した。そして、当月の会社操業日数26日間に対して朝鮮人の出勤率が90％という高率であったことに着目し、「中には二十九日、三十日という常識では考えられない様な例も散見される」と指摘している（１１１頁）。最終的に長澤は、同賃金表は戦争末期における被徴用朝鮮人鉱夫に対する日本帝国主義の切羽詰まった石炭増産と増送強要の一端がうかがえる史料だと主張する。

筆者が朝鮮人労働者75名の出勤日数を調べると、会社操業日数と同じである26日間労働した朝鮮人は36名であった。長澤が指摘した超過出勤（27日間以上の出勤）した者は４名しかおらず、対して25日間以下は35名である。朝鮮人労働者の約半数が会社操業日数よりも少ない出勤日数であったことを踏まえれば、長澤の「石炭増産と増送強要」説は明らかにおかしい。〔図表23〕を参照すれば一目瞭然であると思う。長澤の言及は出勤日数のみであり、賃金額や賞与に関する考察などは記されていない。

第４節　日曹天塩炭鉱に関する先行研究

先行研究の整理

以上、日曹天塩炭鉱の賃金表を紹介し、これまで謎であった朝鮮人労働者

〔図表23〕日曹天塩炭鉱朝鮮人労働者75名の出勤日数内訳（1945年6月分）

30日間	2名	25日間	9名	20日間	6名
29日間	1名	24日間	9名	19日間	1名
28日間	1名	23日間	1名	18日間	0名
27日間	0名	22日間	2名		
26日間	36名	21日間	1名	18日間未満	6名

の賃金状況を解説した。初就労の朝鮮人徴用労働者が数か月でどのくらい稼ぐようになったのか。全体の平均値はもちろん、労働者個別のデータを参照することができたので新しい発見が多かった。特に、わずか9か月間（そのうち2か月間は訓練期間）で徴用労働者の手取金が平均310円以上、諸手当を含めて家族全体1年間で得たであろう金額が最低でも550円を超えるとは想像もしていなかった。これまで日本の学界では、朝鮮人労働者は国と企業から強制貯金という名の搾取を受けていたため手元に残る金額はほとんどなかったという言説が支配的であった。

ところが、今回紹介した日曹天塩炭鉱の賃金表を見ると、国からの愛国貯金は収入の2割以内で済んでおり、収入が一定金額を下回れば強制貯金（天引貯金）の免除が認められていたことが初めて判明した。同様に、会社に預ける任意貯金も少額であり、搾取を受けていたとは到底考えられない。賞与の配り方を見ても、当時の日曹天塩炭鉱がいかに賃金の公平性を確保し、朝鮮人の労働意欲を高めようと試行錯誤しているのかが読み取れた。

しかし、日曹天塩炭鉱に関する先行研究は朝鮮人を強制連行して強制労働させたと論じる論文しか存在しない。先ほどは賃金搾取を否定する解説をしたが、予想される「強制連行派」からの反論として「賃金は十分な額を受け取っていたかもしれないが、朝鮮人は日本人よりも過酷な労働を強いられており、実態は奴隷同然であった」が考えられる。

そこで、本節では日曹天塩炭鉱に関する先行研究を整理しながら、朝鮮人の労働環境をさらに考察したいと思う。最初に指摘するが、日曹天塩炭鉱に関しては朝鮮人の強制連行や強制労働を裏づける文書は見つからないどころか、否定する史料が多数存在する。

筆者が確認した範囲では、日曹天塩炭鉱で働いた朝鮮人労働者に関する研究論文として、長澤秀「日曹天塩炭鉱と朝鮮人強制連行」（『在日朝鮮人史研究』第二四号・1994年）と守屋敬彦「アジア太平洋戦争下日曹天塩鉱業所朝鮮人寮第一・第二尚和寮の食糧事情」（『在日朝鮮人史研究』第三六号・２００６年）を挙げることができる。

さらに、日曹天塩炭鉱を有する豊富町から発行された『豊富町史』（１９８６年）でも「初め朝鮮人募集は困難性があったが、あとになって強制連行が行われた」と記載されている（６２３頁）。町史が強制連行を認める記述を掲載したことで、長澤や守屋も強制連行が歴史の事実であると自信を持ったことであろう。では、『豊富町史』の編纂委員会は何を根拠に強制連行があったと断定したのであろうか。

町史の６１７頁に北海道開拓記念館（現在の北海道博物館）から１９７３年に発行された『明治初期における炭鉱の開発１　日曹炭鉱における生活と歴史』（以後、『炭鉱の開発１』）を参考にしたことが明記されている。同書には「炭鉱労働者と労働運動」という章が設けられており、そこに朝鮮人労働者の「連行」と書かれている（31頁）。当該の章を執筆した人物は桑原真人である。

桑原は１９３９年時点で日本政府は朝鮮人を炭鉱などの重要産業へ強制連行することを決定したと断言している（同32頁）。しかし註釈を見ると、根拠は朴慶植《パクキョンシク》の『朝鮮人強制連行の記録』（１９６５年）を引用しているに過ぎず、具体的な資料を提示していない。引用された朴の書籍を確認しても強制連行の証拠は一切提示されていない。１９３９年に朝鮮半島で労働者の募集が行われたことを朴が一方的に「集団連行」と断じ、日本が非人道的な強制連行を行ったかのように語っているに過ぎない。

その他、桑原は日曹天塩炭鉱が強制連行を実施した証拠として当時の労務課員であった矢賀部十蔵の書簡（１９４２年）を引用している。矢賀部の10月9日の書簡では、朝鮮人が思うように集まらないので郡庁を動かして「徴用令式に引張出す様手段を依頼致すかと思料致し居候」と書かれているので、桑原はこれが「募集」が「強制連行」であった証拠だとしている（『炭鉱の開発１』33頁）。しかし、この点は長澤秀も「日曹天塩炭鉱と朝鮮人強制連行」で指摘しているが（『在日朝鮮人史研究』第二四号・62頁）、あくまで矢賀部が書簡の中で自身の考えを吐露しているに過ぎないので、日曹天塩炭鉱が会社として朝鮮人を徴用した証拠にはなり得ない。根本的なことを言えば、当時日本領であった朝鮮半島で徴用を行うことは強制連行ではなく、戦時法規に基づいた合法的な政策である。朴慶植が原因で徴用が道端にいる人間を無理やり攫《さら》って、暴力的に日本へ連行したという誤ったイメージが当時の研究者に定着してしまったことがうかがえる。

誤ったイメージの弊害は次の桑原の考察に表れている。朝鮮人は「募集」という形態の連行によって成立した一種の強制労働力であったため、日本人との間に民族問題が絡み合ったと桑原は指摘している。就業中に雷管が炸裂して朝鮮人2名が負傷する事故が1940年9月7日に起こったが、原因を日本人発破係の不注意と誤信した朝鮮人労働者数十人が該当日本人を殴打暴行する事件が発生した。桑原はこの事件を取り上げて、きっかけは誤信とされているが、それだけでは朝鮮人が結集した事実を説明できない。単なる発破係の不注意すらも日本人と朝鮮人との対立の発火点となるような一触即発の情勢が形成されていたことに注目すべきであると指摘する（『炭鉱の開発I』35頁）。

桑原のこの主張はまさに「連行」というイメージに基づいた推測であり、学術的な考察とは言い難い。些細な出来事でも朝鮮人労働者が職場で集団行動を起こす現象が日本各地で起きていたことは第3章でも解説した。日本の鉱業界はこれを朝鮮人が持つ付和雷同性として注目し、頭を悩ませていた。いずれにせよ、桑原が指摘した内容だけで日本人と朝鮮人が一触即発の緊張状態にあったと考えるには根拠薄弱である。

契約証が強制労働の証拠？

1996年に桑原は北海道大学で博士論文「戦前期北海道の会社経済史的研究」を書き上げ、日曹天塩炭鉱の朝鮮人労働者に関する記述を加筆した。しかし、ここでも桑原の主張する強制連行・強制労働は説得力に乏しく、中には奴隷的労働を否定する史料を堂々と掲載している。桑原の博士論文の305頁に「朝鮮人労働者の契約證」と題名を付けた一次史料の写真が確認できる。これは1942年9月に朝鮮人労働者（岩城封万）から日曹天塩炭鉱の藤田所長に対して契約履行を求めた契約証である。当該の契約証は長澤秀の『資料集Ⅰ』にも収録されているので確認することができる。

2年間の労働契約が終了した岩城は再契約を結び、会社から一時帰郷のための往復旅費82円と賞与50円を受け取った。その後、岩城は再契約後に家族の死亡や危篤の際は一時帰郷や契約解除を認めることを確約させるために会社側へ契約証の作成を求めたことが一次史料から読み取れる。契約証には続きがあり、「その他のやむを得ぬ事情」が発生して1年以内に契約を解除することになった際は支給された旅費の片道分を頂戴して他は会社に返納することも記されている（『資料集Ⅰ』257頁）。

写真（次頁・写真11）を見ると、契約証は日本語とハングルで書かれていることが分かる。労働者側から鉱業所の所長に契約を結ばせている時点で「強制労働」説は崩壊している。筆者が考える奴隷労働者とは、労働者側の意思は完全に無視されて会社側だけが有利な契約を強制的に結ばされる存在である。契約証に対する桑原の考察は記されていないが、少なくとも強制労働を主張する論文で掲載するにはいささか問題があると思う。読者としては、写真の契約証も強制労働の証拠という誤った認識を持ってしまうのではないだろうか。

戦後補償問題研究会編『在日韓国・朝鮮人の戦後補償』（1991年）では同契約証を「期間満了者に対する再契約證」として紹介しているが、これでは会社側が朝鮮人労働者に結ばせた契約証だと勘違いしてしまうだろう。説明文にも「粗末なワラ半紙で会社側が用意していたものとみられる」とあ

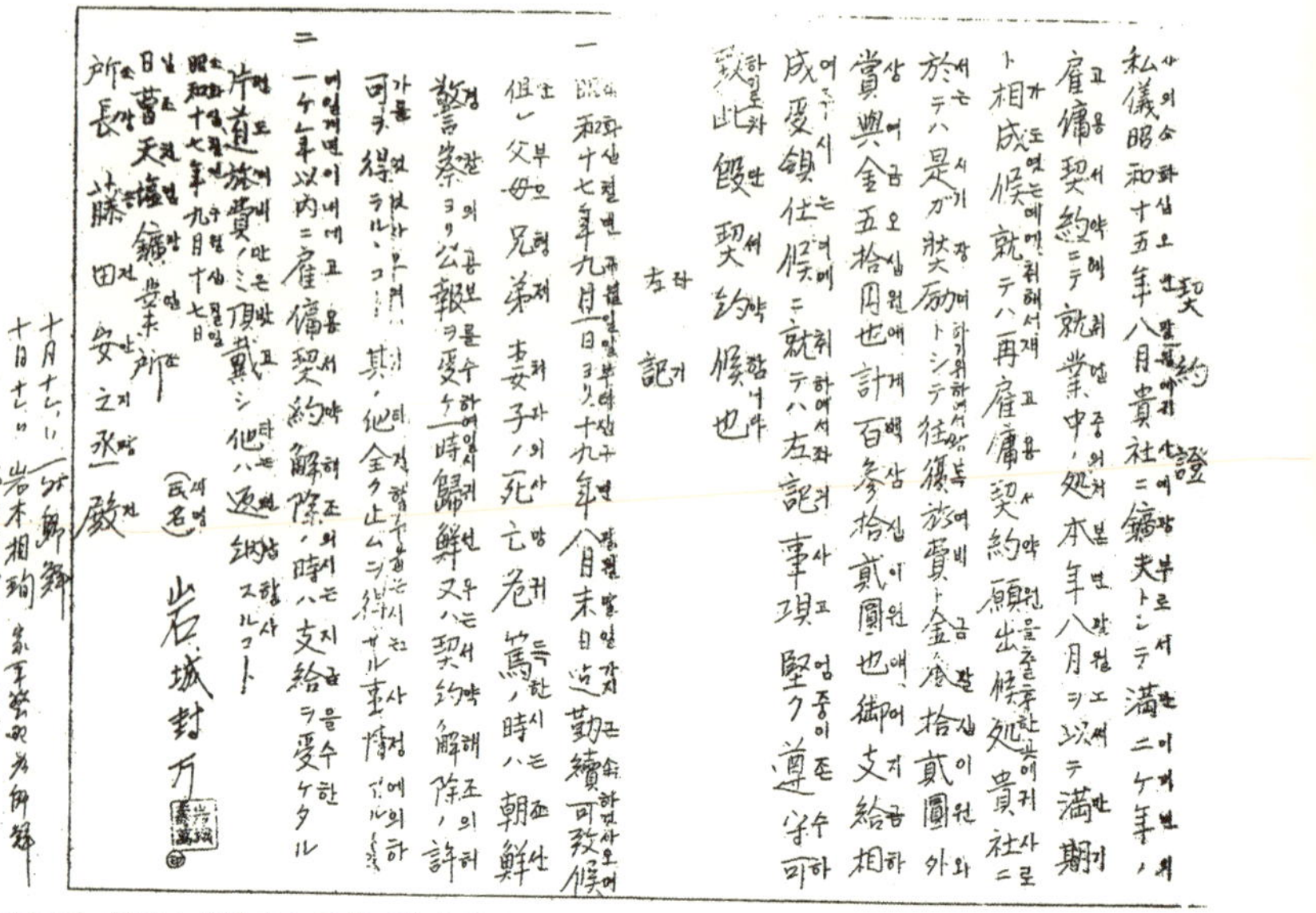

契約證

私儀昭和十五年八月貴社ニ鑛夫トシテ満二ケ年ノ雇傭契約ニテ就業中ノ処本年八月ヲ以テ満期ト相成候就テハ再雇傭契約願出候処貴社ニ於テハ是ガ奨励トシテ往復旅費ト金八拾貳圓外賞與金五拾円也計百参拾貳圓也御支給相成受領仕候ニ就テハ左記事項堅ク遵守可致此段契約候也

記

一 昭和十七年九月一日ヨリ十九年八月末日迄勤續可致候
但シ父母兄弟妻子ノ死亡危篤ノ時ハ朝鮮警察ヨリ公報ヲ受ケ一時歸鮮又ハ契約解除ノ許可ヲ得ラルヽコト其ノ他全ク止ムヲ得ザル事情[illegible]

二 一ケ年以内ニ雇傭契約解除ノ時ハ支給ヲ受ケタル旅費ノミ頂戴シ他ハ返納スルコト

昭和十七年九月十七日

日曹天塩鑛業所
所長 藤田安之丞殿

（氏名） 岩城封万

〔写真11〕朝鮮人労働者と日曹天塩鉱業所所長の契約証：1942年（長澤秀編『戦時下強制連行極秘資料集Ⅰ』、257頁）

り（214頁）、誤解を招く内容であると言わざるを得ない。

しかし、なぜ朝鮮人労働者である岩城はこのような提案を持ち掛けたのであろうか。この背景には前年の1941年に発生した家族危篤による一時帰郷者全員が会社に戻らなかったという事件が関係していると思われる。募集に応じて炭鉱に来た朝鮮人労働者6名は家族の病気あるいは危篤の知らせを受けて一時的に朝鮮半島へ帰った。この場合、会社側は「一時帰鮮証明書」を作成して労働者に持たせて帰郷させねばならない。日曹天塩炭鉱は用紙切れによって証明書が発行できなかった際は後日郵送という対応をとり、証明書なしで帰郷させたこともあった。労働者とその家族を慮《おもんぱか》ったのであろう。だが、会社側の配慮は裏切られることとなる。家族を看病する期間を設けて、期日になれば会社へ戻る約束であったはずが、誰一人として帰ってこなかったのである。

日曹天塩炭鉱は１９４１年２月20日に慶山警察署長へ書簡を送っている。連絡の取れない帰郷済み労働者が「一時帰鮮証明書」を悪用するのではないかと憂慮しながらも帰郷中の労働者３名に証明書を渡してほしいという依頼が記されている。また、家族の看護が済み次第、速やかに帰社して国のために働くことを慶山警察の方から「懇諭」してほしいとも書かれている。懇諭とは、親切に言って聞かせることを意味する言葉である。そうすれば労働者たちは一層奮起してくれるはずだと、日曹天塩炭鉱は記している（『資料集Ⅰ』２２０頁）。家族の看護が終了したら強引でも帰社させる依頼ではないところが興味深い。この時点まで、会社側はあくまでも労働者たちの自主性を重んじて、信じて待っていたことがうかがえる。

しかし、最終的に一人も帰社しなかったことで日曹天塩炭鉱は再度、慶山警察署長に書簡を送る。これは作成年月が不明であるが、書簡では会社側からの照会に何ら返信がないことが明かされている。これはおそらく、労働者の家族からも返信が来ないことも指しているのと思われる。このような状況になってくると、労働者が朝鮮半島に帰っていること自体も疑わしいと鉱業所は記している。あらかじめ家族と打ち合わせて口実をつくり、家族の危篤ならば容易に出所できると考えていたのではないかと推測している。なお、この時点においても会社は新たに３名を一時帰郷させている。理由は「妻危篤」「母病気危篤」「母危篤」である（『資料集Ⅰ』２３１頁）。確かにこれほど立て続けに家族危篤の連絡が来れば、鉱業所も怪しまざるを得ないであろう。このような事情から、朝鮮人労働者の岩城は契約証の作成を考え、自分は会社を騙す意思はなく、辞める際は支給金の一部も返済するので家族危篤の際は一時帰郷や契約解除を認めてほしいと会社側に訴えたのではないだろうか。

朝鮮人は傷病補償を受けていた

日曹天塩炭鉱の先行研究では、「強制連行派」にとって不都合と思われる一次史料は考察されてこなかった。ここでは、筆者が北海道博物館で発見した史料を紹介していきたい。まず、朝鮮人労働者に対する補償に関して考察していきたい。外村大『朝鮮人強制連行』などの先行研究では、朝鮮人は１９４４年に徴用が開始されるまで各種補償から除外されており日本人と差別されていたと主張しているが、今回発見した日曹天塩炭鉱の一次史料はその説を明確に否定している。

日曹天塩炭鉱が作成した『傷病手当金支給簿』（１９４２年〜１９４４年）（次頁・写真12ａ）には労働者が治療を受けた期間と会社が支給した金額が個別に記載されている。日本人だけでなく朝鮮人の記載も散見され、当時の担当係員の押印もされている。

朝鮮人労働者には「内払金」という保険の一種が適用されていた。朝鮮人労働者も保険に加入できていたのだ。例えば、李且鳳という人物は１９４２年7月28日から8月17日までの治療期間で25円20銭が支給されたが、内払金が20円出たので、会社側の負担は5円20銭であったことが記されている。治療費の総額は分からないが、会社と保険会社の双方から支給があったことは明らかである。

さらに、『傷病手当内払票明載票綴』（次頁・写真12ｂ）には先の内払金の詳細な内容も記されている。該当史料には１９４２年度の対象者のみであるが、その中にも先に紹介した李且鳳や尹《ユン》という明らかに朝鮮半島出身者の名前が確認できた。内払金がいつ、いくら支払われていたかを記録しており、ここでも朝鮮人労働者にも保険金が支払われていたことが証明できる。

２００５年に岩波書店から発行された『朝鮮人戦時労働動員』では、樋口雄一が、朝鮮人にも傷病手当金は出されていたが、朝鮮人の手当金支給日数が平均9・6日間に対して日本人は14・3日間であったことから、日朝間で医療格差が存在し、朝鮮人は日本人並みの治療を受けられずに職場に返されていたと主張している（196頁）。樋口の主張を証明するには、日本人と朝鮮人それぞれの傷病内容を確認する必要がある。例えば、朝鮮人の方が軽傷であった場合は治療日数が少なくて済む。手当金は治療費に対して支給されるものであるので、ケガや病気の程度によって支給額は変化したであろう。樋口説はその考察が不十分なので慎重な議論が必要である。今回発見した日曹の傷病手当史料には傷病内容に関する情報がなかったため、今後の研究が期待される。

手掛かりの一つとして、日曹天塩炭鉱関連史料には『業務上負傷報告書控』が残っている。ここには１９４３年から１９５０年までの負傷者の名前の他、負傷原因と負傷箇所が記されていた。報告書の控えであるため、負傷者全員を網羅しているかは不明であるが、確認できる範囲では朝鮮人労働者の名前も多く載っている。その中には明らかに他の者と比較しても軽傷と言えるようなケガも散見される。例えば、１９４４年２月23日に転倒して左胸部を負傷したとされている朝鮮人労働者は翌日の24日には治療が終了している。また、同年２月26日に坑木に挟まって左薬指を負傷した者はその日のうちに治療が終了している。このようなことから、軽いケガでも「負傷」扱いされていたことがうか

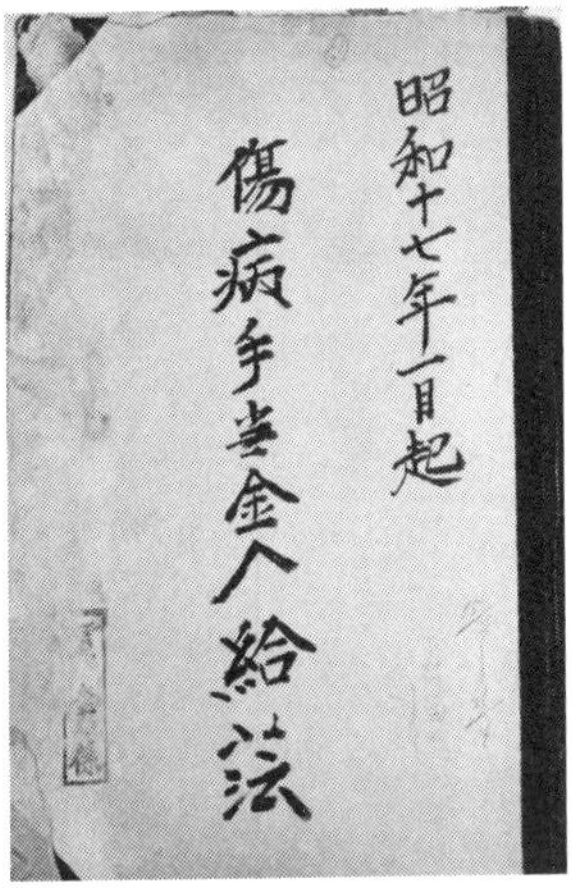

〔写真12ａ〕『傷病手当金支給簿』の表紙（北海道博物館にて筆者が撮影）

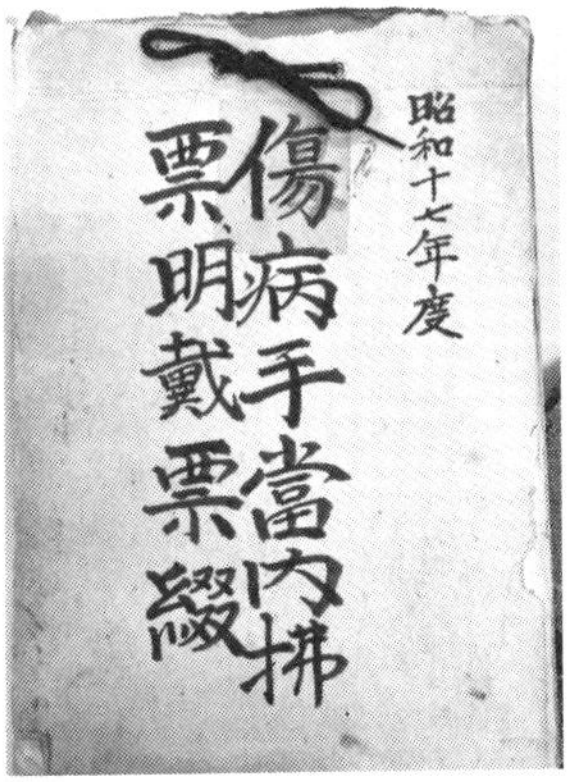

〔写真12ｂ〕『傷病手当内払票明載票綴』の表紙（北海道博物館にて筆者が撮影）

がえる。先ほどの事例は極端ではあるが、軽傷ほど手当金の支給日数は少なかったであろう。もちろん、落盤や転落などで大腿部や関節を負傷して大事に至ったと思われる者も確認できる。しかし、そのような者は2週間から1か月間かけて治療を受けており、日本人とのあからさまな差別は確認できない。日曹の負傷報告を読む限り、大ケガと思われる者や30代後半以上の労働者ほど治療期間が長い傾向にあると思われる。以上のことから、手当金の支給日数の違いは治療日数の違いであり、民族差別ではなく傷病の度合いや年齢によって差異が生じたと考えるのが妥当ではないだろうか。

朝鮮人労働者の表彰と慰労

『監督局往復文書綴』では朝鮮人労働者が働きを評価されて表彰されたことを示す文書が残っていた。札幌鉱山監督局と石炭統制会札幌支部の共催で優良な朝鮮人労務者を慰労激励する大会を開催する旨を伝える書簡が1944年4月26日に札幌鉱山監督局長から各鉱業所へ発送された。5月11日に札幌市の三井倶楽部庭園で開き、札幌神社参拝の後に感謝状の授与と感謝慰問品の贈呈、昼食をはさんで演芸大会を催して解散というスケジュールの説明が記されている。夕張炭鉱などの45か所の炭鉱から最低1名の朝鮮人代表者を選出しており、日曹天塩炭鉱からは2名が出席することになっており、参加者は総勢216名という大きな激励会となっている。これほど大規模な激励会が開催され、感謝状や慰問品が渡される朝鮮人労働者は果たして奴隷労働者と言えるのであろうか。

さらに、日曹天塩炭鉱では上記の激励会以前に別の表彰式を行っていたようである。1944年4月14日に札幌鉱山監督局長から日曹天塩炭鉱代理人へ「昭和十八年度挙国石炭確保期間後期に於ける優良現場職員及労務者並勤労報国隊表彰要綱」が送られている。この表彰式では中央表彰と地方表彰に分かれており、前者は厚生大臣から表彰状、大日本産業報国会会長と石炭統制会会長から記念品が授与される。後者は、札幌鉱山監督局長から表彰状、大日本産業報国会札幌地方鉱山部長と石炭統制会札幌支部長から記念品が授与されることになっている。

史料には、このときに選出されたであろう労働者3名の調書が残っているが、そのうちの一人が朝鮮人採炭夫の江華學文であることが確認できた。日本人勤労報国隊の山根善一が中央表彰であることは調書から判明するが、江華ともう1名の日本人採炭夫である垣内安太郎は不明である。両名は関採炭部隊に属しており、垣内が内申順位が一番、江華が二番となっているのだが、勤続期間を見ると、前者の6年6か月に対して後者は1年4か月である。このことから朝鮮人採炭夫である江華がいかに優秀であったかがうかがえる。

調書では江華の勤務態度も記されており、「半島労務者中特ニ実直ニ勤務シ他ノ模範ニ足ル」や「採炭拂《はらい》(払) 現場ニ於ケル技術優秀ナリ」「(炭鉱労働の) 経験ハアリタルモ入坑以来熱心ニ技術ノ修得ニ努メタリ」と褒め称えている。鉱業所側が日本人と朝鮮人を差別せず、公平な観点を持っていたことを表す史料ではないだろうか。これまでの先行研究では言及されてこなかった歴史の側面を新史料によって浮き彫りにすることができたと思う。

他にも、『石炭統制組合往復文書』では石炭統制会北海支部が幌内《ほろない》、赤間《あかま》、茂尻《もしり》、日曹天塩、空知《そらち》、万字《まんじ》、夕張各炭鉱へ送付した「忠清南道出身産業戦士慰問激励に関する件」(1944年9月9日付) も発見した。忠清南道出身者の就業場に巡回慰問激励として演芸団を派遣することを通知する内容であり、1回の演技時間が2時間、1日2回から3回開催、所要経費は朝鮮労務協会忠清南道支部が負担することが書かれている。日曹天塩炭鉱関連史料だけでも朝鮮人労働者のために劇団を呼んで慰労会を催したことを示す文書が複数確認された。こうした点を踏まえても、朝鮮人が奴隷労働者であったという説には疑問を抱かざるを得ない。

第5節 「強制労働」説を完全否定

腹痛でも途中で退勤できた

朝鮮人が奴隷労働者であったとする説で特に取り上げられる事柄は、ケガや病気をしても休ませてもらえなかったという主張である。こうした内容は証言などで語られており、研究者も十分な検証を行わずに採用している。『朝鮮人戦時労働動員』(2005年)では、林えいだい『消された朝鮮人強制連行の記録』(1989年)に収録された日本人と韓国人の証言を紹介している。日本人の元警察や元労務係からは、どんなに朝鮮人が疲労していても暴力を用いて強制的に坑内に追いやって絶対に休ませなかった、盲腸の疑いがあっても仕事を休ませなかった、などと朝鮮人の人権を無視して酷使したという話が出ている。韓国人元労働者からは、仕事を一日でも休もうとしたら殴られたことが話されている。

このような戦後の証言が収録された書籍が日本国内で流通し、それを題材にしたテレビドラマも放送された。1991年8月7日に日本テレビから「愛と哀しみのサハリン」が放送され、戦時中の朝鮮人が日本人によって強制連行されて奴隷的労働を強いられたことが真実であるかのように全国に広まった。このドラマでは世界遺産に登録された端島《はしま》(通称「軍艦島」)を登場させており、酷使した朝鮮人が死んだら海に投げ捨てる描写がある。無論、このようなことはフィクションであり、学術的にも証明されていない。この頃から軍艦島は地獄島だったというプロパガンダが形成されていたのである。

また、1992年に帚木蓬生《ははきぎほうせい》の小説『三たびの海峡』(新潮社)が同年の吉川英治文学新人賞を受賞し、1995年には文庫版が出版され、映画化もされた。この作品でも朝鮮人が炭鉱の過酷な強制労働をさせられていたことが描かれている。その他にも貧しい食事、日常的な虐待、病になっても休むことも許されないことが含まれている。

　歴史学で証言を取り扱う際には検証が必要である。しかし、日本の歴史学界は朝鮮人強制連行や慰安婦問題に関しては十分な検証を疎かにしてきた。特に問題な点は、日本全国で強制連行や強制労働が行われていたかのように考察していることである。すべての炭鉱や工場を調査していないにもかかわらず、日本政府が主導となって日本全国で反人道的行為を行ったかのような結論を出している。また、調査しても杜撰で、強制連行や強制労働を立証できないばかりか、否定している史料さえも用いて「強制連行と強制労働が行われていた」と主張している。本章第4節で説明した、日曹天塩炭鉱に関する先行研究はまさにこのケースにあてはまるだろう。

　今回発見した日曹天塩炭鉱の新史料に強制労働の証言を否定する内容が記されていた。まず、坑内における朝鮮人労働者の様子を記した史料を紹介したい。1944年に作成された『捜検日報』(次頁・写真13）には坑内の電灯交換者の氏名、事故が発生したときの所感、途中出入坑者の氏名を記入する欄が午前と午後に分かれている。ここに、朝鮮人労働者が些細な理由によって毎日のように坑内から出ていったことが記載されているのである。

　例えば、11月25日の午後8時25分に趙山憲行が腹痛のため出坑を許可されたことが明記されている。他にも、12月5日12時40分に松村淇采が手首を傷め、係員の許可を得て出坑。12月21日10時10分に松岡且従が病院治療のため出坑。12月23日9時50分に金宮四珍が作業中右手を負傷したため病院へ。当日11時に松岡且従が病院治療のための出坑を願い出て許可されるなど、当時の朝鮮人労働者の坑内労働の様子が記されている貴重な史料である。

　この一次史料を読む限り、朝鮮人は作業中によるケガはもちろん、腹痛を訴えても出坑の許可が出

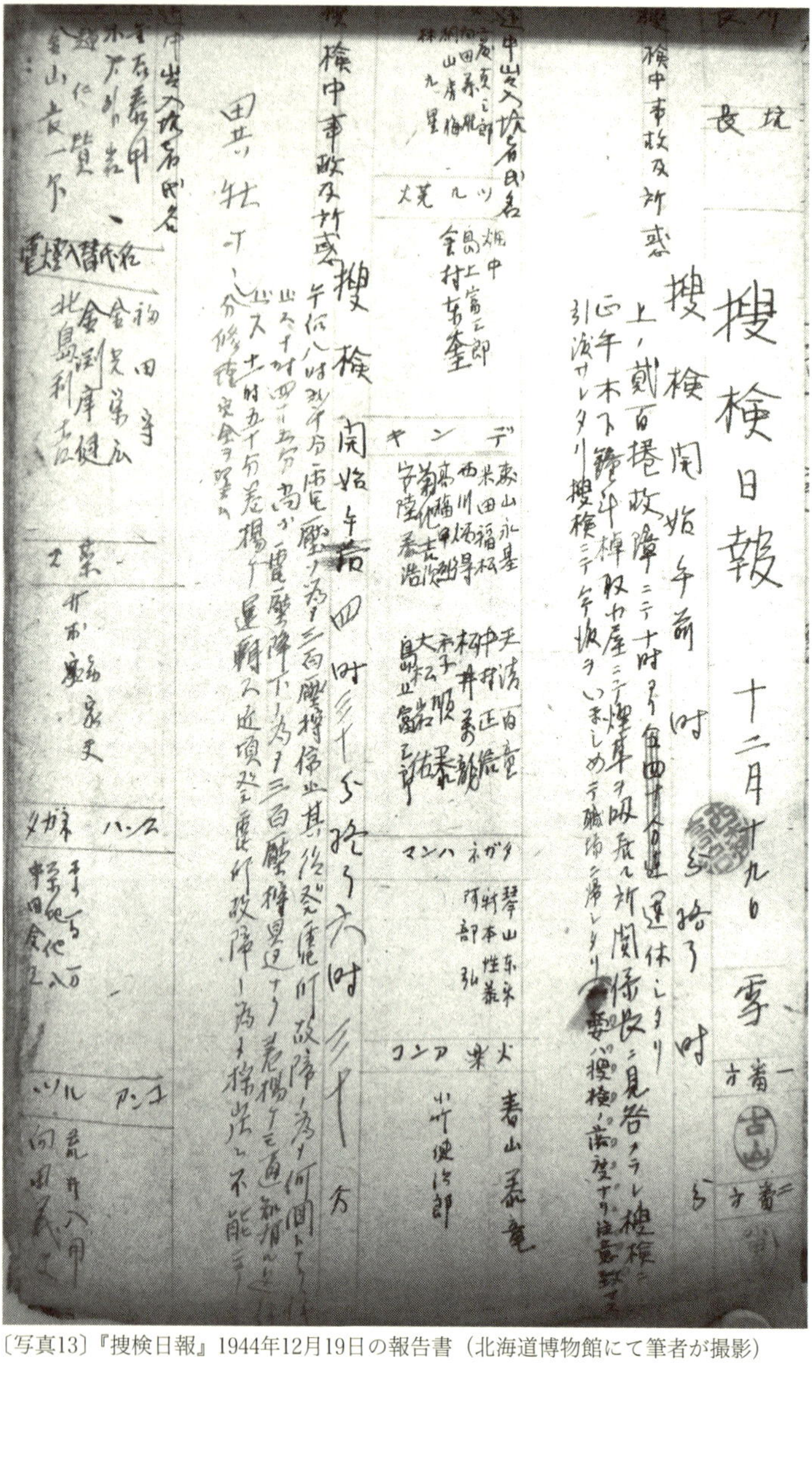

〔写真13〕『捜検日報』1944年12月19日の報告書（北海道博物館にて筆者が撮影）

て病院にも行けていることがうかがえる。明らかに、病気やケガをしても無理やり働かされたという奴隷労働者のイメージと食い違っている。

労務日誌を発見

他にも1943年度の『労務日誌』『労務日誌 尚和寮』を発見した（次頁・写真14a・写真14b）。これらの日誌は日曹天塩炭鉱の労務課が作成したものであり、1943年1月から12月の期間に欠勤した労働者の氏名と理由が毎日記載されている。そして、尚和寮は朝鮮人労働者が住んでいた寮である。二つの日誌を用いることで、朝鮮人と日本人の比較検証が今回初めて可能となった。これまでの先行研究では、朝鮮人と日本人の出勤率を比較し、往々にして朝鮮人の方が高い出勤率であったことに注目して、これが暴力的な労務管理と結びついた過酷な労働であったことを示していると主張していた（『朝鮮人戦時労働動員』185頁）。

しかし、朝鮮人と日本人がどのような理由で欠勤したのかという具体的な研究はこれまで行われてこなかった。強制労働を主張する研究者たちは朝鮮人の出勤率が日本人よりも高かったという事実のみに着目して過酷な労働と暴力的労務管理を指摘し、朝鮮人は休みたくても休ませてもらえなかったと主張しているに過ぎない。そこに学術的な考察は存在しないので一次史料を用いて検証する必要がある。結論から先に述べると、日曹天塩炭鉱の労務日誌から朝鮮人と日本人の欠勤理由を比較すると朝鮮人の方が「腹痛」や「疲労」という他愛ない理由で休んでいる者が多い。「勝手」（無断欠勤）が理由で仕事を休んでいるのは朝鮮人だけであり、ここでも従来の強制労働説が怪しいことを物語っている。

9月1日から9月30日までの1か月間を比較すると、朝鮮人と日本人それぞれの内訳は〔図表24〕

（次頁）のとおりで、人数の増減はほぼない。若い日本人男性が徴兵されているためか、日本人労働者の多くは坑外労働である。女性は9月1日時点で第一区で15名、第二区で28名働いている。

次に、朝鮮人と日本人の共通した欠勤理由を〔図表25〕（次頁）に示す。単位は人数ではなく件数を表している。例えば、「朝鮮人（第二）」の表中に「出産」の項目があるが、これは9月24日に第一尚和寮の李基植が出産を理由に欠勤し、9月30日まで休んでいる（9月25日は公休日）ことから6件としている。朝鮮人と日本人ともに、一つの欠勤理由で数日間仕事を休む者が多いため、本稿では人数ではなく件数でカウントした。

共通の欠勤理由を見ると、朝鮮人と日本人でそれぞれ傾向があることが分かる。まず、朝鮮人の方

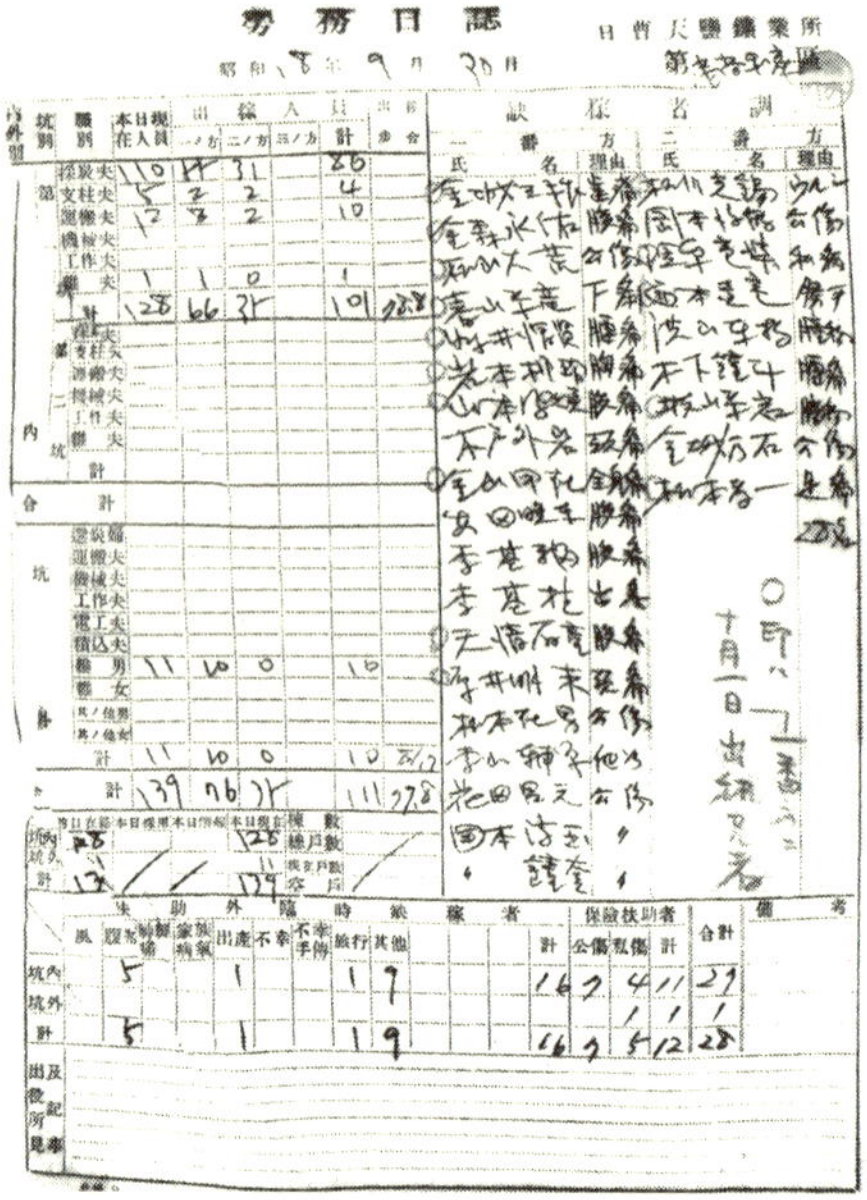
労務日誌

〔写真14ａ〕1943年９月30日の報告書（北海道博物館にて筆者が撮影）

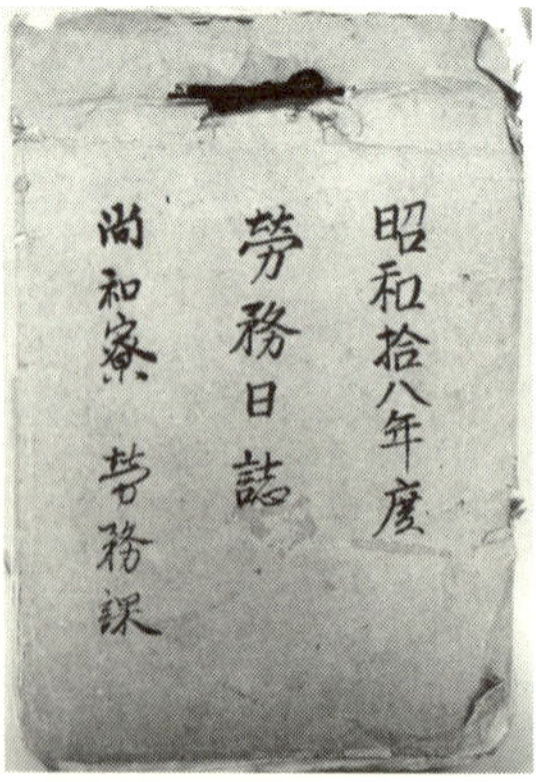

〔写真14ｂ〕『労務日誌 尚和寮』の表紙（北海道博物館にて筆者が撮影）

〔図表24〕尚和寮在籍人数（1943年9月1日時点）

朝鮮人（第一尚和寮）			
坑内（127名）		坑外（13名）	
採炭夫	108名	雑男	13名
支柱夫	5名		
運搬夫	13名		
雑夫	1名		

朝鮮人（第二尚和寮）			
坑内（20名）		坑外（14名）	
採炭夫	19名	機械夫	2名
運搬夫	1名	雑男	12名

日本人（第一区）			
坑内（41名）		坑外（85名）	
採炭夫	16名	選炭婦	3名
支柱夫	5名	運搬夫	2名
運搬夫	8名	機械夫	8名
機械夫	9名	工作夫	17名
工作夫	2名	電工夫	8名
雑夫	1名	雑男	35名
		雑女	12名

日本人（第二区）			
坑内（54名）		坑外（72名）	
採炭夫	17名	選炭婦	20名
支柱夫	8名	運搬夫	1名
運搬夫	12名	機械夫	2名
機械夫	13名	工作夫	7名
工作夫	3名	電工夫	3名
雑夫	1名	雑男	31名
		雑女	8名

〔図表25〕共通の欠勤理由（単位：件）

朝鮮人（第一）	
公傷	205
私傷	1
私病	49
事故	0
風邪	4
他行	25
出産	6
腹痛	57

朝鮮人（第二）	
公傷	6
私傷	0
私病	30
事故	42
風邪	4
他行	0
出産	0
腹痛	17

日本人（第一）	
公傷	90
私傷	0
私病	204
事故	106
風邪	0
他行	107
出産	5
腹痛	31

日本人（第二）	
公傷	90
私傷	1
私病	190
事故	146
風邪	3
他行	147
出産	3
腹痛	23

が公傷によって休む者が多い。第一尚和寮朝鮮人坑内労働者127名、坑外労働者13名に対して1か月間の公傷による欠勤は205件である。対して、日本人第一区と第二区の公傷による欠勤は各90件であり、二つを足しても第一尚和寮の朝鮮人公傷者の数に及ばない。日本人の坑内労働者の人数が少なく、かつどこで傷を負ったか不明であるため正確ではないが、炭鉱労働の経験が浅い朝鮮人が作業中にケガをすることが多かったことを示しているのではないだろうか。

　また、日本人は「私病」と「事故」そして「他行」によって欠勤する者が朝鮮人よりも多いということが判明する。私病は炭鉱作業とは無関係の病気を指す。具体的な病名は分からないが、「風邪」の項目が別途あることを考えると風邪以外だということは推測できる。日本人第一区（坑内労働者41名、坑外労働者85名）が204件、日本人第二区（坑内労働者54名、坑外労働者72名）が190件と朝鮮人を圧倒している。2023年10月の歴史認識問題研究会公開研究会にて『反日種族主義』の共著者である鄭《チョン》安基《アンギ》は、朝鮮人陸軍特別志願兵の講演で日本統治下時代の田舎で暮らしていた朝鮮人は不衛生に慣れていたので、日本人よりも病気や細菌に強かったと解説したが、もしかしたら炭鉱でも同じ現象が起こっていたのかもしれない。

　意外な結果として、日本人の方が朝鮮人よりも事故件数が多かったことも明らかとなった。これまでの研究では、朝鮮人は危険な職場に配属されて事故が多発していたという考察が一般的であり、この点を民族差別の証拠と主張していたが、日曹天塩炭鉱では1943年9月の1か月間で朝鮮人労働者140名中事故は1件も発生していなかったことが判明した。第二尚和寮の朝鮮人（34名）では事故が42件となっているが、日本人も106件（第一区）と146件（第二区）である。日曹天塩炭鉱の日朝事故件数は特殊なケースかもしれないが、一部の証言や資料を鵜呑みにして一般的に朝鮮人の事故率が日本人よりも高かったと断言することの危うさが分かる。

「他行」という欠勤理由も日本人に多い。日誌の中で語句の説明がないため断言はできないが、「他行《たぎょう》」の言葉の意味は「よそへ出かけること、外出」である。この場合、二つの可能性が考えられる。一つは農業や林業などを営んでいる実家の手伝いのために炭鉱から離れたというケースである。もう一つは、他の炭鉱などの別の職場へ応援に行ったというケースである。第一尚和寮にのみ「旅行」という欠勤理由が12件あるが、日誌から「旅行」と「他行」は同じ意味として集計されている。しかし、なぜ第一尚和寮だけが異なった二つの語句を使用しているのかは分からない。

無断欠勤していた朝鮮人

次にそれぞれの特殊な欠勤理由を〔図表26〕（次頁）に示す。朝鮮人、日本人のグループの中で第一尚和寮の朝鮮人労働者が最も欠勤理由が多彩である。特に多い欠勤理由は「疲労」で77件確認できる。疲れていても休ませてもらえなかったという朝鮮人労働者像はここで崩れる。次に多い理由は「腫物」51件、三番目は「勝手」42件である。日誌中に「勝手休」という語句もあることから欠勤理由の「勝手」は無断欠勤を表しているものと考えられる。第一尚和寮の日誌にのみ「勝手」が記載されており、第一尚和寮全体で六番目に多い欠勤理由である。もし、暴力的労務管理が真実だとすれば、これほど「勝手」の件数があるのは不可思議である。証言の中には、働かない朝鮮人は柱にくくりつけられて見せしめにされたというものがあるが（『朝鮮人戦時労働動員』188頁）、日曹天塩炭鉱に関して言えば、無断欠勤した朝鮮人には口頭で注意することはあっても暴力的な指導はなかったのではないだろうか。

同様に「私用」で欠勤しているのも第一尚和寮の朝鮮人のみである。総じて言えば、第一尚和寮に所属していた朝鮮人は多種多様な理由から欠勤していた。最後に、第一尚和寮には「家事」の欠勤理

〔図表26〕異なる欠勤理由（単位：件）

朝鮮人（第一）

私用	29
腰痛	13
胸痛	4
足痛	5
頭痛	25
歯痛	1
全身痛	1
指痛	2
耳痛	10
腫物	51
疲労	77
下痢	2
淋病	16
ウルシ	4
勝手	42
肋膜	6
判読不能	6
帰鮮	1
盗難ノ為	1
皮フ病	3
札幌出張	1
再変	2

朝鮮人（第二）

負傷	8
判読不能	2
出キモノ	1

日本人（第一）

不幸手伝	4
疲労	5
慶業	3
判読不能	1
青訓	6
結婚	1
祝儀	1
忌中	6
葬儀	2
妻病	7
妻腹痛	1
目痛	1
子供病	1

日本人（第二）

不幸	5
不幸手伝	4
家事	25
青訓	24
母病	4
妻病	2

由が24件確認できる。「家事」は日本人第二区の日誌でも25件あるが、名前を見る限り欠勤しているのは女性である。寮に住んでいたことを考慮すると、朝鮮人の日誌に記されている者はすべて男性だと考えられるので「家事」には違和感を覚える。この点は今後の課題としたい。

第二尚和寮の朝鮮人及び日本人第一区と第二区の日誌には体調不良よりもケガや家の都合で休んでいることが判明する。日本人側の欠勤理由に「青訓」という項目があるが、これは青年訓練所へ出向したことを示していると思われる。

以上、『捜検日報』と寮の日誌を説明したが、いずれも朝鮮人労働者はケガや病気で休むことができていたし、職場からの途中退勤や通院も確認できた。さらに、「指痛」や「足痛」といった些細な理由から私用による欠勤、果ては無断欠勤も多いことが初めて判明した。

また、日本人側の欠勤理由を見ると「私病」と「他行」が上位を占めており、朝鮮人よりも圧倒的に多いことが判明した。これらが日本人の出勤率低下を招いていることは疑いようもない。すなわち、朝鮮人の出勤率が一般的に日本人より高い理由は朝鮮人の方が身体壮健で病気で休む割合が日本人よりも少なく、日本人は職場である炭鉱を離れて別の作業をしなければならない者が多かったことが考えられる。加えて、日本人も事故によって欠勤する者が一定数存在していたことも一次史料から判明した。これらの点を総合的に判断すると、日曹天塩炭鉱における朝鮮人の出勤率の高さは必ずしも朝鮮人労働者への強制労働を証明するものではないと言える。

鉱業所からの手紙、朝鮮人労働者からの手紙

北海道博物館には鉱業所から朝鮮人労働者の家族へ送った手紙が残されていた。ここでは『受信綴』に保管されていたものを紹介したい。本章第4節にて、就業中に雷管が炸裂して朝鮮人2名が負傷し、日本人発破係が原因と誤信した朝鮮人数十人が暴行を加える事件が１９４０年9月7日に発生したことを説明した。その際、暴行に加わったことで警察に逮捕されて数人の朝鮮人が刑務所に抑留されたが、翌年の8月12日に釈放された。このとき、日曹天塩炭鉱は4名の釈放者の父親と思われる人物に手紙を送っている。

内容は、些細な感情の行き違いにより朝鮮人労働者が集団で一人の日本人に暴行を加える事件が起きて、その際に御子息も一員に加わってしまったこと。法治国として官憲は黙認することができず、取り調べの結果、御子息も法律の裁きに従い「処刑」された。無事に服役を終えて釈放されたので、鉱業所は御子息を引き取った。当時の朝鮮人たちは警官の制止も聞かなかったため、やむを得ない次第であったが、鉱業所として遺憾に思っている。御子息は身体健全なので今後は職務に忠勤し、本人

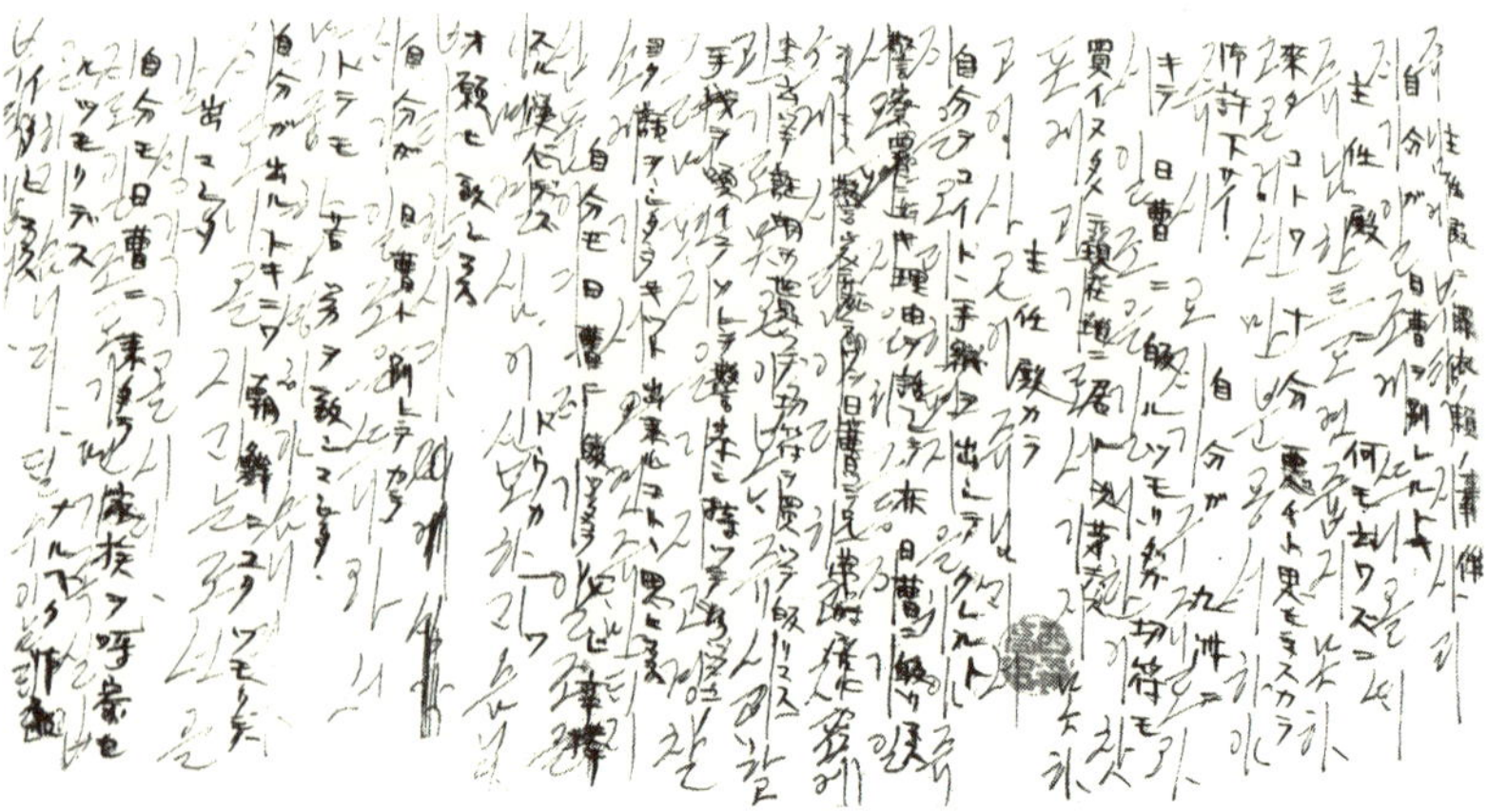

〔写真15〕脱走した朝鮮人労働者が日曹天塩鉱業所へ送った手紙（北海道博物館にて筆者が撮影）

も覚悟しているので鉱業所としても指導鞭撻に遺憾なきようにするので安心してほしいこと。御子息の同僚には妻子を呼び寄せて和楽の生活をしているので、その点もご配慮を賜りたいことが記されている。

　手紙は4名の親にそれぞれ直筆で送られており、『受信綴』に収められていたものは手紙の写しと思われる。日曹天塩炭鉱が朝鮮人たちの暴動を止められなかったことを遺憾に思い、子息が刑罰を受けざるを得なかったことを丁寧に説明している点を見ると、朝鮮人が奴隷のように扱われていたとは思えない。

　次は朝鮮人労働者からの手紙を紹介したい。『労務来翰綴』から1944年4月25日に熊本警察署から送られたと思われる日曹天塩炭鉱への手紙を発見した（写真15）。日本語の行間が不自然に空いていることを考慮すると、熊本の警察官か日曹天塩炭鉱の職員が日本語に翻訳して記入したと思われる。

　手紙の内容を整理すると次のとおりである。無断で日曹から去った朝鮮人労働者が日曹に戻るために熊本で切符を買おうとしたが買えなかったため警察署に行き、事情を話した。警察からは日曹に兄弟がいることを証明してもらい、切符を買って帰る予定であること。朝鮮に帰るために日曹を出たが、日曹に戻ったら家族を呼び寄せるつもりであること。日曹から再就職の許可を貰えない場合、労務手帳と移動証明を送ってもらえれば熊本の炭山で働くので早く返信をください、と締めくくっている。

翻訳の精度にもよるが、文章を読む限り、この労働者は逃走したという罪の意識が希薄であるように思える。熊本の警察署で処罰を受けた形跡も見られない。また、朝鮮に帰るために逃走したと書いているが、手紙の後半では再就職の許可が下りなければ熊本で働くと言っている。なぜ朝鮮へ帰るという選択肢がないのであろうか。思うに、この労働者は炭鉱以外の職場で働くために日曹から逃走したと考えられる。金儲け目的で逃走は成功したものの、好条件の職場に就職できなかったので日曹に戻ろうとしたが切符代が足りなかったので熊本警察署に救いを求めたのではないだろうか。

朝鮮人労働者からの手紙で注目したいのは、日曹天塩炭鉱へ感謝の気持ちを伝えるものが確認できたことである。二つ紹介したい。一つは「妻病気に付帰国願」という題名の手紙で、1942年11月2日に林永馥が髙橋主任へ送ったお礼状である。「深秋の折から」という時候の挨拶から始まる林の手紙には、妻の病勢が良くなれば全家族を連れて日曹へ戻って働くことを考えていたと記されている。しかし、妻が回復しなかったため日曹に戻ることは「あきらめるほかありません」と林は残念に思い、「御親切なる貴社御恩は一生忘れません」と日曹に感謝している。

これが強制連行されて、強制労働をさせられた労働者の手紙であろうか。林が本当に奴隷労働者であったならば、帰郷が決定した後に丁寧な御礼の手紙を書く必要性も動機もなかったはずである。この手紙1通だけでも、日曹天塩炭鉱が朝鮮人労働者に対して誠実に接していたことがうかがえる。

もう一つは『労務来翰綴』に収められていた1944年5月6日付で洪山東杓が日曹天塩炭鉱の西

森高治へ送った手紙である。扶餘警察署を通して洪山の貯金通帳が無事に届いたことを報告し、感謝を伝える内容となっている。洪山は手紙の中で、北海道の光景を思い出して「なつかしい感じで一杯」と語っている。この洪山書簡から朝鮮半島到着後に労働者の貯金通帳が送られていたことが今回の調査で判明した。つまり、朝鮮人労働者は自身の貯金を退職後に口座から引き落とすことができたことを示している。これは洪山だけの特殊な事例ではない。

貯金通帳は帰郷後に送付されていた

『職紹関係綴』には1943年度に作成された公文書が残されていた。その中に、1943年6月30日に日曹天塩炭鉱から稚内国民職業指導所長へ送られた「朝鮮人集団移入労務者勤労状況等調査報告に関する件」がある。これは1940年8月から1942年11月にかけて日曹天塩炭鉱に就労した朝鮮人労働者に関する調査であり、その中には「貯金状況内訳」という項目で労働期間が「二年未満」と「三年未満」の労働者の平均貯金額が記載されている。前者が328円に対して後者が285円と少額になっている理由として、1942年9月に契約満期を迎えた者たちが貯金を払い戻したからだと説明している。朝鮮人労働者は貯金を下ろすことができていたのだ。

注目すべきは、貯金の払い戻しが可能になる時期である。『本社往復文書』には、日曹天塩炭鉱の労務課から本社鉱務部へ送られた「半島人満期者再雇傭契約資金に関する件」(1942年9月5日付)を確認できる。内容は、日曹では8月盆以降、5名の逃走者を出しており、いずれも退職積立金以外に本人の貯金百円内外を置き去りにしていること。逃走者の心中を考えると、満期になったが朝鮮には帰りたくないと思う一方で炭鉱労働は嫌なので他職場に従事しようと考えて逃走したと思われること。貯金は自由な払い戻しはできぬようにして本人に貯金通帳を一覧させてからこれを預かり、1年以内に逃走する者は貯金を没収すること。一時帰郷者には往路分の旅費のみを支給し、復路分は帰社した後に労働者に返納することが記されている。

この文書から読み取れることは、朝鮮人の逃走が問題となったため、鉱業所側は対策として貯金の自由な払い戻しを禁止したという点である。これは、逃走のための資金を遮断する目的があったと思われる。裏を返せば、１９４２年以前の朝鮮人労働者は貯金をいつでも払い戻せていたということを示している。興味深い点は、「北海道事情を総合するとこの待遇はやむを得ないという実情である」と文書に記されていることである。つまり、日曹天塩炭鉱としても不本意な判断であったことがうかがえるのである。貯金の払い戻しは許可制となり、朝鮮人側から申請が来るたびに審査しなければならないので、鉱業所側としても余計な仕事が増えたと言えよう。では、朝鮮人が契約満期を迎えたとき、会社が預かっていた貯金通帳はいつ返還されたのだろうか。

『労務来翰綴』に「満期帰鮮労務者の貯金通帳に関する件」（１９４４年４月27日）という忠清南道扶餘警察署長から日曹天塩炭鉱の所長へ送られた書簡が残されている。内容は、本年２月に満期帰郷労務者に日曹天塩炭鉱から送られてきた貯金通帳を交付したが、その中に１名だけ受領者（慶本辰夫　１３７円88銭）を見つけられなかった。本件の処分に困っており、未受領者の現住所を調べて教えてほしいというものである。この書簡から、日曹天塩炭鉱は契約満了で鉱業所を去る労働者には帰郷後に各人の貯金通帳を朝鮮半島に送付していたことが分かる。

なぜ日曹天塩炭鉱は契約満期を迎えた朝鮮人労働者に対して日本滞在時に貯金通帳を直接手渡さなかったのか。史料が見つからないため断言はできないが、日本で通帳を渡してしまうと朝鮮人が安心して日本国内の他職場へ移動してしまうことを日曹天塩炭鉱は恐れていたのではないだろうか。すなわち、朝鮮半島へ帰るはずの朝鮮人労働者が朝鮮へ帰らず、そのまま日本に滞在することを懸念して、労働者の帰郷を確認した後に貯金通帳を送付していたと筆者は考える。

1958年に北海道立労働科学研究所から発行された『石炭鉱業の鉱員充足事情の変遷』に茂尻《もしり》鉱業所職員の座談会が収録されている。そこでは戦時中の朝鮮人労働者に関する話もされており、契約期間が完了した朝鮮人家族12世帯から15世帯が朝鮮半島に帰る途中に大阪や京都で「旦那さん」だけがいなくなることがあったという(19頁)。同伴していた鉱業所の人間が心配しているのをよそに妻や子供は「これは予定の行動で責任は一切お宅さんの方にはありません」と言って平気な様子をしている。旦那だけが途中で逃げて妻やその他の家族は朝鮮に帰るという現象が起こった。労務課総務係長の太田文雄は「妻子だけ郷里へ帰り、本人は大阪かどこかでまた金儲けして帰るというふうにあらかじめきめてあるのですね」と発言していることから、朝鮮人労働者は可能な限り日本に滞在して金を稼ぎたかったことがうかがえる。

日曹天塩炭鉱では家族の危篤の知らせを受けて一時帰郷させた朝鮮人が帰社しなかった事件や契約満期直前で複数の朝鮮人が帰郷せずに逃走した事件が起こったことはすでに説明した。こうした事件を受けて、これらの者たちは朝鮮へ帰るためではなく、より待遇の良い日本国内の職場へ行って金儲けをするために炭鉱から出たかったのではないかと日曹天塩炭鉱が考えても不思議ではないだろう。貯金通帳の後日送付は日本に滞在させずに速やかに朝鮮半島へ帰らせるために鉱業所がとった対策だったと思われる。

日本人と朝鮮人は一緒に働いていた

最後に、炭鉱における死亡に関して言及したい。「強制連行派」は危険な作業場には朝鮮人が押し込められて、日本人よりも多くの死亡者を出したと主張している。しかし、当時の炭鉱は日本人と朝鮮人はチームを組んで同じ作業場で働いており、むしろ朝鮮人だけで作業をさせることは戒《いまし》められていた。そのことがうかがえる史料が日曹天塩炭鉱の史料からも見つかった。

『北海地方鉱山局綴』に事故で逃げ遅れた朝鮮人労働者を助けるために殉職した日本人労働者がいたことが記されている。「布告」と題された文書には、1945年2月23日に北海道炭鉱汽船株式会社が所有する夕張炭鉱第一鉱にて天盤が崩落する事故が起こったことが書かれている（次頁・写真16）。

このとき、日本人指導員である中山翠は部下に避難を命じて、逃げ遅れた朝鮮人採炭夫も避難させた。しかし、まだ2名の朝鮮人が恐怖で身動きが取れていないことを確認し、再度引き返して2名を叱咤激励して一緒に避難しようとしたが、ついに天盤が崩落して埋没することになる。その後の救助活動で避難した採炭夫11名は無事に救出されたが、中山は殉職してしまった。北海地方鉱山局長である酒井喜四は中山の責任感あふれる行動は決戦下の鉱業戦士の鑑《かがみ》であると称え、この事件を日曹天塩炭鉱を含めた全鉱山に布告したのである。

夕張炭鉱の事件を見ても、日本人と朝鮮人が一緒に作業をしていたことが分かる。また、日本人は朝鮮人を奴隷ではなく助け合うべき同僚として接していたことも示していると言えよう。少なくとも、日曹天塩炭鉱における死亡者は日本人の方が多かったことが『北海地方鉱山局綴』から確認できた。

1945年5月17日に日曹天塩炭鉱が作成した「鉱山殉職者調査報告に関する件」では1940年1月から1944年5月までに殉職した20名の氏名と本籍地が記載されている。本籍地を参考にして、日本人の殉職者は14名、朝鮮人は4名、本籍地不詳が2名であることが確認できた。このことから、日曹天塩炭鉱では朝鮮人だけが不当に危険な作業場へ配置されたという「強制連行派」の主張は事実ではないことが判明した。

以上、先行研究でこれまで紹介されてこなかった日曹天塩炭鉱の一次史料を紹介し、従来の強制労

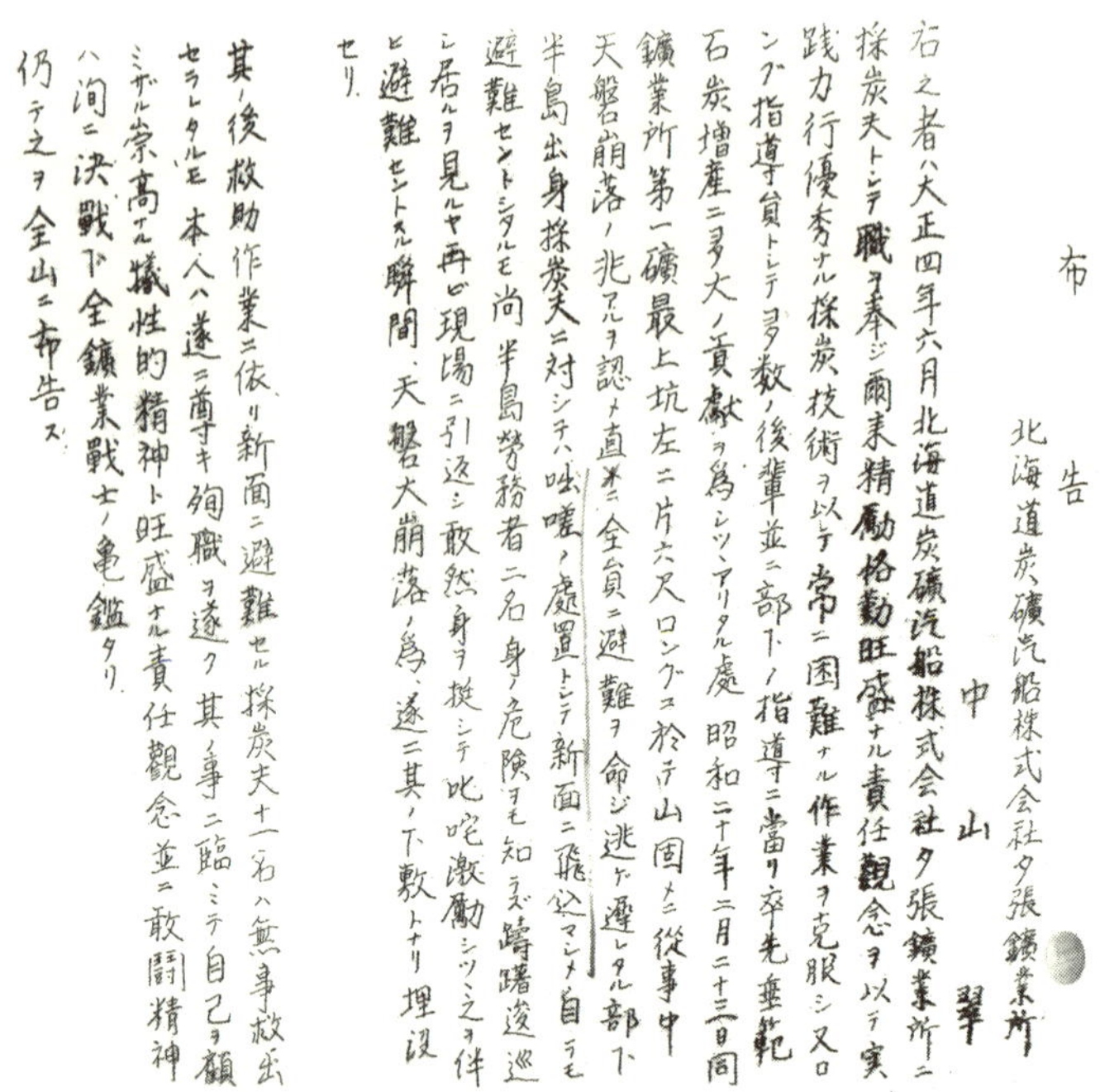

布告

北海道炭礦汽船株式会社夕張鑛業所

中山翠

右之者ハ大正四年六月北海道炭礦汽船株式会社夕張鑛業所ニ採炭夫トシテ職ヲ奉ジ爾来精勵恪勤旺盛ナル責任観念ヲ以テ実践力行優秀ナル採炭技術ヲ以テ常ニ困難ナル作業ヲ克服シ又ロング指導員トシテ多数ノ後輩並ニ部下ノ指導ニ當リ率先垂範石炭増産ニ多大ノ貢献ヲ為シツヽアリタル處　昭和二十年二月二十三日同鑛業所第一礦最上坑左二片六尺ロングニ於テ山固メニ従事中天盤崩落ノ兆アルヲ認メ直ニ全員ニ避難ヲ命ジ逃ゲ遅レタル部下半島出身採炭夫ニ対シテハ咄嗟ノ處置トシテ新面ニ飛込マシメ自ラモ避難セントシタルモ尚半島労務者二名身ノ危険ヲモ知ラズ躊躇逡巡ニ居ルヲ見ルヤ再ビ現場ニ引返シ敢然身ヲ挺シテ叱咤激勵シツヽ之ヲ伴ヒ避難セントスル瞬間、天盤大崩落ノ為、遂ニ其ノ下敷トナリ埋没セリ。

其ノ後救助作業ニ依リ新面ニ避難セル採炭夫十一名ハ無事救出セラレタルモ本人ハ遂ニ尊キ殉職ヲ遂ク其ノ事ニ臨ミテ自己ヲ顧ミザル崇高ナル犠牲的精神ト旺盛ナル責任観念並ニ敢闘精神ハ洵ニ決戦下全鑛業戦士ノ亀鑑タリ

仍テ之ヲ全山ニ布告ス

昭和二十年七月十日

北海地方鑛山局長　酒井喜四

〔写真16〕「布告」1945年７月10日付・『北海地方鉱山局綴』所収（北海道博物館にて筆者が撮影）

働説の不備を説明した。朝鮮人労働者も日本人同様に傷病手当金を貰っており、そこに民族差別は確認できなかった。暴力的な労務管理によって朝鮮人は仕事を休めなかったという従来の学説も今回発見した寮の日誌や『捜検日報』によって否定され、むしろ日曹天塩炭鉱の朝鮮人は日本人よりも多様な理由で欠勤できていたことが判明した。朝鮮人労働者の高い出勤率は強制労働の結果ではなく、日本人のほうが病気欠勤や他所での作業のために外出することが多かったので、相対的に朝鮮人より出勤率が低くなったと考えられる。

また、当時の手紙を読むと、朝鮮人労働者からの感謝が綴られており、強制連行や強制労働の片鱗を見ることさえできない。当時の朝鮮人労働者の中には金儲けを優先的に考えていた者が一定数存在しており、ときには鉱業所と結んだ契約を反故《ほご》にしてまでも炭鉱から逃走したり、契約が満了して朝鮮半島に帰らなければならないにもかかわらず帰途に姿を晦《くら》ませたりして金儲けをしようとした者もいた。日曹天塩炭鉱は法治国家の企業としてそれらの取り締まりや対策を講じる必要があり、貯金の自由な払い戻しの禁止や貯金通帳の後日送付といった手法をとらざるを得なくなった。決して、朝鮮人を差別して奴隷的な労務管理をしたいがためにとった行動ではない。

このように、日曹天塩炭鉱に関しては研究者たちがこれまで取り上げてこなかった一次史料が多数存在する。強制連行や強制労働のイメージが先行して、不十分な史料解説も見受けられる。強制連行や強制労働に関する戦後の証言をすべて検証し、一次史料をすべて網羅したうえで歴史を考察しなければならない。

キム・グァンジュ（日本名の記載なし）の動員証明写真。大阪府藤永田造船所に動員された当時の写真とされている。京都の嵐山で同僚と一緒に1945年４月15日に撮影された。写真後方にも大勢の人間が写っている。集団旅行の時の写真か。日帝強占下強制動員被害真相糾明委員会『強制動員寄贈資料集』（2006年）10頁

イ・ボンサン（日本名　李村成一）の動員証明写真。第13052部隊　富四隊に動員された1944年６月に撮影されたと推定されている。同僚と腕を組みながら笑顔で写っている。日帝強占下強制動員被害真相糾明委員会『強制動員寄贈資料集』（2006年）102頁

第５章　佐渡金山は朝鮮人強制連行・強制労働の現場ではない

第1節　論争の整理

何が問題となっているか

新潟県佐渡市の佐渡金山も朝鮮人戦時労働者問題の渦中にあると言える。韓国側は佐渡金山の世界遺産登録に否定的であるが、日本人の「強制連行派」は必ずしも反対はしていない。その代わりに、世界遺産に登録する際には、朝鮮人を戦時中に強制連行して強制労働をさせたことも明記すべきであると主張している。

東京新聞は２０２２年2月4日に「佐渡金山の推薦　負の歴史継承してこそ」という題名の社説を掲載し、日本側は朝鮮人の強制動員という「負の歴史」にも誠実に向き合い、世界に誇る文化遺産と認められる必要があると主張した。同様に2月8日の北海道新聞でも「佐渡金山の推薦負の歴史も含め遺産だ」という社説を掲載し、日本は歴史の負の側面に誠実に向き合い、歴史全体を隠さずに提示せよと述べている。

さらに、同年6月20日の佐渡市議会定例会にて荒井眞理議員が渡辺竜五市長に、朝鮮人強制動員と強制労働をどのように考えているかという質問を行った。過去に佐渡で行われた被害者への聞き取り調査、すなわち証言に重きを置いて、世界遺産登録の切り口から離れて、人権問題として佐渡市として今後どのように対応していくのかといった内容であった。

　朝鮮人の強制連行と強制労働は事実なのだろうか。最初に韓国側の主張を整理したい。参照として、２０２２年１月27日に日帝強制動員被害者支援財団が主催し、韓国の行政安全部が後援した「佐渡鉱山強制動員歴史歪曲」という学術セミナーから引用する。発表者は日帝強制動員平和研究会代表研究員の鄭恵瓊《ジョンヘギョン》と慶星大学教授の姜東鎮《カンドンジン》であり、発表の後に討論会が行われた。

　また、東北亜歴史財団という団体は、２月16日開催の学術セミナー「日本佐渡鉱山世界遺産登録強行に伴う対応と展望」において日本政府への非難を繰り広げた。同財団は２０２１年１月に佐渡金山に関する報告書を発刊している。これらの韓国で開催されたセミナーの内容を整理すると、佐渡金山が朝鮮人の「強制労働被害の現場」であった根拠は大まかに6点指摘されている。①危険な坑内労働を朝鮮人が担った、②控除が多く手取りはわずかだった、③強制的に契約を更新させて帰郷させなかった、④逃走が多かった、⑤当時の日本の戦時動員はＩＬＯ条約違反、⑥朝鮮人の死亡率が高い、である。このほかにも、動員された朝鮮人の証言などを挙げている。

　日本の「強制連行派」も同様の主張をしており、その根拠として１９８８年に発行された『新潟県史　通史編８（近代３）』（以後、『新潟県史』）を挙げている。『新潟県史』には「強制連行された朝鮮人」の項があり、１９３９年に始まった労務動員計画は名称こそ「募集」「官斡旋」「徴用」と変化するものの、朝鮮人を強制的に連行した事実においては同質であったと言及している。この『新潟県史』の記述を受け、新潟県相川町（現佐渡市）は１９９５年の『佐渡相川の歴史　通史編　近・現代』（以後、『佐渡相川の歴史』）では朝鮮人動員の具体的な状況を挙げ、「佐渡鉱山の異常な朝鮮人連行」について記している。このことから、「強制連行派」は佐渡金山への朝鮮人強制連行は自治体も認知してきた歴史的事実だと主張しているのである。

筆者も所属する歴史認識問題研究会（以後「歴認研」）は韓国と日本の「強制連行派」の主張に反論するために、２０２２年３月23日に東京にて佐渡金山に関する学術セミナーを開催した。そのときの研究成果は『佐渡金山における朝鮮人戦時労働の実態』としてまとめられ、冊子として誰でも入手することが可能である。

歴史認識問題研究会の主張

３月23日の歴認研セミナーでは、会長である西岡力をはじめとして日本人４名、韓国から落星台経済研究所研究員の李宇衍《イウヨン》とメディアウォッチ代表理事の黄意元《ファンイウォン》の２名がウェブ会議から参加した。

韓国側の主張に対する全体的な反論は西岡の「朝鮮人戦時労働と佐渡金山」で論じている。まず、韓国側の主張は広瀬貞三の論文「佐渡鉱山と朝鮮人労働者（１９３９〜１９４５）」（『新潟情報大学情報文化学部紀要』２０００年所収）に大幅に依拠していると指摘する。例えば、韓国側の「危険な坑内労働を朝鮮人が担った」という主張は、佐渡鉱業所が作成した文書に朝鮮人の多くが削岩夫や運搬夫といった危険な坑内労働を担ったことを根拠にしている。しかし、朝鮮人が坑内労働を行ったのは徴兵で日本人の若い男性が払底《ふってい》していたためであり、差別の結果ではないと西岡は反論する。

これに関連して、佐渡金山では落盤事故が毎日のように発生し、珪肺《けいはい》という病気に苦しんだ朝鮮人が多かったと韓国側は主張している。落盤に関しては戦後の韓国人証言を受けて、そのような危険な作業場に朝鮮人を多く送り込んでいたのだから強制労働だと言うのである。しかし、佐渡金山は鉱山であるため岩盤が非常に硬く、滅多に落盤など起こらない。佐渡に伝わる伝統芸能「やわらぎ」は石が柔らかくなることを祈るために神社の前で歌う神事芸とされている。

珪肺とは、鉱石を削る際に発生する粉塵を吸引することで罹る肺病である。こちらも戦後の調査によって、佐渡金山で珪肺に罹り、帰郷後に苦しんだという証言が多く出現したという。珪肺に関して、広瀬は当時の佐渡鉱業所労務課員であった杉本奏二の書簡（1974年）を紹介している。杉本書簡では佐渡鉱業所が朝鮮人の募集を開始した理由を、日本人坑内労働者に珪肺を病む者が多いことで出鉱成績が意のままにならない点と若い日本人男性が次々に軍隊にとられた点にあったと記している。

しかし、杉本書簡に記されている内容は信憑性の低い記述もあり、全幅の信頼を置くことは難しい。その点は本章で後述するが、珪肺に関する記述もその一つである。このことに関する考察は筆者の発表である「佐渡金山の朝鮮人戦時労働の実態」にて行った。1944年に「珪肺症の研究知見補遺」（『北越医学会雑誌』第五九年第六号所収）を発表した佐渡鉱山病院の医師である齋藤謙は、佐渡金山での珪肺発症率を次のように報告している。感染の第一段階である珪肺Ⅰ期の最短発症期間は4年11か月であり、発症までの平均年数は6年4か月であった。珪肺Ⅱ期から日常生活に支障をきたす重症扱いとなるが、珪肺Ⅱ期までには最短でも6年7か月、稼働期間平均で8年7か月かかると記している（前掲『北越医学会雑誌』697頁）。

齋藤論文を基にして、筆者が珪肺発症までにかかる年数を〔図表27〕（次頁）にまとめた。

なお、1953年に発行された『新潟医学会雑誌』第六七年第一〇号に掲載されている丹野清喜の論文「珪肺症の精神機能に就《つい》て」では、珪肺で重症となるのは珪肺Ⅱ期からであり、珪肺Ⅰ期は作業負荷をかけた場合以外は健常者と明らかな差異は認められないとしている。

さらに、1954年にも丹野は「職種別稼働年数により見たる珪肺発生率及び進展度」（『新潟医学会雑誌』第68年第9号所収）を発表し、珪肺の原因である粉塵環境と罹患率の関連性はないと断言している。

丹野は1951年に佐渡と思われる鉱業所（S鉱業所）の協力を得て、削岩、運搬、支柱作業が一番粉塵を吸引する環境であると認めている。しかし、たとえ粉塵が多く舞う環境であっても、坑内作業の継続年数の長さに比例して珪肺罹患率が高くなると主張している。

朝鮮人は契約で2年間から3年間しか働かず、契約を延長したとしても連続で5年以上働いた者は極めて少数であったであろう。こうした点を踏まえると、杉本書簡や韓国人証言は信憑性が乏しいと言わざるを得ない。筆者は珪肺に罹った朝鮮人労働者が一人もいなかったとは考えていない。しかし、証言者の中には2年程度の労働期間で重度の珪肺症になったと話す者も多く、これに関しては、医学的な根拠を提示してもらわねば研究者として証言を信用することはできない。

他にも、日本が行った朝鮮人への戦時動員（1939年～1945年）は国際労働機関（ILO）の強制労働条約（ILO29号条約）違反であるという韓国側の主張に関しては、戦時労働動員は強制労働に含まれないと歴認研は反論した。この点に関しては、なでしこアクション代表の山本優美子の「ILO条約の解釈につい

〔図表27〕珪肺発症までにかかる年数

職種	発症するまでの期間	珪肺Ⅰ期	珪肺Ⅱ期	珪肺Ⅲ期
削岩	稼働期間最短	4年11か月	6年7か月	6年7か月
	稼働期間平均	6年4か月	8年7か月	10年1か月
	入坑後経過年数最短	5年3か月	6年11か月	10年3か月
	入坑後経過年数平均	7年3か月	10年3か月	13年2か月
坑夫 支柱夫 運搬夫	稼働期間最短	7年6か月	8年6か月	14年1か月
	稼働期間平均	14年9か月	15年6か月	20年2か月
	入坑後経過年数最短	8年	10年3か月	17年2か月
	入坑後経過年数平均	16年5か月	19年2か月	24年1か月

齋藤謙「珪肺症の研究知見補遺」を基に作成

て戦時労働は強制労働条約違反なのか？」に詳しく説明されている。韓国側は1999年の条約勧告適用専門家委員会で「日本の民間企業のための大規模な労働者徴用は、この強制労働条約違反であったと考える」という年次報告が出ていることも指摘していたが、同委員会は勧告を行う機関であり、年次報告には法的拘束力がないことを山本は説明した。さらに、年次報告の根拠が「華人労務者就労事情調査報告書」（1946年、外務省報告）であることも判明した。華人、すなわち中国人であり朝鮮人ではなかったのである。ILOでは第二条に次のような条文が設けられている。

第二条

1　本条約ニ於テ「強制労働」ト称スルハ或者ガ処罰ノ脅威ノ下ニ強要セラレ且右ノ者ガ自ラ任意ニ申出デタルニ非ザル一切ノ労務ヲ謂フ

2　尤モ本条約ニ於テ「強制労働」ト称スルハ左記ヲ包含セザルベシ

（a）　純然タル軍事的性質ノ作業ニ対シ強制兵役法ニ依リ強要セラルル労務

（b）　完全ナル自治国ノ国民ノ通常ノ公民義務ヲ構成スル労務

（c）　裁判所ニ於ケル判決ノ結果トシテ或者ガ強要セラルル労務尤モ右労務ハ公ノ機関ノ監督及管理ノ下ニ行ハルベク且右ノ者ハ私ノ個人、会社若ハ団体ニ雇ハレ又ハ其ノ指揮ニ服セザル者タルベシ

（d）　緊急ノ場合即チ戦争ノ場合又ハ火災、洪水、飢饉、地震、猛烈ナル流行病若ハ家畜流行病、獣類、虫類若ハ植物ノ害物ノ侵入ノ如キ災厄ノ若ハ其ノ虞アル場合及一般ニ住民ノ全部又ハ一部ノ生存又ハ幸福ヲ危殆ナラシムル一切ノ事情ニ於テ強要セラルル労務

（e）　軽易ナル部落ノ労務ニシテ該部落ノ直接ノ利益ノ為部落民ニ依リ遂行セラレ従テ該部落

民ノ負フベキ通常ノ公民義務ト認メラレ得ルモノ尤モ部落民又ハ其ノ直接ノ代表者ハ右労務ノ必要ニ付意見ヲ求メラルルノ権利ヲ有スルモノトス

同条文で注目すべきは（d）である。「戦争ノ場合」に自国民に労務を課すことは「強制労働」ではないことが明記されている。戦時動員が実施された１９３９年時点では、日本は中国と戦争しており、朝鮮半島は日本領であった。すなわち、朝鮮人戦時動員は「強制労働」ではない。ＩＬＯ委員会は日本の交戦国であった中国人に関する資料を基に「強制労働」と認定したが、根本が間違っていたのである。

一次史料は何を記しているか

韓国側の残りの主張である、控除が多く手取りはわずかだったことに関しては、１９４３年に佐渡鉱業所が作成した「半島労務管理ニ付テ」の中に当時の朝鮮人労働者の平均賃金と最高、最低の月収が明らかにされている。１９４３年４月では平均83円88銭、最高１６９円95銭（稼働28日）、最低４円18銭（稼働1日）、５月では平均80円56銭、最高２２１円３銭（稼働28日）、最低６円75銭（稼働２日）であった。出来高払いで賃金が計算されていたので最高と最低で大きな差が出るが、当時の東京の公立小学校教員の初任給が50円から60円だったから、かなり良い賃金だったと西岡は指摘する。

朝鮮人労働者の死亡率が高かったと韓国側は主張するが、「半島労務管理ニ付テ」では１００５名の朝鮮人労働者のうち死亡者は10名であり、割合にすると約１％となる。全国の朝鮮人労働者の死亡率は平均０・９％であり、佐渡金山が突出して高いとは言えない。

韓国側は佐渡での労働環境が劣悪であったため、朝鮮人は生存のために大勢が逃走をしたと考えている。しかし、第2章でも説明したように、当時の朝鮮人労働者の多くは日本国内での転職目的で逃走していた。『特高月報』にも佐渡鉱業所からの逃走事件として5件記載されているのだが、過酷な労働を理由にした逃亡は1件もない。5件のうち2件は詳細な記述がある。まず、1942年11月7日の事件では、賃金低廉、食糧不足などに不満を抱いて朝鮮人労働者4名が逃走を計画した。同僚に逃走援助の依頼をしたところ、依頼を受けた朝鮮人同僚は手数料として130円を要求（原文では「騙《へん》取《しゅ》」）して逃走させたと記してある（『特高月報』1942年11月分・100頁）。

もう一つは1943年1月11日の事件で、「自由労務者に比し、賃金低廉なるに不満を抱き逃走を企図」した婦人朝鮮人労働者4名が朝鮮人古物商と日本人漁夫2名に「世話料」として75円を渡している（『特高月報』1943年2月分・105頁）。いずれも劣悪な労働環境が原因による逃走ではなく、現状よりも待遇の良い職場への転職が目的である。朝鮮人労働者4名は逃走のために130円を、婦人労働者4名は75円を協力者に渡している。前者は1人約32円、後者は1人約18円である。逃走後の交通費や食糧費を考えればさらに所持金を持っていたであろう。そのことを踏まえると、決して安くはない金額である。鉱業所は日本人も朝鮮人も給与から強制的に貯金をさせていたが、それでも朝鮮人労働者は十分な金額を手元に持っていたことになる。しかし、佐渡以外で働く自由労働者の方がさらに稼げると知った彼らは一獲千金を夢見て逃走した、というのが筆者の考察である。

契約の強制的更新によって帰郷できなかったという点に関しては、佐渡の朝鮮人煙草配給名簿の中から満期帰郷による異動届が確認されている（次頁・写真17）。歴認研が入手した史料は1945年4月22日に作成されたもので、契約満期で帰郷する第三相愛寮11名の朝鮮人の名前が記されている。さらに、帰郷者全員に10日分の煙草を支給することも記されている。

他にも、第一相愛寮の5名の朝鮮人労働者が帰郷したことを示している3月20日付の異動届もある。

作成年は不明だが、文書のほとんどが１９４５年に作成されたものであるため、同異動届も１９４５年と考えられる。第一相愛寮には他にも、７名が帰郷したことを示す１９４５年１月８日の異動届など、合計で４枚の帰郷者名簿が確認できる。また、第三相愛寮の朝鮮人労働者６名が帰郷するために出発したが、病気のために寮に戻ってきたので煙草配給を再開する旨を記した１９４５年１月１日付の「煙草異動届」も残っている。終戦直前でもこれほどの人数が帰郷できたことを考慮すると、以前にも帰郷した朝鮮人が存在した可能性もある。「半島労務管理ニ付テ」では契約更新者には奨励金が

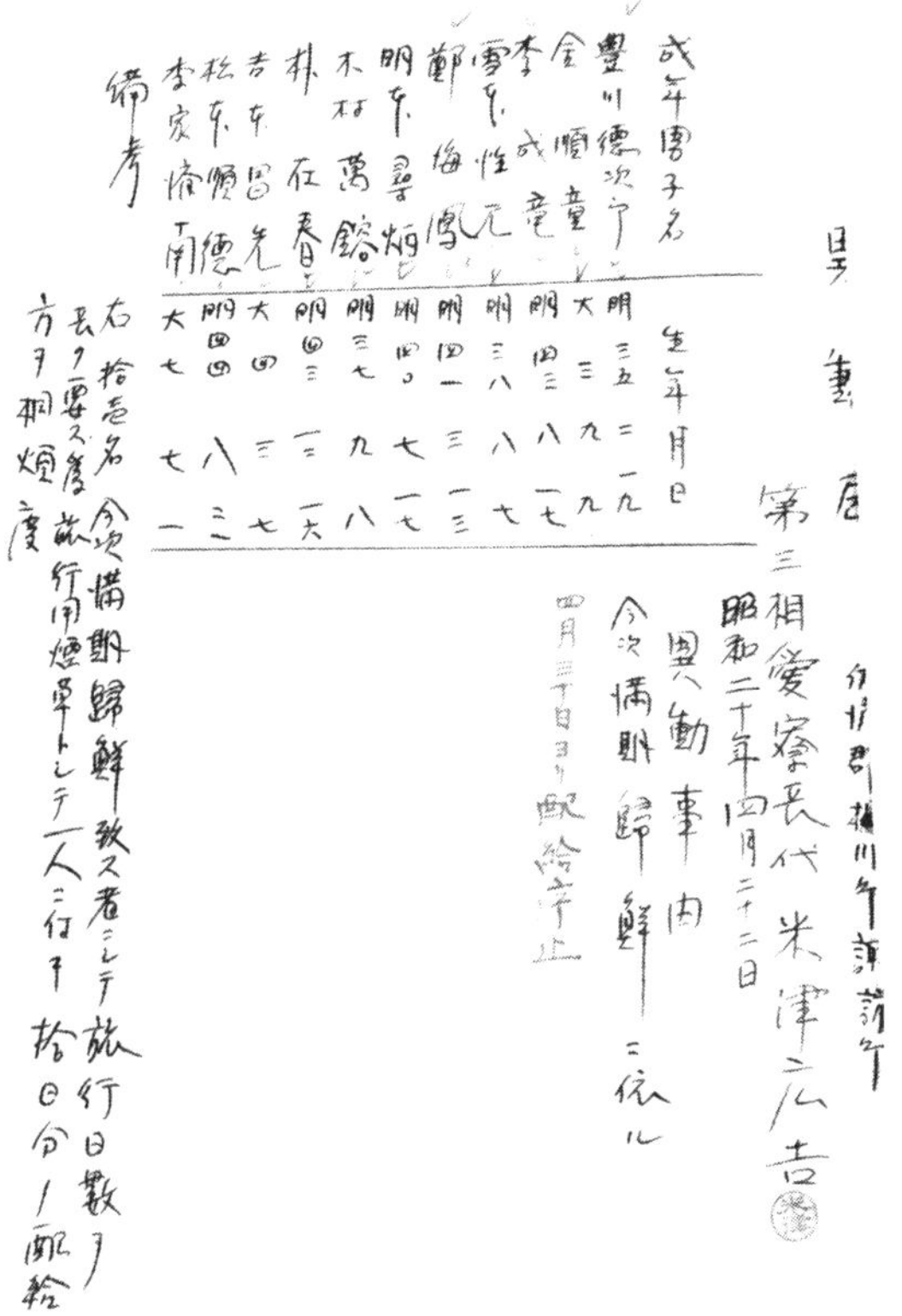
異動届

佐渡郡相川町

第三相愛寮長代 米津広吉

昭和二十年四月二十二日

異動事由

今次満期帰鮮ニ依ル

四月二十日ヨリ配給停止

成年男子名	生年月日
豊川徳次	明三五.二.一九
金順童	大三.九.九
李成竜	明四三.八.一七
雪東性元	明三八.八.七
鄭梅鳳	明四一.三.一三
明東尋炳	明四〇.七.一七
木村萬鎔	明三七.九.八
朴在春	明四三.三.二六
吉本昌先	大四.三.七
松本順徳	明四四.八.三
李家済南	大七.七.一

備考

右拾壱名今次満期帰鮮致ス者ニシテ旅行日數ヲ長ク要ス爲旅行用煙草トシテ一人ニ付拾日分ノ配給方ヲ相煩度

〔写真17〕朝鮮人労働者11名の満期帰郷を記す異動届（1945年４月22日付）

与えられ、継続奨励に相当の効果があったことが明記されている。

２０２４年6月21日に神戸学生青年センターから発行された『佐渡鉱山・朝鮮人強制労働資料集』にも朝鮮人煙草配給名簿が掲載されている。同書は佐渡扉の会、強制動員真相究明ネットワーク、民族問題研究所の共同で作成された。しかし、煙草配給名簿の紹介（１１１〜１２７頁）では、先に挙げた6枚の帰郷者名簿は一枚もない。「掲載は主なものとした」と注意書きは記しているものの、「強制労働」説の争点となっている帰郷に関する一次史料をまったく掲載しないというのは不可思議である。「強制連行派」の従来の説が覆ってしまうので、不都合な史料を敢えて載せなかったのではないか。

日本の「強制連行派」に対しては、『新潟県史』の「強制連行された朝鮮人」が設けられた章を担当した執筆者が中立的な第三者でなかったと反論した。当該の章を担当した人物は佐藤泰治という高校教員であり、佐藤は朴慶植《パクキョンシク》が立ち上げた『在日朝鮮人史研究』にも寄稿した経歴を持つ。執筆者が強制連行説の支持者であり、学術的な根拠を提示できないまま、朴慶植の言説をそのまま引用してしまったのである。実際に、歴認研が強制連行や強制労働を明確に否定する一次史料を発見したことにより、『新潟県史』や『佐渡相川の歴史』に記述された学説は再考察する必要性が出てきた。

歴認研は一次史料として、平井栄一が１９５０年に完成させた『佐渡鉱山史其ノ二』（以後、『佐渡鉱山史』）を提示した。平井栄一は元佐渡鉱山採鉱課長で佐渡鉱業所を経営していた三菱金属の依頼で佐渡鉱山の歴史について江戸時代から昭和まで2巻にまとめた。

佐渡鉱業所の内部資料を活用して書かれた『佐渡鉱山史』では、これまで不明であった朝鮮人の動員総数、各年の動員数、そして終戦時の残留数が次のように明らかにされていた。平井によると、１９４０年2月に朝鮮人98名を募集し、5月は２４８名、12月は３００名、１９４１年に２８０名、１９４２年に79名、１９４４年に２６３名、１９４５年に２５１名の合計１５１９名が佐渡に移入し、終戦と同時に残留人員１０９６名を送還したという。

また、待遇についても日本人と同じように精勤賞与を与えていたことも書かれている。家族持ちは社宅が無料であり、米や味噌などの生活必需品は廉価配給され、家族傷病の場合の診療も実施された。単身者は寄宿舎の家賃、光熱費、浴場費は無料。食事代は1日50銭（実費の差額は会社負担）、寝具も1か月1組50銭で提供していた。鉱山直営の農園から野菜も補給されていた。こうした内容を見ると、鉱業所側がかなり神経を使って良い待遇を与えていたことが判明した。

佐渡金山に関する先行研究

このように、現存する一次史料を確認すれば、朝鮮人が劣悪な労働環境で奴隷のように働かされていたことは事実ではないと、ただちに判明する。では、なぜ朝鮮人の強制労働が事実であったかのように主張する人々が存在するのであろうか。要因の一つは、朴慶植の『朝鮮人強制連行の記録』が与えた影響が考えられる。しかし、佐渡金山に関しては、過去の先行研究の存在がより強固かつ安易に朝鮮人強制労働と結びつけてしまったと筆者は考える。

日本国内において佐渡金山の専門家を挙げるとすれば、磯部欣三の名が出るだろう。磯部とはペンネームであり、本名は本間寅雄といって、毎日新聞の記者であった。ここではペンネームで論を進めていく。彼は１９６１年に『佐渡金山の底辺』（文芸懇話会）、１９６４年に『無宿人 佐渡金山秘史』（人物往来社）、１９６９年に『近世佐渡の流人』（文芸懇話会）、１９７２年に『佐渡歴史散歩 金山と流人の光と影』（創元社）、１９９２年に『佐渡金山』（中公文庫）など、多くの著作を残し、佐渡金山の研究に貢献した。

しかしながら、佐渡金山の落盤事故や珪肺は、間違いなく磯部が植え付けたイメージである。まずは落盤事故から見ていきたい。

1964年の『無宿人 佐渡金山秘史』には「相次ぐ落盤事故」という項目が設けられており、鉱山内の作業（水替作業）は落盤事故によって死亡することが多いと説明し、1822年と1851年に起こった佐渡金山の落盤事故が紹介されている（160頁）。1992年の『佐渡金山』に至るまで落盤の多さを指摘しており、佐渡金山は落盤事故が多い鉱山というイメージが磯部の中にあったことは間違いない。

しかし、落盤事故が多かったと主張する磯部が、一連の著作物で紹介しているのは、1822年と1851年の江戸時代の事件だけである。これだけで佐渡金山は落盤事故が多かったと証明するには無理がある。佐渡金山の岩盤が硬いことは磯部も認めているにもかかわらず（『佐渡金山』140頁）、なぜこのような結論を出したのか不明である。

では、戦時中の佐渡金山で落盤事故は多発していたのであろうか。佐渡金山の資料館には、削岩作業について次のような説明文がある。「岩盤に火薬を詰めるための孔（発破孔）を掘ることを、穿孔といいます。穿孔には削岩機を使い、直径約2㎝、深さ約1・5mの発破孔を掘ります。そこに火薬類を詰めて発破させるため、正しい位置や方向、長さで穿孔しなければ発破の効果が落ちてしまいます。ですから、穿孔には高度な技術が必要でした。佐渡鉱山は全山硬い岩盤に覆われており、発破孔を1つ掘るには、特に岩盤の硬い鰐口脈や中尾脈では15分ほど、比較的岩盤の柔らかい青盤脈では5～6分ほどかかりました。2m四方の水平坑道を掘進するためには、岩盤の硬さや形状などによって発破孔を20～30か所開けるため、硬い岩盤の穿孔は一日がかりでした。」

この説明文を読む限り、少なくとも戦時中の佐渡鉱山で落盤事故が頻発していたとは考えられない。しかし、佐渡金山で働いていたとされる韓国人の証言には、落盤事故が多かったことが語られている。

代表的なものとしては林泰鍋《イムテホ》の証言であるが、彼は毎日のように落盤があったと口述している（朝鮮人強制連行真相調査団編『朝鮮人強制連行調査の記録――関東編』柏書房・２００２年・３０１頁）。余談であるが、林は朝鮮人寮から佐渡金山まで片道1時間30分かかったと述べているが、これは明らかに虚偽である。株式会社ゴールデン佐渡の説明では、一番遠い「山之神住宅」（家族連れの朝鮮人社宅）でも佐渡金山まで２・２㎞、徒歩で約30分の距離である。独身寮である「第一相愛寮」から佐渡金山までは１・６㎞、徒歩約20分である。林は朝鮮人だけが不当に長い距離を歩かされたと暗示したが、そのような事実は確認できていない。

磯部でさえ、江戸時代の２件の落盤事故しか記せなかった。技術の進歩した昭和10年代で「毎日のように落盤があった」とは思えない。佐渡金山資料館でも「発破後の点検と作業」という解説文中に、発破後に崩落せずに岩盤にぶら下がっている浮石という岩石を落とす作業を行うのだが、佐渡鉱山は岩盤が硬かったため浮石は少なく、落石や落盤による事故も稀だったと記している。韓国人証言は精査する必要があるだろう。

もう一つの誤ったイメージは、佐渡鉱山で働いた人々の多くが珪肺に罹ったという点である。『無宿人 佐渡金山秘史』（１９６４年）には「三年の生命」という項があり、坑内作業をしていた江戸時代の鉱夫の寿命が珪肺によって短かったことを指摘している（１７３頁）。磯部は、江戸時代の文献で佐渡奉行川路三左衛門聖謨の日記、『島根のすさみ』（１８４０年〜１８４１年）を紹介し、「金銀を掘るもので四十を過ぎたものはなく、多く三年、五年のうちに（中略）死ぬ」と紹介する。佐渡の大工は朝夕、酒と色（遊郭）で身を沈めて身体を弱らせ、そのせいで山の毒気を多く受けて死にやすい、酒色に溺れたがために病を得て死ぬものが多いという。磯部はこの「毒気」を珪酸分と説明しているので、珪肺によって佐渡金山の鉱夫は短命であったと結論づけている。

しかし、磯部が紹介した文献の中には「近年は金銀の毒気も薄くなって、昔のように掘り倒れも少なくなった。長命の者も多く見え、少々の資本を貯えて、大工を廃業し、茶やタバコを小売商いしている者もある」（『佐渡四民風俗』本文1756年・追加1840年）という記述もある（『無宿人 佐渡金山秘史』174頁）。本当に江戸時代の佐渡金山鉱夫全体が3年から5年しか生きられなかったのか判然としないが、国内の塵肺《じんぱい》裁判の訴状に、佐渡金山では珪肺にかかると3年の命であったと記されている。

1978年に提出された遠州塵肺訴訟（静岡県久根鉱山の塵肺被害を訴えた集団訴訟）の訴状では「佐渡金山の鉱夫につき『三年か五年でやせはて、（中略）四〇歳未満で死亡』などの記録が残されているほどである」と記されており（沢田猛『石の肺』技術と人間・1985年・193頁）、磯部の先行研究が少なからず影響を与えていると思われる。しかし、実際の珪肺発症率は先に説明した齋藤謙の「珪肺症の研究知見補遺」の研究結果が示している。

珪肺の中には1～2年で病に罹るケース（急性珪肺）があるが、齋藤はそのことにも言及している。研磨粉包装に従事していた女子従業員が2年6か月で、硝子《ガラス》原料工場の従業者は8か月で、タイル工場の従業員は1年5か月で珪肺I期の症状が出たとしている。しかし齋藤は、上記のような急性珪肺は佐渡鉱山では一例もなかったと明記している（『北越医学会雑誌』第59年第6号・697頁）。つまり、5年以上働いていていない朝鮮人が珪肺に罹った可能性はほとんどないのである。

珪肺に関する考察

以上、戦時中の佐渡金山における珪肺発症率を見たが、磯部欣三は『佐渡金山』（1992年）で「削岩夫は、だから現在でも、程度の差はあるが百パーセント珪肺にかかる」と述べているが（158頁）、その根拠は不明である。もし、磯部が江戸時代の文献のみで結論を出していたとすれば、それは間違いであると言わざるを得ない。しかし、先ほども述べたが、１９７８年の遠州塵肺訴訟訴状では佐渡金山では３年から5年しか生きられなかったと記述されており、１９６０年代以降の磯部の研究がそのまま使用されていることが分かる。

無論、佐渡鉱業所側も珪肺に無策だったわけではない。『佐渡相川の歴史』（１９９５年）では、鉱山では防塵マスクを支給していたり、鏨《たがね》の刃先から水を噴射して石粉を防ぐ湿式削岩機を使用していたという。ただし、作業員は息苦しさを嫌ってマスクを外したり、湿式削岩機の運転で汚れを嫌って水を止めるなどしていたと説明している（６８８頁）。鉱山の歴史としての解説なので、朝鮮人労働者も同様であったと断言することはできないが、少なくとも佐渡鉱業所は珪肺防止に努めていたことは明らかである。

また、注目したいのは戦時中に佐渡金山の坑内で働き続けていたと思われる日本人女性が存在していたことである。山本リカという女性であるが、彼女は28歳の時に夫をダイナマイト事故で亡くし、子供を育てるために坑内で働くこととなった。１９７２年の田中圭一の講演記録で紹介されており、講演時点で彼女は七十数歳であると記されている。夫を亡くしたのは１９３０年以降と計算できるので、戦時中も坑内で働いていた可能性がある。

山本リカ本人の話によると、丘の上（坑外勤務）では給料が12円であったが、丘の中（坑内勤務）に入れてくれたので自分は36円の給料を貰い、当時の36円は町の誰に比べても引けをとらなかったという。彼女の証言から鉱石運搬の仕事をしていたことが書かれているので、運搬夫として働いていたことがうかがえる（日本工業教育協会編『工業教育』第二〇巻第二号・１９７６年・54頁）。運搬夫とは、坑内で産出した鉱石を外に運び出す仕事である。山本は息子が独立するまでずっと佐渡金山坑内で働いており、彼女自身が珪肺に罹ったという記述はない。

この証言は二つの点を明らかにしている。一つ目は、坑内の仕事は坑外より3倍高い賃金であったこと。朝鮮人労働者は高い賃金を貰っていたことを示している。二つ目は、坑内作業であっても相当長い期間連続で働かなければ、珪肺に罹る可能性はないと鉱業所側も分かっていたのではないかということである。もし少しでも珪肺感染の危険性があれば、母子家庭の母親を坑内に入れさせなかったであろう。

ここでは、筆者が疑問に思ったことを率直に述べていきたい。韓国側は塵肺と珪肺を混同しているのではないか、と考えている。日帝強制動員被害者支援財団が2021年に発行した『日本地域の炭鉱鉱山における朝鮮人強制動員の実態』98頁で、佐渡から韓国へ戻った元労働者148名中73名が帰国後に後遺症に悩まされ、73名中30名が塵肺症、15名が肺疾患と申告したと説明している。

塵肺とは、製造業などの作業で粉塵を吸入することで発症する、職業性肺疾患の一つである。珪肺症（高濃度の遊離珪酸）、石綿肺（アスベスト）、有機塵肺（穀物やカビ、きのこ胞子など）、溶接工肺（溶接作業によって生じた粉じん）、超硬合金肺（超硬合金の粉じん）の5種類に分類されており、塵肺だったからと言って珪肺だと断言することはできないのではないだろうか。

例えば、佐渡から朝鮮半島に帰ってきた元労働者が戦後の韓国で溶接作業に就いていたら、塵肺になる可能性は十分にあるだろう。この場合は珪肺ではなく溶接工肺となる。そのように考えると、単純に塵肺であったからと言って、珪肺と断定することは難しい。したがって、佐渡金山の労働で患った証拠とするには不十分である。少なくとも日本における塵肺とは5つの症状の総称であるので、この件に関しては、韓国側で「塵肺症」や「肺疾患」を申告した者がいつ発症したのか、それは珪肺で間違いないのかを正確に調べる必要があると思う。

磯部欣三による長年の佐渡金山研究の中で、落盤事故の多発と珪肺による死亡率の高さといった誤ったイメージが形成された。磯部が佐渡金山に関する研究で多大な功績を残したことは疑いようがないが、落盤事故と珪肺に関しては根拠不十分な点が目立つと言わざるを得ない。朝鮮人戦時労働者の問題は昭和前期の頃なので、江戸時代を専門にした磯部の研究は関係がない、と考える人もいるかもしれない。

しかし、磯部は佐渡金山研究の第一人者であり、代名詞のような存在であった。その影響力を無視することはできない。１９７８年の遠州塵肺訴訟の件もある。韓国人の証言の正当性を訴えるために、磯部の先行研究が今後利用されないという保証はない。

私たちは佐渡金山に限らず、鉱山労働を無意識に危険な場所と思い込んではいないだろうか。もちろん他の職業と比較すれば危険であることは間違いではないかもしれないが、だからと言ってイメージだけで決めつけることは早計である。

第2節　「強制連行派」の主張を検証する

強制動員真相究明ネットワークとは何か

歴認研とは反対に、佐渡金山での朝鮮人強制連行と強制労働は事実であると主張する日本団体も存在する。代表例としては、強制動員真相究明ネットワーク（以後「究明ネット」）を挙げることができる。

歴認研の学術セミナーから5か月後の２０２２年８月27日、究明ネットは新潟県自治労会館講堂で第14回強制動員全国研究集会「強制労働の否定を問う　佐渡金山の遺産価値を深めるために」を開催した。

当日は13時30分から16時までの間に６名の発表者が15分ずつ発表し、ウェブ会議からも発信した。研究会の映像は公開されていないが、当日に配布された資料（以後、「究明ネット８月配布資料」）は同団体のウェブサイトから購入可能となっており、誰でも注文することができる。究明ネットの研究会には発表者の他に佐渡市議会議員や他県からの支援者も訪れ、何名かがスピーチを披露した。研究者と研究テーマを〔図表28〕にまとめた。

究明ネットの研究会では歴認研に対する反論も含まれるのではないかと思い、筆者も参加した。翌日の28日には究明ネットの有志が集まり、佐渡にてフィールドワークも行われたが、そちらにも参加した。そのときの体験は後述したい。ここでは究明ネットなどの「強制連行派」の学説を分析し、学術的説得力や信憑性を考察する。

最初に究明ネットの簡単な説明を行いたい。究明ネットは2005年7月18日に結成し、東京の在日韓国YMCAで結成総会が開かれた。韓国の日帝強占下強制動員被害真相糾明委員会（2004年11月発足、2015年12月31日解散）の活動を支援することを活動の第一義としたが、当時は遺骨に関する第1回日韓協議がすでに開催されていた。日本政府による遺骨の情報収集活動も始まっていたこともあり、究明ネットの最初の活動は強制動員被害者と言われている労働者の遺骨に関する取り組みであった。

結成当初の共同代表は上杉聰（部落史研究家）、内海愛子（恵泉女学園大学名誉教授）、飛田雄一（神戸学生青年センター理事長）であったが、2015年からは庵逧《あんざこ》由香（立命館大学文学部教授）、飛田雄一が務めている。

〔図表28〕2022年8月27日における究明ネット発表一覧

報告題名	発表者
佐渡金山での強制労働研究の現状・課題	広瀬貞三（福岡大学名誉教授）
新潟における強制連行調査の経過	木村昭雄（もと平和教育研究員会）
歴史の否定を問う研究者有志の声明	藤石貴代（新潟大学人文学部）
佐渡鉱山動員朝鮮人600人の名簿から	竹内康人（真相究明ネットワーク）
「証言」から見た佐渡鉱山朝鮮人強制動員の被害	金丞垠（民族問題研究所責任研究員）
対話 次世代がお互いに「問いかける」佐渡世界遺産問題	竹田和夫（鉱山文化研究）

現在の真相究明ネットの主な活動は①日本政府に、政府および公的機関、そして企業の保有する強制動員関係の資料の提示を促進することを求める活動をする。②日本における強制動員の真相究明のための活動を通し、日本の世論が強制動員問題に関心を向けるようにする。③韓国で構成される被害者団体を含む「市民ネット」と連帯し、交流や可能な行事を行う。④日本に強制動員真相究明法を制定させる。⑤ネットワークで集約された資料を保管・展示する空間を作る、となっている。

それでは、究明ネットの主張を見ていきたい。

学術的とは言えない究明ネットの歴史考察

歴認研の主張への反論を予想していたが、結論から言って、究明ネットの人々は歴認研の主張をほとんど無視した。

先ほども紹介した落盤事故の多発と珪肺に関しては、戦後の調査から韓国人証言者が多いことを理由にして事実であるかのように力説し、証言を検証した痕跡は見られなかった。歴認研の学術セミナーで紹介された、齋藤謙の「珪肺症の研究知見補遺」に対する考察も一切行わなかった。

他にも、究明ネットが研究会で配布した資料に「佐渡鉱山・強制動員被害者名簿　第一次分」が掲載されているが、そこに24名の韓国人証言が紹介されている。日本への渡航は「強制動員された」「動員された」「連行された」「命令された」と不統一で、当時の動員の様子を詳細に語っている証言者は一人もおらず、本当に強制連行されたのか決定力に欠ける。

さらに、この証言者の中に兪鳳喆《ユボンチョル》という重要人物がいる。彼の名前が掲載されている戦時中の記事が残っていた。１９４１年の『新潟県社会事業』第一三巻第一号の「聞くも嬉しき協和ニュース」で、佐渡金山で働いている朝鮮人たちが故郷の父母妻子に多額の送金をしたことが紹介されている。記事によると、論山郡守宛てに出身者94名が56円61銭を出身地細民救済費として送金し、その代表者として兪鳳喆が手紙を郡守に送っており、その内容が日本語訳されて記載されている。その中に「鉱山当局の親切な指導により仕事の方もだいぶ馴れ、毎日愉快に暮らしているのでご安心下さい」（36頁）という旨の文章が確認できる。

つまり、兪鳳喆は強制連行、強制労働を否定する証人なのである。事実、究明ネットが紹介した兪の証言にそのことは一切出てきておらず、「動員された」としか記されていない。竹内康人は連行されたと断定しているが、証拠の提示はない（究明ネット2022年8月配布資料・37頁、41頁）。究明ネットは兪鳳喆に当時の記事のことに関して話を聞いているのであろうか。広瀬貞三は2000年の「佐渡鉱山と朝鮮人労働者（1939～1945）」で同記事を引用しているので、知らなかったとは考えにくい。この点を確認せずして、強制連行も強制労働も証明できない。

また、山本優美子がすでに反論しているにもかかわらず、究明ネットは再度、1999年のILO委員会の報告を持ち出して強制労働を主張している。強制労働の定義を、処罰の脅威の下に労働を強要され、自由意思によらないすべての労務としているが、西岡や山本がすでに指摘しているようにILO条約で戦時動員は強制労働には該当しない。これは条約に対する解釈の不一致というよりも、究明ネット側の不勉強と言わざるを得ない。

究明ネットの8月研究会の特徴として、一次史料を多用した歴認研とは異なり、韓国人証言やこれまでの「強制連行派」の活動の紹介に重点が置かれていたことが挙げられる。このことから、究明ネットの主張は歴認研と比較して学術的な根拠が少ないことが分かる。

発表者の一人である藤石貴代は歴認研の主張に対しては根拠なしで『胡散臭い』という直感（勘）を育てる」ことが大切だとして、強制連行や強制労働を否定する「具体的な資料」を疑えと述べている（究明ネット前掲資料・20頁）。藤石は今野日出晴の論を引用して、「歴史ディベート」は歴史の真実を明らかにする手法ではなく、慰安婦の強制連行や性奴隷説などを否定する者は議論の巧拙性に長けており、有利な「事実」だけに目を向け、都合の悪い部分には目を瞑っていると説明する。それは歴史事実に基づいた論理ではないので、これまでの歴史学や教科書裁判で明らかにしてきた真実を隠蔽すべきではないとしている。

これを要約すると次の文脈に表すことができる。藤石たち「強制連行派」の人々は歴認研などが反論で挙げている「具体的な資料」に反論できないので、従来の学説にどれほどの論理的な破綻があっても無視せよ、と言っているのである。有利な「事実」だけに目を向け、都合の悪い部分には目を瞑っているのは未だに一次史料を提示できない藤石たち究明ネットである。歴認研の反論から目と耳を塞ぎたい心情が見て取れる。

これほど頑《かたく》なに学術的議論を避けるのはなぜなのか。それは、究明ネットの人々は１９６５年に出版された朴慶植の『朝鮮人強制連行の記録』を教本にしているからである。発表者である広瀬貞三は『朝鮮人強制連行の記録』を未だに信奉しており（究明ネット前掲資料・３頁）、他の発表者も１９３９年から１９４５年にかけて、朝鮮人は全員が強制的に日本へ連れ去られて奴隷のように働かされたという朴慶植が提唱した学説で論を展開している（24頁）。

しかし、朴慶植の主張に学術的根拠がないことは第１部で解説した。現在では韓国人研究者からも朴の学説に対する反論が出ており、このような点を鑑《かんが》みれば、『朝鮮人強制連行の記録』の内容を信頼することは危険である。にもかかわらず、究明ネットではこうした学術的考察が行われていない。

結論として、究明ネットは８月の研究会で強制連行も強制労働も証明できなかった。最初に強制連行に関して考察したい。

第1章でも紹介した、1939年から1945年で日本へ来た朝鮮人全体数は約240万人でそのうち75％が戦時動員ではない自主渡航であり、残りの25％の戦時動員も自発的参加（戦時動員を利用した無料の日本渡航に利用）も多かったという西岡力の説を究明ネットは批判した。批判の根拠は、西岡説は「日本、韓国の学界でまったく受け入れられていない」（究明ネット前掲資料・3頁）という一言で片づけており、ここからも「強制連行派」が学術的議論から逃走していることがうかがえる。学問的見地に則って究明ネットに反論したい。従来の学説を覆せる史料が発見されれば、学界の主流になっていなくとも耳を傾け、先行研究と比較しながら史料批判を行うべきである。それこそが歴史学であり、史料に基づいた反論を一切行っていない究明ネットは学術団体とは呼べない。

広瀬貞三は西岡説への反論として『朝鮮人戦時労働動員』（2005年）に収録されている古庄正の論文を引用して「戦時労働動員の対象とされた人々と出稼ぎ労働者を同一視している」と批判する。しかし、先ほど説明したように、西岡説は戦時動員された朝鮮人（全体の25％）と自主的（出稼ぎ）に来た朝鮮人（全体の75％）を分けて論じたものである。広瀬の批判の意図は何だったのであろうか。

念のため、当該の古庄論文である「第二章　強制連行説虚構論の系譜」を読むと、古庄の西岡批判は2000年に発行された『月曜評論』の「韓国・朝鮮講座③～⑥　朝鮮人『強制連行』説の虚構(上)(中)(下)」であったことが確認できた。この時点での西岡説は終戦時点の日本在住の朝鮮人統計であり、1939年から1945年までの朝鮮人渡航者統計ではない。『月曜評論』における西岡説は「終戦当時に日本の事業場にいた朝鮮人労働者が32万2890人、その他に朝鮮人軍人が4万8933人、軍属が6万3785人で合計43万5608人となる。終戦時の在日朝鮮人人口200万人のうち約22％となり、終戦時の在日朝鮮人のうち約8割が自らの意志で日本へ来た」という内容であった。ここから、広瀬は古い西岡説を引用したことが分かる。しかし、古庄が指摘した西岡説も、最終的な結論は日本へ来た朝鮮人全体の約８割が自主的に渡日したという点にあるので、古庄や広瀬の批判は的外れである。

次に、強制労働の点を見てみたい。現在、戦時中の佐渡金山で働いていた朝鮮人を記述している一次史料は次のものを挙げることができる。佐渡鉱業所が１９４３年に作成した「半島労務管理ニ付テ」、佐渡鉱山採鉱課長の平井栄一が１９５０年にまとめた『佐渡鉱山史』である。

これらの史料では、朝鮮人労働者は日本人と同じ待遇で、福祉も整っており、生活必需品の廉価販売といった恩恵も受けていたことが明記されている。しかし、究明ネットはそれを曲解して、朝鮮人の強制労働があったと主張している。鉱業所側が朝鮮人強制労働を記すはずがなく、自社にとって都合のいいことしか書かないはずだと究明ネットは考えている。

しかし、同じ時期に労働科学研究所が全国の鉱業所を調査した報告書（『第1部 鉱業労働及労務管理 第8冊 半島労務者勤労状況に関する調査報告』１９４３年）が残っており、そこにも佐渡鉱業所と同じ内容の待遇を朝鮮人に実施していたことが分かっている。佐渡鉱業所も全国レベルに合った朝鮮人向け福祉や待遇を用意しただけのことであり、強制労働を隠蔽したと考えるには説得力がない。

究明ネットの致命的な勘違いは、会社側が作成した資料は一次史料になり得ないという考え方である。竹内康人や竹田和夫は平井の『佐渡鉱山史』は社史であるので、二次史料であると主張しているが、それは歴史学的に間違いである。一次史料とは考察対象となる時代に当事者によって作成された文書などを指し、その中には自伝や日記も含まれる。会社が作った資料でも、同時代の関係者が作れば一次史料なのである。究明ネットが歴認研の主張に反論するには、「強制労働があった」と記す一次史料を挙げなければならない。

また、究明ネットは内務省警保局がまとめた『特高月報』に記されている佐渡鉱業所での朝鮮人争議事件を引用して、強制労働があったから朝鮮人は反抗して事件を起こしたのだと主張している。しかし、その主張には証拠が一切ない。『特高月報』を読み込めば、争議の発端は意思疎通の不徹底によって生じたことが判明する。また、佐渡鉱業所も朝鮮人の要求に真面目に応え、要望を叶えている。所轄署は扇動者のみを拘束して、朝鮮人全体を武力でねじ伏せるようなことはしなかった。本当に強制労働が行われていたのならば、鉱業所は交渉に立ち会う必要性もなく、所轄署も遠慮なく暴力で争議を鎮圧すればよかったのである。この点からも強制労働がなかったことを裏づけている。

一次史料の定義と扱い方

究明ネットの8月27日研究会の1か月前に発表者の竹田和夫は7月29日発行の新潟史学会編『新潟史学』第八三号に「『新潟県史』『佐渡相川の歴史』の意義を考える」と題した論文を寄稿しており、朝鮮人の強制連行と強制労働は事実だと主張した。竹田は鉱山文化研究者と名乗っているが、先ほどから何度も紹介している平井栄一の『佐渡鉱山史』を一次史料ではないと誤断している。竹田は「社史」という会社の「私的立場」で営利先行・政府とのつながりがあったことを勘案しなければならないと主張する（前掲『新潟史学』54頁）一方で、強制連行や強制労働を示す一次史料を提示できていない。竹内康人はもう少し踏み込んで、平井の著書は一次史料（1943年の「半島労務管理ニ付テ」）を利用した著作であると考察している（『強制動員真相究明ネットワークニュース№20』2022年・4頁）。

しかし、『佐渡鉱山史』は紛れもない一次史料であることは先に説明したとおりである。さらに、平井の書では1944年と1945年に佐渡に移入した朝鮮人の人数が初めて明らかとなった点にも注目したい。これまでは1943年の「半島労務管理ニ付テ」に記載されている1005名しか分からなかったが、平井によって、1940年から1945年までの全期間で佐渡に1519名の朝鮮人が戦時動員でやってきたことが判明したのである。この点を見ても、平井の『佐渡鉱山史』が一次史料であることは疑いようがない。

史料に関してもう少し話を進めたい。究明ネットは８月の研究会で強制労働の証拠として、佐渡鉱山の労務係であった杉本奏二の書簡を引用している。杉本書簡は『佐渡相川の歴史』（１９９５年）で近代を執筆することになる本間寅雄（ペンネーム磯部欣三）へ宛てた手紙で、日付は１９７４年７月25日となっている（究明ネット前掲資料・５頁）。究明ネットは杉本書簡を一次史料と言っているが、厳密に言えば、同書簡は二次史料である。日本の西洋史学者であり東京女子高等師範、国学院、慶応、聖心女子各大学教授を歴任した内藤智秀の『史学概論』（福村書店・１９５４年）では、事件発生時に現場にいた者が後日に作成した文書、または現場から離れていた者が事件発生当初に作成した文書が「二等史料」すなわち二次史料であると解説している。内藤の文章を引用すると、「後日に作り上げた日記とか、随筆類の如きがこの中に入るのである。例えば当事者が後日、暇を得て作成した文書類」（１１２頁）と指しているので、杉本書簡は二次史料であることが分かる。

平井の書は１９５０年に完成しているので記憶の不整合を心配する必要はないが、杉本書簡は終戦から約30年経過して書いたことから内容の正確性を疑わねばならない。杉本は書簡で佐渡鉱業所が初めて朝鮮半島で募集した時期を１９３９年２月と記しているが（『佐渡相川の歴史』６８０頁）、１９４３年に佐渡鉱業所が作成した「半島労務管理ニ付テ」では１９４０年２月となっており相違がある。この点に関しては竹内康人も『佐渡鉱山と朝鮮人労働』（岩波書店・２０２２年）で杉本書簡が誤りであり、１９４０年が最初の朝鮮人戦時動員と見なしている（15頁）。杉本の誤認はまだ存在する。杉本は書簡の中で１９４５年までに佐渡に移入した朝鮮人の総数を１２００名と記しているが、平井の書で触れたように本当は１５１９名であった。佐渡鉱業所が１回の募集で最大３００名を引率したことを考えると、この誤差は大きい。

以上のことから、平井栄一の『佐渡鉱山史』と杉本書簡を比較すると、史料的な価値、すなわち信頼性は前者が勝る。究明ネットは平井の書を殊更《ことさら》に貶《おとし》めて杉本書簡の方が史料的に価値があるように喧伝して引用しているが、歴史学に則《のっと》れば杉本書簡の方が史料的価値は低いのである。

足尾銅山「暴動」事件は朝鮮人戦時労働者に適応できるのか？

竹田和夫は朝鮮人労働者が争議を起こす原因について土井徹平「足尾銅山『暴動』の構造的特質について」（『日本歴史』第六三二号・2000年所収）を参考に挙げている。竹田は足尾銅山で「暴動」を起こした坑夫たちは日常的社会的紐帯「友子《ともこ》組織」を基盤にした民衆による抵抗運動であると位置づけ、「暴動」を起こした側の人間の心の面から分析すべきであると主張する（『新潟史学』第八三号・55頁）。

しかし、足尾銅山の「暴動」事件は1907年で明治時代の出来事であり、朝鮮人戦時動員が開始される30年以上前の事件のため安易に結びつけることはできない。また、足尾銅山の事件は日本人が主体であり、2年から3年で半島に帰る朝鮮人労働者にも適応できるのか考察する必要がある。

足尾銅山「暴動」事件を簡単に説明すると、1907年2月4日朝に坑夫200名が足尾銅山の見張所に押し寄せて窓ガラスを破壊し、ダイナマイトを投げ込むなどして破壊した。翌5日には別の見張所が多数の坑夫による投石で破壊された。その後も300名以上の坑夫が3か所の見張所を襲撃した。2月6日には坑外へと範囲を広げ、役員宅や事務所を襲撃し、翌7日に鎮静化した。

土井論文を読むと、この「暴動」は付和雷同的な群衆あるいは犯罪的な暴徒による突発的な集団的反抗事件ではなく、坑夫たちに賄賂を要求した一部の足尾鉱業所側の役員（「採鉱方」「見張方」）への抗議運動であったと記されている。したがって、足尾銅山の事件は「坑夫対鉱業所」の対立構造が成り立っていないと土井は主張する。そもそも「暴動」が起こる以前に足尾鉱業所側は労働組合からの待遇改善要求に応えており、賃金の値上げと「飯米」の改革を進めていた（前掲『日本歴史』73頁）。そのため、賄賂を要求しなかった役員は坑夫から暴力を受けることはなく、むしろ避難を促された。見張所以外の坑内諸施設はほとんど被害を受けず、土井はこの点を見て、坑夫たちから鉱業所の操業を阻害する明確な意図は見られないと強調する（同78頁）。

この点だけ見ても、足尾銅山「暴動」事件を朝鮮人戦時労働者の争議事件に適応させることは困難である。第一に、『特高月報』には朝鮮人労働者が起こした争議の詳細が記されているが、その大半が突発的な集団的反抗事件だからである。

例えば1942年2月分の『特高月報』には岩手県の松尾鉱山の争議事件が記されている。朝鮮人労働者数名が禁止されている賭博を開いているところを朝鮮人通訳に発見されて暴行事件に発展した。その際、無関係な日本人寮長他数名にも全治10日から3週間の傷害を与えた。足尾銅山の坑夫は無関係な役員には暴力を振るわずに避難を勧告した。この点も大きな違いである。『特高月報』を見ると、朝鮮人労働者の突発的な集団反抗や無差別な暴動が多発していたことが分かる。

第二に、竹田も指摘しているが、土井論文では足尾銅山「暴動」事件では坑夫たちは日常的な社会的紐帯（友子交際）を組織的基盤として坑夫（友子）間で集合的な意識・心性が存在していたと言及する。しかし、この社会的紐帯は日本人独特の感覚であり、朝鮮人労働者にどこまで当てはまるのか検討しなければならない。そのためにはまず、友子制度を確認する必要がある。

友子制度とは鉱山で働く坑夫たちが相互扶助を土台にした親分・子分の人間関係、あるいは組織的集団の封建的人間関係である（大場四千男「北海道炭鉱汽船⑭百年史編纂（五）」・北海学園大学開発研究所編『開発論集』第八九号・2012年・141頁）。封建時代の鉱山労働者は「ケガと弁当は自分もち」（151頁）と言われており、自身を守るために親子という擬制関係を結んで相互扶助を行うと同時に、技術指導を目的とした同職団体組織であった。しかし、昭和2年（1927年）に健康保険法が実施され、自助的救済機関であった友子集団も徐々に外部から生活保障が適用されるようになる。その結果、1937年段階での友子制度は炭鉱では弱体化や消滅への道を辿る（大場四千男「北海道炭鉱汽船⑭百年の経営史と経営者像（一）」・北海学園大学学術研究会編『学園論集』第一五三号・2012年・218頁）。

以上のことから、1939年9月から始まる朝鮮人戦時動員時期には、竹田が指摘した社会的紐帯である友子制度はほとんど残っていなかったと考えるのが妥当である。さらに言えば、佐渡では友子制度の意義が弱まり、1932年に「団員ノ合議ニ依リ解散」（前掲『学園論集』219頁）することとなった。このことから、佐渡金山で働いていた朝鮮人労働者に友子制度は無関係であることが断言できる。

また、友子制度に入るには仁義の切り方、坑内でのしきたりにとどまらず、神仏奇談に関する伝説継承まで行われていた。例えば、坑内でケガ人や死亡者を出した場合、友子制度では坑口より3本までの坑木を新しい菰《こも》で巻き掛かっている掛札《かけふだ》や御幣《ごへい》を取り外した後に運び出し、先頭に立つ者は槌《つち》と鏨《たがね》の頭を叩きながら出さなければならない。数年で故郷へ帰る朝鮮人労働者たちが友子の社会的紐帯を持っていたとは考えにくい。結論を言うと、足尾銅山「暴動」事件に見られた鉱山労働者の抵抗運動の特質は朝鮮人労働者には当てはまらない。

『新潟県史』の問題点

竹田は朝鮮人の「強制連行」を明記した『新潟県史』（1988年）が学術的に正しいと主張する。

しかし、『新潟県史』もまた朴慶植の『朝鮮人強制連行の記録』に基づいて歴史が叙述されており、大金を稼ぐために自主的に日本へ渡航した朝鮮人すらも強制連行されたと歪曲している。

同書で朝鮮人「強制連行」の項目を担当した佐藤泰治が、朴慶植が立ち上げた在日朝鮮人運動史研究会に所属していたことは前節でも説明した。彼は中津川朝鮮人虐殺事件に関する論文を同研究会の『在日朝鮮人史研究』第一五号（１９８５年）に寄稿している。決定的な点は、佐藤は『新潟県史』でも同事件を最初に紹介していることである。これらのことから、執筆者である佐藤泰治が朴慶植の学説に寄り添った人物であることが分かる。つまり、中立的な第三者の視点で執筆されなかったのである。竹田は『新潟県史』の編纂には高校教育に長年従事した教員が多数関係しており、中立的立場で歴史の検討が行われてきたと力説している。しかし、その高校教員こそが、当時の朴慶植の学説に支配された学界の中心的役割を担っていたのである。

具体的に『新潟県史』の問題点を列挙したい。一つ目は、新潟県協和会を朝鮮人の民族性を徹底的に奪い去ることを目的とした組織と紹介していることである（７８１頁）。協和会とは、日本在住の朝鮮人労働者を一括して管理できるように組織されたものであるが、朝鮮人へ実施する活動内容を見れば、民族性を否定する項目など一つもないことが分かる。

例えば、新潟県の協和会が当時発行していた『新潟県社会事業』第一三巻第九号（１９４１年）には次のように記載されている。厚生省協和官である武田行雄は「協和事業とはどんなものか」と題して、日本へ渡航した朝鮮人は風俗などの違いから日本での生活が極めて不便となっているので、まずは物的方面から朝鮮人の生活向上を図って内地生活に融けこめる素地をつくることが重要だと説いている。また、芝田佐一郎「本県の協和事業概要に就て」では、労務動員計画による朝鮮半島からの移住者は言語、風俗、風習が日本人と異なるために意思疎通に障害が出てきたので、そうした問題に対応するために新潟県協和会が１９３９年６月に組織されたと述べている。

『新潟県社会事業』に記載されている「協和事業根本方針及実践細目」では新潟県在住の半島出身者に対しての生活改善、衛生改善、借家問題の解決斡旋、職業補導及び指導が明記されている。また、朝鮮人保護のためであっても特殊施設は設けずに一般の施設で日本国民として保護することが通達されている。経済保護、医療救護、一般救護に関する社会施設で救済すると同時に、麻薬中毒患者などの要救護者の施設も用意された。さらに、帰郷にあたり旅費を持っていない者にはお金を与えて保護することも規定されている。協和会は移住してきた朝鮮人労働者が日本で不自由なく暮らせるために組織されたのである。

特に注目したいのは、芝田生「ある一日」で記述されている次の言葉である。昭和16年（1941年）時点の半島出身者の職業を調べてみると古物商が多かったそうである。これを知った芝田は「これでは駄目だ」と考える。今は戦時なので、平和産業から戦時産業へ盛んに転属が勧められているが、半島出身者はそのことが分かっていない。昔のような自由経済ではないことを理解し、一日も早く産業戦線で働くことに目覚めてほしいと締めくくられている（『新潟県社会事業』第一三巻第九号・1946年・41頁）。

協和会が朝鮮人に対して国民精神（忠君愛国）を教え教育強化を行っていたことは事実である。しかしそれは、日本人と朝鮮人が皇国臣民として戦争を戦い抜くことが目的であり、朝鮮人の民族性を奪い去ることではない。当時の朝鮮半島は日本領であり、合法的な統治であった。同じ日本国民として一致団結して戦争に臨む必要があった。したがって、当時の日本人の多くは芝田のように善意で朝鮮人に戦時体制への移行を指導していたのである。

加えて、協和会の目標は集団生活に慣れていない朝鮮人を日本式の職場（時間厳守の集合など）に適応させることでもあった。この点は朝鮮人が働く職場（この場合は佐渡鉱業所）も同様である。1943年に佐渡鉱業所が作成した「半島労務管理ニ付テ」にも、朝鮮人労働者が集団生活に支障が出ないように工夫を凝らしていたことがうかがえる。疫病防止のために衛生講話や清掃作業を実施して衛生観念の普及にまで気を配った。太陽灯の浴射を励行し、春秋の二期に大掃除を実施、各種予防注射を実施するなど、とても奴隷労働者とは思えない待遇であった。

その際に、同じ日本人として神社の参拝などを行い、皇国精神も教えていた。究明ネットはこの点を「皇民化政策」と呼び、朝鮮人の民族性を奪い去ったと主張している。しかし、先に説明したように、その指摘はまったくの的外れである。

『新潟県史』の二つ目の問題点は、１９３９年から始まる戦時動員（募集、官斡旋、徴用へと変化）で日本へ来た朝鮮人を何の根拠も示さず全員が強制的に連行されたと断言していることである。第一部でも紹介した石堂日誌には大勢の朝鮮人が自らの意思で日本行きを望んだことが記されている。『新潟県史』における「強制連行」の根拠は皆無なのである。この他にも、執筆者である佐藤泰治は１９４０年に起きた佐渡鉱山での争議事件の責任を佐渡鉱業所に押し付けている。当該の事件は、応募時に示された給料金額が異なっていると考えた朝鮮人労働者97名が賃上げを要求してストライキを行ったという内容である。佐藤は、佐渡鉱業所側が朝鮮人に対して「露骨な『劣等民族観』」を抱いていたことが原因としている。その理由は、企業側がまとめた報告書で争議原因を「一部労働者の誤解齟齬《そご》に基づく偶発的事故」とし、朝鮮人の「知能程度が想像以上に低」いため「二、三不良分子の扇動に乗じ半島人特有の狡猾性、付和雷同性を現した」と書いていたからである（前掲『新潟県史』７８３頁）。

しかし、日本鉱山協会編「日本鉱山協会資料第78輯　半島人労務者ニ関スル調査報告」（朴慶植編『朝鮮問題資料叢書』第二巻・１９８１年所収）に記載されている実物の報告書を読むと、真の原因は朝鮮半島の郡面（日本の市や村に相当）関係者が坑内作業内容の認識を欠いて説明してしまったことだと分かる。

佐渡鉱業所が朝鮮人を意図的に騙して日本へ連れてきたことはここで否定できる。さらに、この事件は『特高月報』にも記載されており、実際に2～3名の朝鮮人が他の労働者を扇動して騒動を大きくしたことが明記されていることから、佐渡鉱業所側の言い分は正しいことになる。言葉だけを見れば確かに過激な表現であろう。しかしそれは、現代の価値観を持った私たちだから言えることで、鉄拳制裁がめずらしくない当時の価値観からすれば問題になることではなかったのであろう。本当に佐渡鉱業所が朝鮮人に「露骨な『劣等民族観』」を抱いていれば、交渉に応じず弾圧すればよかったのである。しかしそのようなことはせず、佐渡鉱業所は真摯に交渉に対応した。

上記の争議事件に関して、竹内康人は警察側が朝鮮人の争議を武力で鎮圧したと主張しているが、それへの反論は後述する。

以上、『新潟県史』で朝鮮人の「強制連行」を担当した佐藤泰治の記述に問題があり、強制連行や強制労働を証明する史料が提示されていないことを明らかにした。このことから導き出される結論は、『新潟県史』は学術的に朝鮮人の強制連行と強制労働を立証しておらず、再検証が必要であるということだ。竹田は必死に『新潟県史』の正当性を主張するが、史料自体の分析や実証を重んじていないため、未だに朴慶植の学説に囚われているのである。

竹田論文（「『新潟県史』『佐渡相川の歴史』の意義を考える」）内での資料紹介を見ると、その先入観の強さがうかがえる。一例を挙げると、竹田は『新潟県史資料編18』（1984年）に収録されている、佐渡鉱業所が作成した「戦時下の佐渡鉱山の生産」に関して説明している。人員不足の状態や最新の機械導入でも生産が所定量に達していないことが判明すると竹田は指摘しているのだが、この資料のどこに「強制労働」を立証する箇所があるのか説明がない。実際に当該資料を読んでみると、3000トン内外の良質な鉱物を生産したこと、また、選鉱（採掘した鉱物を有用と不用に分けること）の品質が上がったことが記載されている。これを読んで強制労働に結びつけることができるのは竹田が学術的に瑕疵のある朴慶植の学説を妄信しているからであろう。学術的信憑性のない『新潟県史』を参考にした『佐渡相川の歴史』も同様に強制連行や強制労働を疑いながら読み進めていかなければならない。

第3節　「強制連行派」への再反論

竹内康人『佐渡鉱山と朝鮮人労働』

2022年8月の究明ネット研究会発表者の一人である竹内康人は研究会後の10月に『佐渡鉱山と朝鮮人労働』を出版し、歴認研への反論を展開している。内容としては、8月の竹内発表（落盤事故や珪肺の韓国人証言を検証なしで紹介する）と先の竹田論文の内容（「皇民化」政策で朝鮮人の民族性を奪い去るなど）と重複するところがあるので、そこは省略する。

『佐渡鉱山と朝鮮人労働』における竹内の主張を要約すると以下のとおりである。①佐渡鉱業所は朝鮮人を無理やり駆り集めた。②朝鮮人は契約期間延長を強要され、自由を得るには逃亡するしかなかった。③朝鮮人の賃金は低く設定されていた。④朝鮮人が争議を起こすと警察は暴力で鎮圧した。一つずつ反論していきたい。

①の朝鮮人を無理やり駆り集めたことに関する証拠として、竹内は杉本奏二の書簡を引用している。佐渡鉱業所の労務係が朝鮮半島の役人や警察に「外交戦術」で接して有利な募集、すなわち人員を集めさせて連行をしたと説明する。しかし、杉本の書簡を読むと「一村落二〇人の募集割り当てにて約四〇人の応募が殺到した」と書いている（『佐渡相川の歴史』680頁）。つまり、朝鮮人自身の意思で日本行きを望んだのであって、無理やり駆り集めたという竹内の説明は間違いである。杉本書簡と同様

の記述は石堂日誌にも散見されるので、この点は信用してもよいであろう。また、杉本の記した「外交戦術」とは、役人や警察に強制連行を手伝わせるという意味ではなく、遅滞なく採用が完了し、期日までに指定の人数を日本へ送れるように協力を依頼することであると筆者は考えている。

戦時動員時期直前の朝鮮総督府は朝鮮半島内が人手不足に陥らないように、日本へ渡る朝鮮人の人数を制限していた。企業側が朝鮮半島で労働者を募りたいと要望しても総督府の許可が出なければ禁止されており、募集回数も制限されていた。そのような中で、日本企業は労働者の数よりも質を重要視し始める。限りある応募のチャンスで少しでも多くの素質優良者、つまり真面目な者を職場に引き入れたいと考えたのである。「外交戦術」もそうした優良者を一人でも多く紹介してほしいという企業側の思惑があったであろう。事実、石堂日誌の１９４０年11月28日には、２名でも３名でも優秀者が来てほしいことを記述している。いずれにせよ、当時の朝鮮半島では応募者が殺到したことを無視した歴史考察は妥当ではない。

②の契約期間延長に関しては、竹内も同書で指摘しているように、期間延長に応じれば佐渡鉱業所は朝鮮人に奨励金を渡している。つまり、見返りを用意したのである。本当に朝鮮人を強制労働させていたならば、奨励金など用意せず命令だけすればよかったはずだ。事実、動員された朝鮮人の３分の2が現場に残ったとあるのだから、これらの人々は胸の内はどうあれ、報奨金を貰って現場に残るという判断を自己で下したことになる。竹内は職場を辞めることができない朝鮮人が自由を得るには逃亡するしか手段がなかったと主張している（『佐渡鉱山と朝鮮人労働』24頁）がこれは間違いである。この点は、前節にて異動届を紹介してすでに反論している。終戦直前である１９４５年作成（作成年不明のものもあり）の６枚の史料だけで35名の帰郷者（うち６名は病気のため帰寮）を確認できる。１９４５年でこれほどの人数が帰郷していることと紛失した帰郷者を記した他の異動届がある可能性を考えると、

相当数の朝鮮人が契約を更新せずに満期で朝鮮半島へ帰ることができたのではないだろうか。

③の朝鮮人の賃金は低く設定されていたことに関しても史料引用が粗い。竹内は１９４３年４月の朝鮮人の平均賃金が約84円であることを紹介し、手取り賃金は低く設定されていたと断言する。比較対象として１９３９年１月の日本人の平均賃金を出し、日本人の賃金自体が低く設定されていたと主張する（前掲書27頁）。まず、朝鮮人賃金（１９４３年）と日本人賃金（１９３９年）は物価の変化を考慮して比較せねばならない。すでに西岡力が１９４３年当時の東京の公立小学校教員の初任給が50～60円であったことを考慮すれば好待遇の賃金だったと考察している（『佐渡金山における朝鮮人戦時労働の実態』8頁）。

週刊朝日編『値段の風俗史 明治大正昭和』（１９８１年）を参照すると、朝鮮人労働者に配給されていた煙草の値段は１９３９年時点で９銭だが、１９４３年１月には15銭に同年12月には23銭にまで値上がりしている（55頁）。鉱山労働者の楽しみであった酒類については、ビールは１９３９年では41銭だが１９４３年には90銭に値上がり（同１８１頁）、日本酒は１９４０年では並等酒が１円90銭だが１９４４年には５円に値上がりしている（同85頁）。このように、戦時期の日本の物価は年々上昇しているので、労働者の賃金も上がることとなる。したがって、同年代の賃金でなければ比較はできない。１９４３年時点で佐渡鉱山の朝鮮人労働者の最高賃金が１７０円、最高貯金額が60円、送金が１００円であったことを考えるならば、働けば働くほどそれに応じて賃金が支払われていたことがうかがえる。

竹内は、労働できない場合は様々な控除により赤字となったり、賃金の支給額は貯金や食費、布団代などの控除により小遣い程度となったと指摘しているが、佐渡鉱山の「諸手当内規大要」や「佐渡鉱山扶助内規」には各種手当が定められており、ケガや病気で働けないときは保護を受けることができた。何を根拠に赤字になったと断定しているか定かではないが、おそらくこれも韓国人証言を検証せずに採用したのであろう。強制的な貯金を課されていたことは日本人も同じであり、食費は毎日支払っていたが50銭で日に三食の食事が保証された。布団代は1か月で50銭だったので大した出費ではない。朝鮮人労働者に小遣い程度の賃金しか渡さなかったのは、より待遇の良い職場への逃走資金に使用されることを警戒してのことである。

朝鮮人に寄り添った鉱業所と警察

④の朝鮮人争議を警察が暴力で鎮圧したという主張も間違いである。1940年4月に発生した朝鮮人97名の賃上げストライキの詳細が司法省刑事局編『思想月報』第79号に記載されているが、そこに暴力的行為は確認できなかった。以下、『思想月報』より要約を行う。

ストライキが起こった原因は一般的には朝鮮半島で説明された条件と実際の待遇が異なっていたことであるが、その他にも、金銭を懐にすると休養しようと考える朝鮮人の特性が現れ、個別的に原因を異にしていた。ストライキの知らせを受けた末綱副山長は諏訪町の相愛寮に、安奉益技師と立崎外勤主任は第三相愛寮に赴いて就労を勧告したが受け入れられなかった。末綱副山長が朝鮮人労働者全員を協和倶楽部に集合させて就労を訴えた甲斐もあり、12名が入坑する意思を見せた。しかし、朝鮮人のストライキを聞いた日本人労働者199名も坑内稼働を拒否してしまったため、朝鮮人12名は結局入坑しなかった。その他の朝鮮人84名は昼食をとるために帰寮させ、午後から説得を継続したが、日本人労働者の怠業を知ったので、大部分の者が「待遇を少し改善してくれなければ回答できない」と答えた。

警察側は首謀者や扇動者の査察を行い検束しようと考えたが、佐渡鉱業所側が穏便な方法で説得している最中にそのような行動に出れば逆効果と考慮し、一般警戒にとどめた。その日はいったん説得を切り上げて、翌日になると朝鮮人10名は自主的に起床しており、最終的に41名が入坑したが、まだ日本人１１６名が入坑を拒んでいた。そのときに日本人２名と朝鮮人３名が気勢を上げたので５名を検束した。首謀者である尹起炳、前日に扇動した洪寿鳳と金聖秀には就労勧告も同時に行ったが聞き入れないため引き続き一般警戒を行い、取り調べをしたが扇動を認めなかったのでいったん帰寮させた。ここにきて鉱業所側も徹底的措置を講じる必要性を認め、首謀または扇動したと思われる12名を検束して取り調べを開始する。一方で、他の朝鮮人全員は協和倶楽部に集合することになり、警察署長と特高課員による説得を受けて翌日から就労することを承諾した。

その後、警察側は佐渡鉱業所側に待遇改善（賃上げ）を促した。鉱業所側は何度か主務省に掛け合っていたが賃金据置令があるため許可を貰えなかった経緯がここで明らかになる。それでも警察側は鉱業所側に考慮を求めたところ、仕事内容を軽減して実質的な賃金向上を図り、地下足袋やカーバイトの廉価販売、食糧の改善と福利施設の実施を鉱業所側が約束した。警察側はこれらの点が実行されるかを監視することに決めた。

以上が争議の顚末であるが、佐渡鉱業所側と警察側が一切暴力行為を行わず、それどころか穏便な説得で済ませようとしたことが分かる。検束も、気勢を上げた者や扇動したと思われる者12名のみが対象であった。報告の最後に「十二日に於ては警察側の鎮圧に依り」（『思想月報』第79号・23頁）という記述があるので、竹内はこれを見て暴力行為があったと断言しているが、警察側は「鎮圧」などしておらず、最後まで穏便に済ませようとした。それは佐渡鉱業所側も同じである。最後は、警察側が朝鮮人労働者の味方になって待遇改善を鉱業所側に求めた。鉱業所側も法令に抵触しないように対策を講じ、実現に向けて努力することを約束した。警察側はその約束が実行されることを確認するために佐渡鉱業所を「監視」するに至る。ストライキの3年後、1943年に佐渡鉱業所が作成した「半島労務管理ニ付テ」を読めば、それが各種の保障や福利施設の充実につながっていったことがよくわかる。これのどこが強制労働なのであろうか。

先入観で歴史考察

『佐渡鉱山と朝鮮人労働』は他にも根拠を提示していない断定を多用して佐渡金山への朝鮮人強制連行と強制労働が事実であるかのように誘導している。

例えば、竹内は朝鮮人労働者が職場から逃走した場合、全国に指名手配されることを人権問題のように論じているが（33頁）、これは当時の労務調整令の存在を無視している。労務調整令とは、1942年1月10日より日本と朝鮮で同時に実施された法令で、自由に就職することや退職・転職することを禁止した。また、技能者（資格取得者、特定学校卒業者等）の就職を許可制にすることで重要産業（軍需工場や鉱山など）に必要な人員を配置できるようにした戦時法令である。

これに違反した者は1年以下の懲役または1000円以下の罰金に処せられ、報告の怠りや虚偽の報告をした者は1000円以下の罰金、検査を拒み妨げまたは忌避した者は6か月以下の懲役または500円以下の罰金に処せられる（厚生省勤労局編『労働時報』1941年12月号・6頁）。もし、企業が逃走者の報告を怠れば「報告の怠りや虚偽の報告をした者」に該当し、企業も処罰の対象となる。指名手配は懲役を科す法律に違反した結果であり、労務調整令は戦時法規となるので、人道問題には当たらない。佐渡で発生した逃走事件は5件確認できるが、すべて労務調整令が発効される1942年1月以降の出来事である。

また、竹内は朝鮮人を「半島人」と呼ぶことが差別であったと主張しているが、これも疑問である。

労働科学研究所が1943年に作成した報告書には、「朝鮮人」という言葉は絶対に使わぬよう労務者全体に言い渡し、「半島さん」と呼ぶように指導した鉱業所が存在したことが記されている（第2章参照）。

同様のことは福岡地方裁判所検事局「福岡県下在住朝鮮人の動向に就て」（朴慶植編『在日朝鮮人関係資料集成』第四巻、三一書房・1976年所収）でも指摘されている。1939年3月23日に福岡地方裁判所で開催された会議の記録では貝島鉱業所大ノ浦出張所の羽田野重徳が朝鮮人労働者は「朝鮮人」「半島人」と言われるのが一番癇に障るようだと発言している。しかしその直後に、福岡県特高課長の後藤吉五郎が「一番嫌がることは『鮮人』次が『朝鮮人』で『半島同胞』ということはそれほどでもないようです」と訂正を入れ、「朝鮮」ということを露骨に書かず、咸鏡北道《ハムギョンプクト》ならば咸鏡北道の人と書けばよいと思うと指摘している（朴編前掲1133頁）。このように「半島人」は差別語ではなく、むしろ朝鮮の人々に配慮した呼び方だったことが分かる。竹内は何を根拠に「半島人」が差別語だと判断したのであろうか。

朝鮮人差別とは関係のない事柄を差別問題に結び付けており、そこに歴史学的な考察は見られない。同様に、強制連行や強制労働とは無関係な史料も無理やり結び付けている。代表的な例は「朝鮮人煙草配給台帳」である。これは1944年から1945年に相愛寮に住んでいた朝鮮人に煙草を配給するために作成された名簿で、竹内は史料を基に約600名の朝鮮人労働者の名簿を作成した。竹内はこれらすべての朝鮮人が強制連行された証拠だと主張しているが、名簿には朝鮮人の名前と生年月日、出身地、入寮や退寮などを示す異動状況しか記されていない。つまり、強制連行されたという根拠が皆無なのである。そもそも、煙草は当時貴重品であった。

1944年9月14日付の『新潟日報』では、煙草店は1日に販売時間を2～3回に区切っており、いつ販売するかも告知しないことから煙草の購入が不便になっていると報じている。同年10月23日付の『新潟日報』では、煙草を購入するために開店の30分～1時間前には店の前に行列ができ、時間的な余裕がない独身者は煙草を買いたくても買えない状況になっていると解説している。また、煙草店は午前に購入した者は午後には購入しないよう注意していることも報じられている。日本の庶民が買いたくても買えない煙草を朝鮮人労働者は毎回配給されていたのである。これだけでも当時の朝鮮人の厚遇がうかがい知れる。

強制労働に関しては、暴力的な労務管理の抵抗として朝鮮人は脱走していたと竹内は主張し、その根拠として『特高月報』に記載されている佐渡市の逃亡事件5件を紹介する。しかしこの点に関しては、本章第1節で紹介した2022年3月の歴認研学術セミナーですでに反論している。逃亡の理由は自由労務者と比較して賃金が低いことと食糧不足に対する不満であった。食糧に関しては日本人と朝鮮人は同等であったので、朝鮮人だけが不当に食事量を減らされたという証拠はない。当時の朝鮮人労働者の逃亡理由で一番多かった要因は他の好待遇職場への転職である。甚《はなは》だしい者は朝鮮半島から出発する時点で逃亡転職を計画していた。そして日本国内には逃亡を手助けするブローカーが存在していたのである。

1943年1月11日の逃亡事件ではブローカーと思われる協力者の存在が紹介されている。竹内は該当事件を紹介し、佐渡には連行された朝鮮人に同情して船で逃亡を助ける人もいたと説明するが、他者の境遇に同情する者が逃走手引きの見返りに大金を要求するであろうか。「動員された朝鮮人と佐渡在住朝鮮人、そして日本人漁業者の間に逃走のための秘密の道筋があったようです」（『佐渡鉱山と朝鮮人労働』18頁）と指摘しているように、佐渡にも朝鮮人を転職させるための逃走を幇助するブローカーが存在していたと考えることができる。彼らはその報酬として朝鮮人労働者たちから現金を貰っていたのである。したがって、暴力的労務管理に反抗した逃走とは言い難い。

以上のことから、『佐渡鉱山と朝鮮人労働』は一次史料から強制連行も強制労働も証明できていないと言える。最後に残るのは戦後の韓国人証言であるが、歴史学において証言がそのまま証拠となることはない。必ず一次史料や何らかの資料等と突き合わせて整合性をとる必要があるのだが、証言の検証が行われた形跡はなく、信憑性が乏しいと言わざるを得ない。竹内は韓国人証言特集の後で、朝鮮人は企業による募集の際に甘言によって日本へ連れてこられたと説明しているが（66頁）、甘言に関しては次のような資料がある。

『北海道と朝鮮人労働者　朝鮮人強制連行実態報告書』（１９９９年）で紹介されている募集担当者は、1日の平均賃金は2円70～80銭だが訓練中は2円だと説明しても、募集に来た朝鮮人たちは2円70～80銭が頭にこびりついて離れないのだという。日本に来てから「話が違う」と言ってくるので、十分に気をつけるよう注意喚起していることから（２５１頁）、戦後の聞き取り調査で韓国人証言者が「業者の甘言に騙された」と話したとしても、証言者本人の勘違いという可能性がある。だからこそ、証言を扱う際には慎重にならなければならない。

竹内は佐渡鉱業所を批判する手法として、佐渡教会の牧師であった野村穂輔の証言を用いている。野村は徴用で労働した際に脊髄を損傷したが、鉱山側は業務上の事故とせず、治療費は自己負担であったと証言しているという。しかし、野村の自伝である『御霊によって歩きなさい』（１９９３年）には治療費が自己負担であったことは書かれていない。しかも、野村が負傷した鋼車事故の原因は朝鮮人労働者による電源スイッチの切り替えミスであり、鉱山環境や設備の不備ではなく労働者側の人為的ミスだったのである（97頁）。

歴認研の主張を批判したいのであれば、最低限、落盤事故や珪肺について検証するべきである。いずれにせよ、「強制連行派」の人々は未だに学術的観点から強制連行と強制労働を証明できていない。

第4節 「強制連行派」の活動に参加して

究明ネットの佐渡フィールドワーク

筆者は2022年8月28日に行われた究明ネットの佐渡フィールドワークにも参加した。参加者は約50名で、女子大学生数名も来ていた。見学経路は午前に「きらりうむ佐渡」、朝鮮人社宅、佐渡鉱山供養塔、北沢選鉱場、佐渡金山を見学し、午後には各所の供養墓、朝鮮人寮、無宿の墓、共同炊事場跡などを回り、最後は佐渡奉行所であった。

ここでは究明ネットの竹内康人が中心となって、随時解説を行った。その中で特に筆者の印象に残った彼の解説を紹介したい。佐渡金山の見学では、江戸時代コース（宗太夫坑）と近代コース（道遊坑）の両方を見学した。竹内は前者のコースで江戸の無宿人が無理やり佐渡金山で働かされていたことを強調していた。無宿人とは、親から勘当を受けた者や寺の宗門別帳から除外された者たちである。佐渡は1778年から江戸、大阪、長崎などの無宿人を受け入れ、幕末までの100年間で1874名が送られた。

本来であれば、朝鮮人の強制労働に時間を割くことが効率的であるにもかかわらず、わざわざ時間をかけて無宿人について解説したのである。筆者の推論としては、究明ネットは江戸時代まで遡って、佐渡金山では強制労働が行われていたと印象づけて、日本人でさえ強制労働させられていたのだから、朝鮮人ならばなおさら非道な扱いであったというイメージを植え付けたかったのではないか。事実、先に紹介した竹内の『佐渡鉱山と朝鮮人労働』では「江戸期の過酷な鉱山労働と人権侵害」という項目を設けて、無宿人が強制労働させられたと批判している。

竹内の解説はあまりにも偏りがあると言わざるを得ない。佐渡金山によって繁栄した江戸時代の相川町には役人や商人など様々な人が集まり、多数を占めたのは金山で働く坑夫、職人、雑役夫たちであった。決して、無宿人の強制労働によって繁栄したのではない。テム研究所編『図説佐渡金山』（１９８５年）では次のように説明している。相川の町が栄えて、他国から来た金掘りや町人が遊興にふけって生国へ帰らなくなり、帰ることができたのは10人に１人くらいであったという。加賀藩では１５９９年に、国を出て金山に向かう「走り百姓」を取り締まり、田地を捨てて金掘りになることを一切禁じた。また、越後でも１６０５年に渡海禁止令を出すに至った。しかし、それでも佐渡へ集まる人々は止められなかった。

渡部浩二「佐渡金銀山絵巻の変遷・分類と絵師」（佐渡市新潟県教育委員会編『佐渡金銀山絵巻――絵巻が語る鉱山史』同成社・２０１３年所収）には、１７７８年から江戸無宿が佐渡金山に送り込まれて坑内の湧水を汲み上げる水替作業に従事していたとある。江戸無宿の佐渡送りは幕末まで続いたが、絵巻に江戸無宿や水替小屋を描くことは一時的で、幕末まで継承されなかったようである。例として、渡部は１８１９年以降に作成されたと考えられる「金銀採製全図」系の絵巻には江戸無宿や水替小屋の描写は確認できない点を指摘している（46頁）。つまり、江戸時代における佐渡金山労働者の主体は無宿人ではなかったのである。

百年間で１８７４名しか来なかった無宿人が佐渡金山の経営や周辺の町の経済を回すことは不可能である。佐渡繁栄の功労者は自身の田地を捨ててまで渡航した元農民たちである。１８００年代に入ると、佐渡では鉱山労働者向けサービス業も発展し、その中でも医者や薬屋が多かったという。按摩や針仕事も坑内労働者の周りに多数分布していたことも判明しており、労働者へのマッサージや若年単身労働者のために洗濯や衣類の修繕をしてくれるサービス業が確立していた。

針仕事師だけでも170名もおり、それで商売が成り立つほどの需要があった。これが要因で、相川では「刺し子」（装飾よりも実用を主体とした縫い刺し）という独特の技術が生まれた。その他にも建築関係や道具屋の人々も多く、佐渡金山の反映がうかがえる（『図説 佐渡金山』136頁）。

江戸時代の最盛期では、相川町だけで人口が3万から5万であったという。現在の佐渡市全人口が約5万であることを考えると、当時の繁栄が分かる。注目すべきは、江戸時代の佐渡では島全体で能が流行しており、各地域で舞台が披露されていたことである。能は面の種類が揃っていないと成立しないが、面は高額で誰でも購入できるものではなかった。能の流行という事実から、佐渡では一般民衆も楽しめるほどに経済が潤っていたことがうかがえる。佐渡金山が発展した背景には、多くの日本人が田地を捨てて金を掘りに来た歴史がある。歴史の全体像を次代にしっかり伝えるべきではないか。

「安倍国葬反対」で記念撮影

もう一つ、筆者の印象に残っている出来事がある。新潟県立佐渡高等学校相川分校のすぐ近くにある上相川社宅（山ノ神住宅：朝鮮人家族の社宅）を見学したときのことだ。家の中までは見学できないが、家の作り自体は日本人家族の社宅とほとんど変わらないという。この社宅を見た参加者の一人が筆者に小声で「全然みすぼらしくありませんね。掘っ立て小屋なんかじゃない」と話しかけてきた。おそらく、朝鮮人は掘っ立て小屋に住まわされていたという事前の知識と乖離していたので、思わず声に出てしまったのであろう。

筆者の所属する歴認研では2022年7月11日に新五郎町の日本人家族用社宅を見学し、内装も確認している。〔写真18〕から見ても分かるが、居間にあたる部屋は6畳の広さがあり、圧迫感は感じない。朝鮮人社宅も同様であったことを考えると、朝鮮人が奴隷的な扱いを受けていたとは考え難い。

究明ネットのフィールドワークでは、総源寺の佐渡鉱山供養塔を見学した際に、住職の説明を聞くことができた。住職によると、少し前に供養塔を整理するために土を掘ったところ、大腿骨から下の骨がたくさん発見されたという。当時、点在していた身寄りのない鉱山労働者の墓を合わせて供養するために１９３４年12月に供養塔を建立したのだが、朝鮮人の遺骨は未だに確認されていないと話していた。

参加者の中には、朝鮮人の供養塔が佐渡にないことに憤っていた者もいた。その際には、佐渡金山と北海道の夕張炭鉱を混同して考えており、佐渡金山でも落盤事故などで多くの朝鮮人が死亡したにもかかわらず、江戸時代の鉱山労働者の供養塔があるのに朝鮮人にないのは、佐渡鉱業所が朝鮮人をゴミのように扱っていた証拠だと主張していた。

夕張炭鉱は炭山であるが、佐渡金山は鉱山である。何度も指摘するが、佐渡金山は岩盤が硬く、落盤などほとんど発生しなかった。朝鮮人死亡者は１９４３年の「半島労務管理ニ付テ」で10名と記されている。総源寺の住職が朝鮮人の遺骨は確認できていないと話したのも、遺骨は基本的に遺族へ渡していたからである。少なくとも、現時点で佐渡に朝鮮人労働者の遺骨が確認できないならば、朝鮮人の供養塔を建てる理由はないはずだ。冷静な議論を踏まえず、安直な考え方で佐渡金山は朝鮮人の強制労働の現場だという主張に賛同することは、佐渡の歴史と人々を不当に貶めているのではないか。

〔写真18〕日本人家族用社宅の内部　2022年７月11日　撮影：歴史認識問題研究会

午後のフィールドワークで筆者にとって一番印象に残ったことが起こった。次の見学現場へ向かう途中で記念撮影を行うことになったのだが、韓国の民族問題研究所対外協力室長である金英丸が撮影の際に「安倍国葬反対」といって合計3回シャッターをきり、拳を突き上げるように女子大生含めて全員（二つのグループに分かれて20名ほど）に呼びかけた。筆者を含めて数名は指示を無視したが、佐渡金山の歴史の理解を深める活動でなぜそのような掛け声があがるのか。

不可思議なことは共同炊事場跡でも起きた。共同炊事場では、当時働いていた日本人と朝鮮人のために弁当を作り、金山まで運んでいた。この点だけでも朝鮮人への強制労働はもちろん、差別がなかったことも証明している。にもかかわらず、その説明を受けた後で究明ネットの参加者の中に、朝鮮人を強制労働させるための「一分《いちぶ》の隙もない」労働管理だと非難する者が現れた。どのように受け取れば、そのような考え方になるのか、筆者はついに理解できなかった。さらには、この共同炊事場跡に朝鮮人労働者の像を建てようという話も浮上したことで、究明ネットは歴史の事実を追求する学術団体ではなく、特定の思想を持った政治運動団体ではないかと、筆者は疑うようになった。

あいかわ開発総合センターでの証言集会

２０２３年4月22日に佐渡市のあいかわ開発総合センターで「韓国・強制動員被害者遺族の証言と交流の集い」が開催され、筆者はそこにも参加した。主催は「韓国・強制動員の証言を聴く集い実行委員会」であったが、究明ネットの竹内康人と民族問題研究所の金丞垠《キムスンウン》が発表した。

同証言集会では戦時中に佐渡へ渡って働いた鄭雙童《チョンサンドン》の息子である鄭雲辰《チョンウンシン》が話をした。鄭は１９５２年生まれのため、父がいつ、どのように連行されたのか正確には知らないと述べており、内容のほとんどは他者からの伝聞によって成り立っていた。このことから、「望んでもいない場所に強制的に連行された」という主張が父親である鄭雙童のものなのか、息子である鄭雲辰なのか判然としない。明確に言えるのは、鄭雙童が強制連行されて、奴隷のように働かされたということを証明するものは一つもないということである。

しかし、元労働者の遺族が涙ながらに語る姿は人々の印象に残るであろう。当日の集会では多くのカメラが回っていた。日本のメディアなのか、韓国のメディアなのか不明であるが、参加者50名ほどの集会でカメラが4台も設置されていた（写真19）。集会の映像を用いて強制連行と強制労働を宣伝する意図が見える。

朝日新聞は２０２３年5月2日のデジタル記事で「父の日本名に胸詰まる　佐渡鉱山動員者の子『歴史記憶し日韓友好を』」を掲載した。集会前日に佐渡博物館に保管されている「三菱相愛寮　煙草配給台帳」の原本を鄭雲辰が閲覧して、父親である鄭雙童の日本名「東本雙童」を見つけて泣いている写真が確認できる。記事には、「名簿に父の名を見つけたとき、息ができないほど胸が詰まった。痛ましい歴史をしっかりと記憶し、次代に伝え、日韓両国の友好につなげてほしいと願う」という鄭雲辰のコメントと竹内康人の「強制労働でないと否定することはできない。彼らの尊厳の回復が求められる。歴史の事実を消して本当の友好はない」という主張を掲載している。強制連行と強制労働が事実であるかのように書いているが、実際は父親の名前が記してある名簿を見ただけであり、何一つ証拠がない。

〔写真19〕2023年４月22日の証言集会で並ぶカメラ（撮影：筆者）

以上のことからも分かるように、あいかわ開発総合センターでの集会も証言の学術的検証が行われなかった。例えば、金丞垠は「佐渡鉱山動員者・遺族の調査」というテーマで発表し、申泰喆《シンテチョル》の娘・申成起《シンソンキ》、金文国《キムソングク》の息子・金平純《キムピョンスン》、盧秉九《ノビョング》の息子・盧安遇《ノアンウ》の証言を紹介したが、ここでも不可思議な点が見つかった。

申成起は、父親は1941年に徴用から逃れるために家の屋根に隠れていたが見つかってしまったと述べている。しかし、朝鮮半島で徴用が実施されるのは1944年である。また、1941年は朝鮮半島で日本渡航を望む者たちが多くいたことが日誌などで確認できているので、渡日を嫌がる者を執拗に追いかける必要性はない。

また、父である申泰喆は終戦後に「いつも息が切れている様子で、呼吸をするのが大変そう」で「まともに農作業ができなかった」と説明している。このような症状は佐藤一郎「佐渡鉱山に於ける珪肺症の臨状的並びに病態生理学的研究　特に珪肺症補償時期の検討」（『新潟医科大学病理学教室研究報告』1948年所収）によると、珪肺Ⅲ期の特に重症患者では安静時でも軽度の呼吸困難が見られるという（3頁）。珪肺Ⅲ期に移行するには最短でも6年7か月、平均で10年1か月坑内で労働しなければ発症しないことが齋藤謙の論文で判明している。申泰喆は約5年間の労働なので、本当に佐渡金山での作業で発症したのか検証しなければならない。

盧安遇の証言にも気になる点がある。父の盧秉九は健康であったが、亡くなるときは咳ばかりしていたと話しており、佐渡金山での労働が原因で発症したかのような印象を受ける。しかし、終戦から盧秉九が亡くなるまで62年も経過している。珪肺がそれほど長い年月をかけて潜伏して発症するという事例を筆者は知らない。盧の咳による体調悪化に佐渡金山での労働は関係ないように思われる。

唐突な証言内容の変化

特に不可思議なのは、金平純の証言だ。父である金文国は1940年頃に動員されて、終戦後は呼

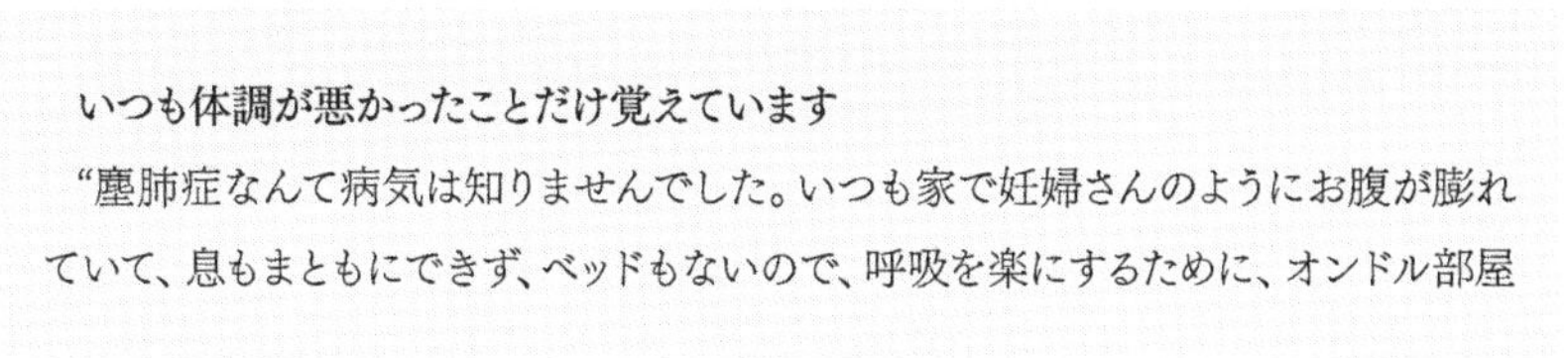
いつも体調が悪かったことだけ覚えています
“塵肺症なんて病気は知りませんでした。いつも家で妊婦さんのようにお腹が膨れ
ていて、息もまともにできず、ベッドもないので、呼吸を楽にするために、オンドル部屋

〔写真20〕2023年４月22日の証言集会で配布された資料の12頁

吸困難となり、息ができるのは布団を畳んで凭《もた》れかかるときだったと話している。これも珪肺Ⅲ期の症状と思われるが、やはり労働期間が短く、検証の必要がある。気になるのは「いつも家で妊婦さんのようにお腹が膨れて」いたという内容である。筆者は医学知識がないため断言できないが、少なくとも珪肺に関する医学論文の中で妊婦のように腹部が膨れるという症状は見たことがない。珪肺以外の似たような症状（結核性胸膜炎、石綿肺）として、肺に胸水がたまったり、炎症によって肺の表面が肥厚することはあるようだが、腹部に関しては何の記述もない。筆者はこの証言を読んだときに、珪肺は肺に粉塵が入ることで発症する病気なのに、なぜ腹に影響が出るのかと不思議に思ったことを覚えている。

幸運なことに、『JAPAN Forward』にその疑問を記事にする機会を賜り、2023年5月18日に「Rally Against Sado Gold Mines Supplies More Evidence-Free Fake History」という題名で掲載された。さらに、日本語版の記事も5月22日に掲載された。

問題はその後に起こった。同年5月29日に発行された『強制動員真相究明ネットワークニュース№22』では佐渡の証言集会が紹介されたのだが、先の金平純の証言箇所が「胸に水がたまり膨らんで息苦しそうだった」に変わっていたのである。執筆者は竹内康人となっている。竹内は当日の集会で発表も行っているので、４月22日に会場で配布された証言内容は把握しているはずである。にもかかわらず、腹部の膨張が胸部の膨張に変化しており、変更の理由も書かれていない。最初は、集会を主催した実行委員会が「胸」を「腹」と聞き間違えたことによる修正かと納得しようとしたが、当日に配布された資料には間違いなく「妊婦さんのようにお腹が膨れて」と書かれている（前頁・写真20）。単純な聞き間違いではないことは明らかだ。

このように、何らの説明もなく突然に内容を変更されると、証言の信憑性を疑いたくなる。竹内は2024年6月発行の『朝鮮人強制労働の歴史否定を問う』でも「胸に水がたまり膨らんで」と書いている（82頁）。証言内容を変更した正当な理由がなければ、少なくとも本証言は信頼に値しないものとなるだろう。金平純と金文国の名誉を守るためにも、究明ネット側は説明をする必要がある。

強制連行も強制労働も証明されなかった

4月22日の佐渡市の集会に参加していた一人の男性が質疑応答の時間に「私は強制連行も強制労働もなかったと考えている。『強制』という言葉の定義を明らかにしてから集会を開くべきだと思う」と会場で堂々と発言した。この男性の発言を聞いた開催者側は一言の反論もできないまま、次の質問を募るしかできなかった。

「強制連行派」の人々は質問者の男性を歴史否定論者と言って非難するのであろうか。しかし、実際に集会に参加した筆者としては、男性の主張は正当であると思う。同集会は証言や名簿の存在だけが紹介され、強制性を証明できる具体的な資料は一切紹介されなかった。一方で、筆者が所属する歴認研は、戦時中や終戦直後に作成された一次史料を引用して強制連行も強制労働もなかったことを証明してきた。「強制連行派」は証言が証拠だと主張するかもしれないが、証言だけを集めて検証も行わない歴史考察は学術的ではない。その点は、本書の第2章で指摘している。

究明ネットと民族問題研究所が共同で『日韓市民共同調査報告書　佐渡鉱山・朝鮮人強制労働』（以

後、『報告書』を２０２２年10月に発行しており、同書には１２４名の動員者や遺族の証言と18名の死亡者の調査内容が記載されている。ほとんどが強制動員されたと書いているが、具体的な動員の様子はまったくと言っていいほど説明がない。証言資料は究明ネットなどの「強制連行派」が独占しており、閲覧ができない状況にあった。しかし、『反日種族主義』の共著者である李宇衍が韓国の国家記録院に保管されている永久保存非公開文書「強制動員被害申告調査記録」（以後、「調査記録」）から佐渡鉱山に動員された証言を閲覧し、筆記のうえ、それを日本語に翻訳した。その成果は２０２４年に「佐渡鉱山に動員された１３５人の『証言』（強制動員被害申告調査記録）について」でまとめられた。李の研究によって、究明ネットと民族問題研究所が証言を恣意的に編集したことが判明した。

　李宇衍の研究によると、証言者の中には募集に応じて日本へ行ったと話していながら、調査した日帝強占下強制動員被害真相究明委員会（２００４年発足）によって強制動員被害者に認定されていることが判明した。自主的な募集渡航を強制連行に歪曲された好例と言える。

　また、『報告書』60頁に趙《チョ》載《ホ》勝《スン》に関する説明が掲載されており、趙の佐渡鉱業所勤倹預金通帳には１９４３年６月から１９４５年10月17日までの残高６０２円32銭が記載されているとある。しかし、李が「調査記録」を見たところ、趙は10月17日に預金をすべて払い戻していたことが判明した。金額は６０４円32銭と『報告書』と齟齬《そご》があるが、趙は朝鮮半島に帰る際に貯金を下ろして懐に入れることができていたのである。「強制連行派」は、朝鮮人が自由に貯金を下ろせなかったと主張して、これを強制労働の根拠にしていたが、今回の研究によって、大金を払い戻せていたことが証明された。

　なぜ、『報告書』は正確な記述を記載しなかったのか。これまでの「強制連行派」の学説に不都合であったから説明を誤魔化したのであれば、学問的に不誠実な態度と言わざるを得ない。

　他にも、『報告書』49頁には金鐘元に関する記述があるが、金は帰郷後に塵肺症で苦労したことを家族が証言したと説明している。しかし、「調査記録」には塵肺症を証明する書類がないと記されており、家族の証言は立証されていなかったことが分かる。「塵肺症証明書類なし」という重要な事柄も「強制連行派」にとって不都合な事実であろう。同様のことは、姜信道の記述にも当てはまる。『報告書』49頁には姜は帰郷後に塵肺症に苦しんだと書いているが、「調査記録」には後遺症を立証する根拠資料はないと明記している。このことからも分かるように、究明ネットと民族問題研究所は「調査記録」にあった後遺症の立証資料がないという文章を省き、塵肺症で苦しんでいたことが事実であるかのように『報告書』で紹介しているのである。こうした点を踏まえると、『報告書』で紹介されている証言や記録を信用することは危険である。

原文である「調査記録」を見ても、帰郷後に塵肺症で苦しんだという報告が非常に多い。多くの者は珪肺Ⅰ期の発症期間に達する前に帰郷しているにもかかわらず、珪肺Ⅲ期を思わせるような症状を訴えている。李宇衍は補償金を貰いやすくするために後遺症があったと証言したのではないかと推測している。２００４年に制定された「日帝強占下強制動員被害の真相究明等に関する特別法」には遺族にも補償金を渡すことを認めていたが、被動員者に後遺症があったことが条件であった。だからこそ、塵肺症などの後遺症で苦しんでいたと証言する遺族が多かったのであろう。

以上、「強制連行派」のフィールドワークや集会に参加した筆者の体験を記したが、最終的に言えることは、彼らは強制連行や強制労働を示す一次史料を提示できておらず、戦後の証言に頼らざるを得ない状況になっていることである。その証言に関しても学術的な検証がされておらず、むしろ、自分たちの主張に都合がいいように改変を施している。事実を究明するための学術活動というよりも、証言者を使った宣伝広告や慰霊碑建設といった政治運動活動に注力しているように見える。

最後に、『新潟県社会事業』第二〇巻第九号（１９４０年）に掲載されている「談話室　旅で拾った協和美談」を紹介したい。佐渡の婦人方面委員が朝鮮半島から10年前に渡日したインテリ朝鮮人の支援をしたエピソードである。厚生資金として佐渡の婦人がインテリ朝鮮人に200円を貸し、最終的に計1000円に近い金額を資金として融通した。しかし、朝鮮人がつけていた帳簿がすべて虚偽であり、働きもせず融通していた金で酒を飲んで遊んでいたことが判明した。そのことがばれた朝鮮人は手を合わせて謝ったので、婦人もきついことが言えず、更生を促した。その結果、インテリ朝鮮人は真面目になり、保険の勧誘をして家族と暮らしており、今でも相談に乗っていると締めくくられている（21頁）。

佐渡金山には直接関係のない話かもしれないが、当時の佐渡における朝鮮人の状況を表している。当時の1000円は相当の大金である。それを酒と遊びに浪費したと判明しても警察に突き出さずに更生を促したという話は、佐渡の人々の厚い人情も表しているといえよう。「強制連行派」は佐渡金山を朝鮮人強制労働の現場であったと批判しているが、学術的手法を踏まず、間違った史料解説に立脚している彼らの主張は佐渡市の人々や朝鮮人に対して礼を失していないだろうか。

2024年7月、ついに佐渡金山が世界遺産に登録された。この場をお借りして、祝言を述べたい。筆者を含めた歴史認識問題研究会は引き続き、学術的手法によって佐渡の歴史を考察していきたい。

第6章　歪曲された三井三池炭鉱の真実

第1節　万田坑朝鮮人名簿に関して

万田坑の「労務者名簿」

本章では三井鉱山株式会社三池鉱業所万田《まんだ》労務事務所が1946年7月に作成した「労務者名簿」を分析する。

分析結果について述べる前に、この章の目的・狙いについて説明しておこう。

万田坑の「労務者名簿」は、朝鮮人「徴用工」の先行研究において、これまでたびたび取り上げられてきたが、客観的に考察されることはなかった。多くの研究者、さらに言えば「強制連行」派の人たちは、名簿に記載された未払金の数字を誇大に解釈し、退職金と慰労金は一切支払われなかったかのように喧伝してきた。

はたして、それは真実なのか。この章では、名簿のデータを客観的に分析し、未払金、退職金、慰労金を比較することで、先行研究の誤りをただしていきたい。

さて、この「労務者名簿」は1941年から終戦の1945年までに三池炭鉱の万田坑という石炭採掘現場に移入した朝鮮人の氏名などが詳細に記載された貴重な史料である。現在は大牟田市立図書館で複写を閲覧することができる。

同名簿の作成目的に関しては、当時日本を支配していたＧＨＱ（連合国軍総司令部）の法務局に提出するために作成された可能性があるとされている。この点は、大牟田市石炭産業科学館内の「こえの博物館」ライブラリーに収録されているインタビュー映像の中で武松輝男《たけまつてるお》（１９３０年～２０１０年）が答えている。後述するが、万田坑の「労務者名簿」を最初に入手した日本人が武松輝男であると思われる。大牟田市立図書館に保管されている武松輝男資料の「Ｅ11」には、「ＧＨＱ（連合国軍総司令部法務局）提出資料・昭和24年4月21日付三井鉱山社長山川良一」と記されたメモが入っている。そのメモには「武松氏が元ＧＨＱの中国人から入手したとされる」と書かれている。しかし、これらを裏づける資料が見つからないので断定はできない。

万田坑の朝鮮人名簿は、これまで幾人かの研究者が分析・考察してきた。最初に同名簿を取り上げた人物は武松輝男であろう。武松は１９４７年に三井三池鉱業所土建課に就職し、１９８５年に定年退職となる。その後は宝燃料工業株式会社に勤務する。その間に、三池炭鉱に強制連行された朝鮮人の歴史を広めるという目的で１９８０年代から精力的に研究やフィールドワークを始めている。１９９０年８月には「強制連行の足跡を若者とたどる旅」という日韓交流団体設立の発起人の一人となり、高校教員や中学生など多数の日本人に朝鮮人強制連行という認識を拡散させた。その武松が自身の活

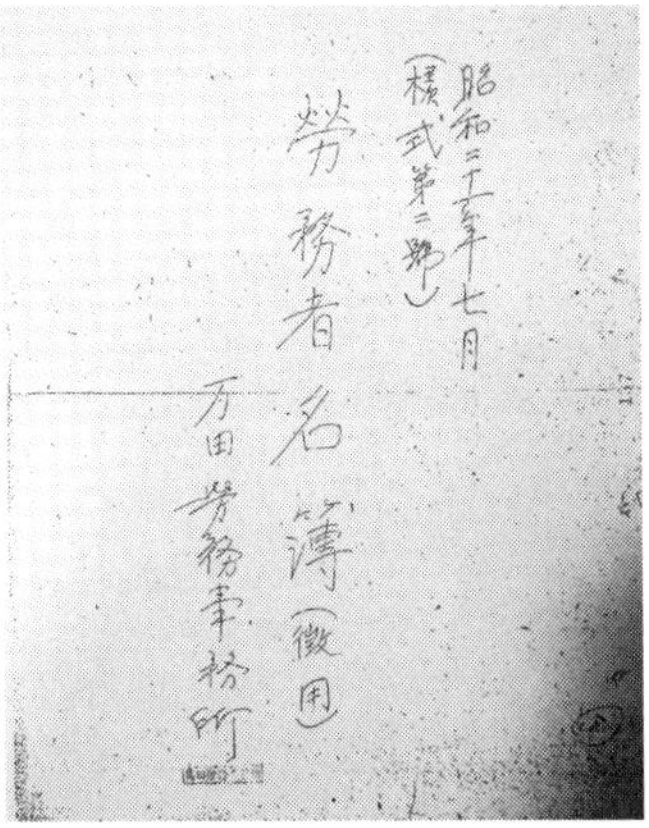

〔写真21〕万田坑「労務者名簿」の表紙（徴用）

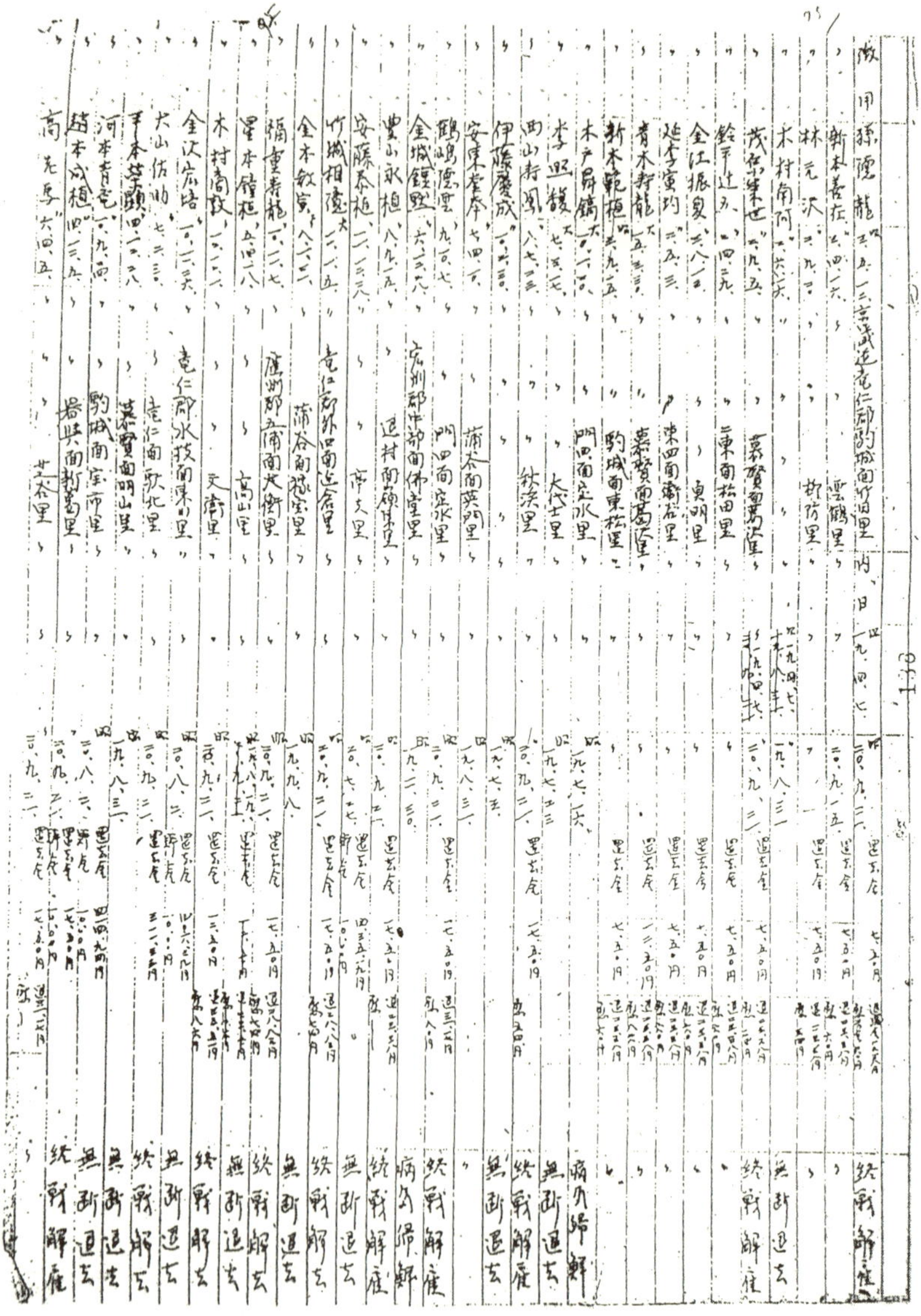

〔写真22〕万田坑「労務者名簿」の一覧表（徴用）

動の中で万田坑朝鮮人名簿を独自に入手し、研究したのである。同名簿が大牟田市立図書館に保管されている理由は、武松が１９９７年に久留米に転居した際に資料を寄贈したからである。

その他に、万田坑の朝鮮人名簿を取り扱った書籍や論文としては、竹内康人『調査・朝鮮人強制労働①炭鉱編』（２０１３年）、広瀬貞三「戦前の三池炭鉱と朝鮮人労働者」（『福岡大学人文論叢』第四八巻第二号・２０１６年所収）、『新大牟田市史　三池炭鉱近現代史編』（２０２１年・以後『新大牟田市史』）が挙げられる。竹内は名簿の存在のみを紹介、広瀬は武松の研究内容に沿って解説するにとどめているが、『新大牟田市史』は武松が分析していない事柄にも言及している。

武松から始まった万田坑朝鮮人名簿に関する最終的な結論は、同文書は朝鮮人の強制労働を示す内容であるという点で一致している。しかし、筆者がすべての朝鮮人名簿を調べたところ、むしろ強制労働を否定する内容であったことを確認した。その点を本章で詳細に述べていきたい。

万田坑の朝鮮人名簿には何が記されているのか

万田坑の朝鮮人名簿である「労務者名簿」には「第二號表　附記」という１枚の書面が付いており、これが名簿の概要説明書となっている（写真23・次頁）。

表に付記されている内容は次のとおりである。

第二號表　附記

（イ）事業場

三井鉱山株式会社三池鉱業所万田坑

（ロ）年度別割当数及雇入数

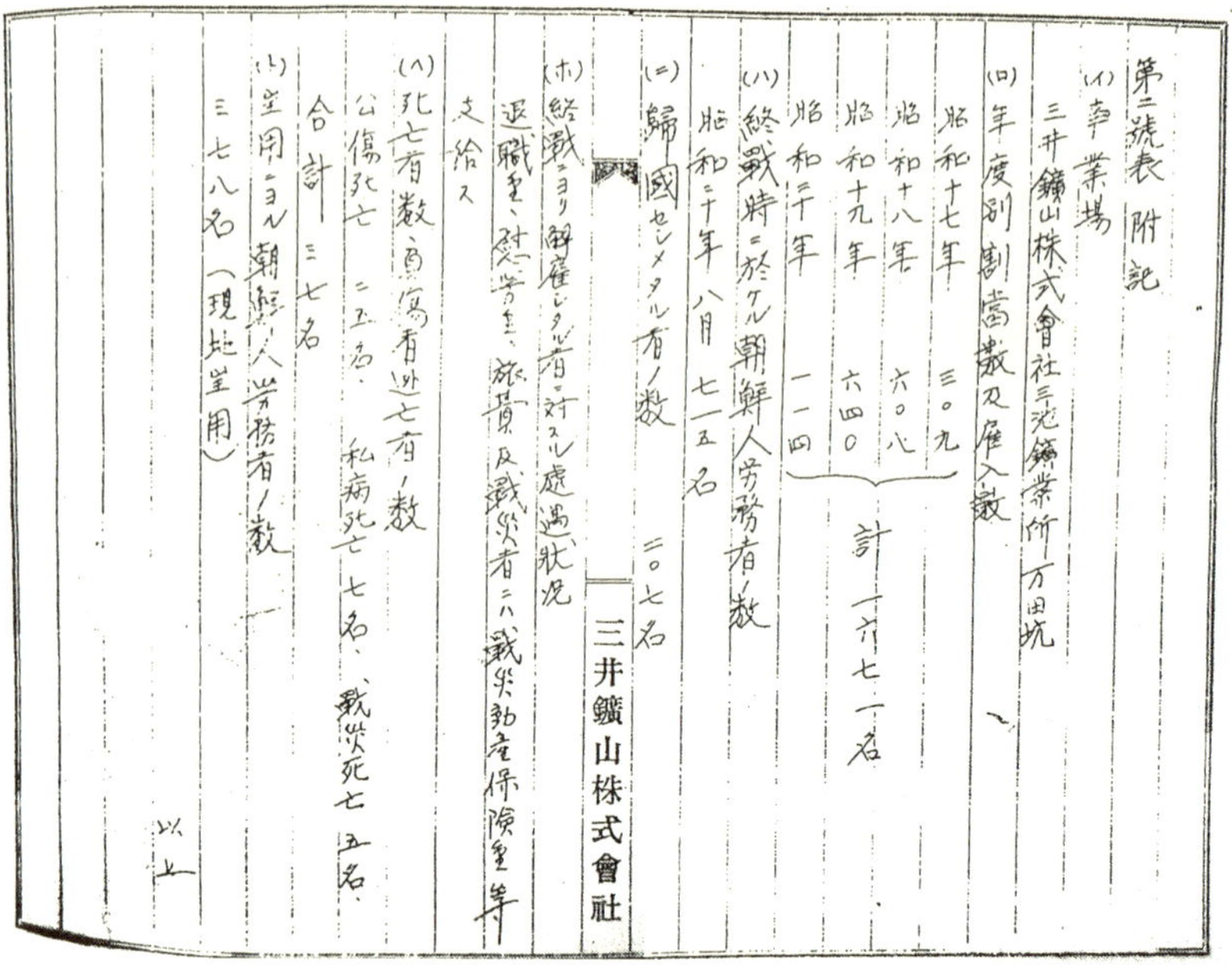
第二號表 附記
(イ)事業場
三井鑛山株式會社三池鑛業所万田坑
(ロ)年度別割當數及雇入數
昭和十七年 三〇九
昭和十八年 六〇八
昭和十九年 六四〇
昭和二十年 一一四
計 一六七一名
(ハ)終戰時ニ於ケル朝鮮人労務者ノ數
昭和二十年八月 七一五名
(ニ)歸國セシメタル者ノ數 二〇七名
(ホ)終戰ニヨリ解雇シタル者ニ対スル處遇狀況
退職金、慰労金、旅費及戰災者ニハ戰災動産保険金等支給ス
(ヘ)死亡者數、負傷者並亡者ノ數
公傷死亡 二五名、私病死亡 七名、戰災死亡 五名、
合計 三七名
(ト)雇用ニヨル朝鮮人労務者ノ數
三七八名(現地雇用)
以上
三井鑛山株式會社

〔写真23〕万田坑「労務者名簿」に添付されていた「第二號表　附記」

昭和17年３０９　昭和18年６０８　昭和19年６４０　昭和20年１１４　計１６７１名

（ハ）終戦時に於ける朝鮮人労務者数

昭和20年８月　７１５名

（ニ）帰国せしめたる者の数

２０７名

（ホ）終戦により解雇したる者に対する処遇状況

退職金、慰労金、旅費及戦災者には戦災勤労保険金等支給す

（ヘ）死亡者数、負傷者逃亡者の数

公傷死亡25名　私病死亡７名　戦災死亡５名

（ト）徴用による朝鮮人労務者の数

３７８名（現地徴用）

名簿に記載されている項目は「入所経路」「氏名」「生年月日」「本籍地」「職種」「入所年月日」「退所年月日」「未払金」「退職時待遇」「厚生年金保険給付済・未済」「摘要」である。退所理由の項目はなく、「摘要」欄に記されている。

なお、「厚生年金保険給付済・未済」には記載が一切なかったので本稿の分析からは除外した。なぜ、わざわざ項目を設けておきながら記載しなかったのであろうか。前述のとおり、同名簿は当時日本を支配していたＧＨＱの法務局に提出するために作成された可能性がある。根拠となる資料は発掘されていないが、提出の締切日を守るために「厚生年金保険給付済・未済」項目の記載することができないまま提出したのではないか。実際、名簿には間違えた際は削除線を用いたり、順番を間違えた

際は矢印によって正しい順序を示したりしている。本来であれば、用紙そのものを換えて書き直す必要があると思うが、そのような時間も惜しいほど万田坑の鉱業所員は切迫していたのではないだろうか。

筆者は万田坑の朝鮮人名簿のすべてをデータ化し、多角的に分析した。例として、官斡旋で入所した朝鮮人名簿の一部を〔図表29〕として掲載する。

附記には朝鮮人1671名の名簿であることが記されているが、武松輝男は、1738名（自由募集73名、官斡旋1379名、徴用286名）と、名簿の附記よりも多い人数を掲げている。これは、昭和16年に自由募集で入所した人数が新たに確認できたためだという。

同名簿に記載されている総人数に関しては先行研究でも一致していなかった。竹内康人は1756名（『調査・朝鮮人強制労働①炭鉱編』234頁）、『新大牟田市史』は1757名となっている（737頁）。今回の筆者の調査では1757名となり、市史と一致した。筆者が計算した人数の内訳は以下のとおりである。

自由募集によって入所した者　73名

〔図表29〕万田坑「労務者名簿」（官斡旋）の一部

氏名	生年月日	本籍地	職種	未払金	退職時待遇	
				置去金	退職金	慰労金
皇聖大	明治35年5月5日	忠北道	内日	11円66銭	72円68銭	80円
鄭本延豊	明治31年9月17日	京畿道	〃	101円66銭	132円83銭	100円
昌原激在	明治42年3月3日	〃	〃	71円66銭	121円66銭	134円
光原王盛	明治43年4月6日	〃	〃	11円66銭	85円40銭	94円
松羅連順	明治44年12月15日	〃	〃	11円66銭	85円40銭	95円
金業男	明治45年2月15日	〃	〃	11円66銭	85円41銭	96円
平山巳男	明治44年10月25日	〃	〃	11円66銭	139円13銭	134円

入所日はいずれも1943年9月11日に入所、昭和20年9月15日に退所（終戦解雇）
職種欄にある「内日」については不明

官斡旋によって入所した者　１１８９名
官斡旋（徴用）によって入所した者　２０２名
徴用によって入所した者　２９３名
合　計　１７５７名

万田坑の名簿には「官斡旋（徴用）」によって入所したという記述がある。『新大牟田市史』では、名簿作成中に分類可能な記録が残っていなかったことによって曖昧な記載となった可能性と官斡旋で入所したが１９４４年9月に徴用が始まったため一部が書き換えられた可能性を指摘している（７３6頁）。筆者としては、後者の可能性が高いと考えている。「官斡旋（徴用）」の労働者が入所した日付を見ると、全員が１９４４年８月30日となっているからである。当初は官斡旋で日本に来たが、すぐに徴用令が導入されたので徴用で来た者として変更されたと思われる。いずれにせよ、１７３８名以上の朝鮮人名簿であることは確定である。

退所理由の整理

次に、「入所経路」項目別に１７５７名の退所理由の内訳を整理した結果を〔図表30〕（次頁）として、また、退所理由別の総人数を〔図表31〕（次頁）として掲載する。

筆者の調査では、万田坑朝鮮人名簿１７５７名中「終戦解雇」は全体の40％となった。同様に、「逃走」は38％、「無断退去」は5％、「期間満了」は4％、「病気送還」は3％、「死亡」は2％である。「逃走」と「無断退去」の意味の違いは判然としないが、鉱業所から脱走という意味では同じなので、合算すれば43％となり、割合としては「無断退去」「逃走」が「終戦解雇」を上回る。

〔図表30〕万田坑「労務者名簿」記載の退所理由別内訳人数表（単位：人）

自由募集

無断退去	10
怠慢	10
不都合	10
自己都合	9
背信行為	8
終戦解雇	4
依願	4
逃走	2
病気依頼	2
死亡	2
旅行不参	2
会社都合公傷	1
期間満了	1
帰化	1
送還	1
記載無し	1
判読不能	5
合計	73

官斡旋

逃走	515
終戦解雇	440
期間満了	60
病気送還	37
無断退去	35
死亡	25
記入無し	25
不良送還	19
入営	7
送還	6
自己都合	5
旅行不参	2
公傷解雇	2
依願送還	1
不都合送置	1
一時帰鮮	1
依願帰鮮	1
判読不能	5
合計	1187

官斡旋（徴用）

終戦解雇	142
逃走	38
期間満了	14
病気送還	4
死亡	4
合計	202

徴用

終戦解雇	126
逃走	112
無断退去	42
病気帰鮮	5
死亡	5
入営	1
療養中	1
記載無し	1
合計	293

〔図表31〕退所理由別の人数調べ（単位：人）

退所理由	人数	退所理由	人数	退所理由	人数
終戦解雇	712	自己都合	14	公傷解雇	3
逃走	667	不都合	11	帰化	1
無断退去	87	怠慢	10	一時帰鮮	1
期間満了	75	背信行為	8	療養中	1
病気送還	48	入営	8	判読不能	10
死亡	36	送還	7		
記載なし	27	依願	6		
不良送還	19	旅行不参	4		

※「病気送還」には「病気依頼」「病気帰鮮」も含めた。「不都合」には「不都合送置」も含めた。「依願」には「依願送還」「依願帰鮮」も含めた。「公傷解雇」には「会社都合公傷」も含めた。

このことから、朝鮮人労働者の退所理由で一番多い要因は逃走であった。その傾向が顕著に見えるのは、官斡旋で入所した者たちである。〔図表30〕の官斡旋の内訳を見ると、「終戦解雇」４４０名を超える５５０名（逃走５１５名、無断退去35名）が逃走しており、これは官斡旋労働者１１８７名の46％に相当する。

〔図表30〕の「期間満了」とは、鉱業所側と結んだ労働契約が満期を迎えたことで退職し、朝鮮半島へ帰ったことを意味する。労働契約期間は基本的に2年間であるが、契約を更新した者もいた。その際に、希望者は一時的な帰郷を許された。

契約期間満了以外の正当な理由で、少なくとも鉱業所側と話し合いを経て帰郷したと思われる項目としては「病気送還」「自己都合」「公傷解雇」「依願送還」「依願帰鮮」を挙げることができる。他には、軍へ入隊することにより炭鉱から去る「入営」もある。一方、朝鮮人側に問題があって朝鮮半島に戻されたと思われる項目として「不良送還」「不都合送還」が挙げられる。これは、朝鮮人側に働く意思がないために鉱業所が強権を発動させて朝鮮半島へ送還したと予測できる。

附記（本書２４９頁参照）に記されている内容で筆者が特に気になった点は、終戦解雇となった朝鮮人への待遇である。これによると、朝鮮人は帰郷する際に退職金や慰労金を三池鉱業所から支給されていることが分かる。その金額がどれほどのものだったか、その点が気になった。しかし、最初に万田坑の朝鮮人名簿を研究した武松輝男はこの内容を一切考察していない。この点は竹内や広瀬も同様である。『新大牟田市史』は若干触れている。その点は重大な問題であるが、詳しくは後述する。

第2節　未払金と退職金、慰労金の分析

未払金について

武松輝男が万田坑の朝鮮人名簿の研究で重点を置いた内容は「未払金」の総額である。大牟田市立図書館に保管されている「武松輝男資料　E23」には「三井三池炭鉱　萬（万）田坑強制連行朝鮮人未払い金　内譯（訳）と件数」と題する武松の研究が保管されている。

万田坑の名簿では「未払金」の項目があるが、ここには「置去金」と「貯金」の金額が記されている。これは三池鉱業所に自身のお金を残したまま退所したことを記していると思われる。「未払金」の項目には「置去金」のみの金額記載もあれば、「貯金」のみの記載もあり、両方とも記載されている場合もある。このことから、「置去金」と「貯金」は同一のものではなく、それぞれ異なったお金であることが分かる。

『新大牟田市史』は、「置去金」とは強制あるいは任意の貯金であり、引き出すことができないままになった貯金と理解するのが合理的であると述べているが（738頁）、それだと「置去金」と「貯金」が併記されていることに説明がつかない。筆者としては、「置去金」が愛国貯金などの強制貯金であり、「貯金」が労働者任意による普通貯金ではないかと考えている。このあたりは、今後の研究が望まれるところである。

武松は、置去金と貯金の金額が記入されているのは「一部の例外（労災死亡、逃走）を除いて、その殆どが『終戦解雇』された者たちである」と述べている。しかし、武松のこの指摘は明らかにおかしい。筆者が計算した〔図表32〕（次頁）を見てほしい。

未払金のある終戦解雇が３２６名であるのに比して逃走１９９名、無断退去21名である。この２項目はともに鉱業所からの脱走という意味なので、合計すると２２０名になる。これらの点を踏まえると、「終戦解雇」で未払金が記載された者の割合は、未払金全体の55％、脱走者は38％となる。明らかに、「逃走」と「無断退去」で未払金がある者の割合は、武松の言う「一部の例外」の範疇を超えている。具体的な内訳を説明したい。

動員形式別に筆者が調べた結果、自由募集の朝鮮人73名のうち終戦解雇は４名であり、未払金の記載はない。官斡旋では４４０名の終戦解雇者中、未払金の記載がある者は１９８名だが、未払金の記載がある逃走者は１４０名もいる。官斡旋（徴用）では１４２名の終戦解雇者中、未払金の記載がある者は13名で、未払金の記載がある逃走者は７名である。徴用では１２６名の終戦解雇者中、未払金の記載がある者は１１５名。未払金の記載がある逃走者は52名、無断退去者は21名となった。

このように、「未払金」の項目に記載があった

〔図表32〕「未払金」に記載がある朝鮮人内訳と割合（退所理由別）

退所理由	人数【内訳】	割合
終戦解雇	326名【官斡旋198名、官斡旋（徴用）13名、徴用115名】	55.3%
逃走	199名【官斡旋140名、官斡旋（徴用）7名、徴用52名】	33.8%
無断退去	21名【徴用21名】	3.6%
死亡	12名【官斡旋9名、徴用3名】	2.0%
期間満了	7名【官斡旋7名】	1.2%
入営	6名【官斡旋6名】	1.0%
病気送還	5名【官斡旋5名】	0.8%
不良送還	1名【官斡旋1名】	0.2%
一時帰鮮	1名【官斡旋1名】	0.2%
公傷解雇	1名【官斡旋1名】	0.2%
記載なし・判読不能	10名【官斡旋10名】	1.7%
合計	589名【官斡旋378名、官斡旋（徴用）20名、徴用191名】	100%

割合は「終戦解雇」だけでなく、脱走を意味する「逃走」と「無断退去」も多いことから、未払金は終戦解雇者に多かったという武松の主張は正確とは言えない。

では次に、未払金の詳細を見ていきたい。先に述べたように、名簿における「未払金」には「置去金」と「貯金」の2種類の記述が確認された。武松は未払金について、「徴用」と「官斡旋徴用」とに分け、さらに「置去金」と「貯金」に分類して金額と件数を調べた。しかし、武松の考察はあくまで総額の記載のみであり、詳細が判然としない。そこで、筆者が内訳表を作成した。その結果が〔図表33〕(次頁)である。

〔図表33〕を見ると、未払金の記載者数は「終戦解雇」が多かったが、未払金の合計金額では、脱走者(「逃走」と「無断退去」)が一番金額が大きいことが分かる。割合は未払金全体の半分以上となる54%を占め、「終戦解雇」は33%であったことが今回の調査で初めて証明された。

もう一つ明らかになった点は、徴用であれ官斡旋であれ、貯金の未払い記載が多いのは「逃走」であった。官斡旋(徴用)が例外的に置去金の記載が一人もおらず、貯金の額も終戦解雇の項目が若干多い。しかし、全体で見れば貯金の未払金は「終戦解雇」の1561円48銭に対し「逃走」は1万2250円4銭となる。未払いの貯金総額は1万5276円52銭なので、「逃走」の金額だけで全体の80%を占めている。武松輝男は、未払金の大部分は終戦解雇で逃走は一部であったと主張したが、貯金の未払金に関しては終戦解雇こそが一部であったと言える。

では、個人別の未払金の最高額はいくらだったのだろうか。上位5名を次に記す。

「未払金」の金額順位　※■は判読不能を示す

1位　豊田春鳳　官斡旋「逃走」、1943年9月3日入所、1945年7月29日退所

〔図表33〕未払金内訳の詳細（筆者の計算）

		置去金	貯金	未払金合計	未払金割合
脱走	逃走	19,001円50銭	12,250円 4銭	35,079円12銭	54.0%
	無断退去	3,669円58銭	158円		
終戦解雇		19,590円60銭	1,561円48銭	21,152円 8銭	32.6%
死亡		5,641円21銭	348円	5,989円21銭	9.2%
期間満了		988円66銭	0円	988円66銭	1.5%
入営		469円99銭	10円	479円99銭	1.3%
病気送還		124円	96円	220円	
一時帰鮮		0円	50円	50円	
公傷解雇		47円93銭	0円	47円93銭	
不良送還		0円	26円	26円	
記入なし		154円66銭	777円	931円66銭	1.4%
合計		49,688円13銭	15,276円52銭	64,964円65銭	100%

官斡旋で未払金項目に記載があった者

	置去金	貯金	未払金合計	人数
終戦解雇	15,539円94銭	64円50銭	15,604円44銭	198名
逃走	15,164円75銭	10,141円82銭	25,306円57銭	140名
入営	469円99銭	10円	479円99銭	6名
病気送還	124円	96円	220円	5名
期間満了	988円66銭	0円	988円66銭	7名
不良送還	0円	26円	26円	1名
記入なし	154円66銭	777円	931円66銭	10名
一時帰鮮	0円	50円	50円	1名
公傷解雇	47円93銭	0円	47円93銭	1名
死亡	5,538円61銭	348円	5,886円61銭	9名
計	38,028円54銭	11,513円32銭	49,541円86銭	378名

金額が読み取れなかったもの

未払金	125円■0銭（不明）、4■円66銭（置去）

官斡旋（徴用）で未払金項目に記載があった者

	置去金	貯金	未払金合計	人数
終戦解雇	0円	1,184円98銭	1,184円98銭	13名
逃走	0円	823円22銭	823円22銭	7名
計	0円	2,008円20銭	2,008円20銭	20名

徴用で未払金項目に記載があった者

	置去金	貯金	未払金合計	人数
終戦解雇	4,050円66銭	312円	4,362円66銭	115名
逃走	3,836円75銭	1,285円	5,121円75銭	52名
無断退去	3,669円58銭	158円	3,827円58銭	21名
死亡	102円60銭	0円	102円60銭	3名
計	11,659円59銭	1,755円	13,414円59銭	191名

金額が読み取れなかったもの

置去金	■円17銭（終戦雇用）

※■は判読不能を示す。

合計991円87銭（置去金695円87銭、貯金296円）

2位　柳田文熙　官斡旋「逃走」、1943年9月3日入所、1945年8月1日退所
合計948円14銭（置去金629円14銭、貯金319円）

3位　巖昌成　官斡旋「逃走」、1943年9月3日入所、1945年7月7日退所
合計915円2銭（置去金875円2銭、貯金40円）

4位　金川鳳根　官斡旋「逃走」、1943年9月3日入所、1945年8月14日退所
合計850円71銭（置去金805円71銭、貯金45円）

5位　国本承[redacted]　官斡旋「逃走」、1943年9月3日入所、1945年7月29日退所
合計836円39銭（置去金587円39銭、貯金249円）

上記のとおり、未払金高額者上位5名はすべて逃走者であることが判明した。興味深い点は、朝鮮人労働者は入所してから2年未満でこれほどのお金を稼いだということである。筆者は北海道の日曹《にっそう》天塩《てしお》炭鉱で働いていた朝鮮人労働者の個別賃金表を研究したが、その際に愛国貯金と思われる「天引」の金額は月収の1割から2割であったことが判明した。もし、万田坑名簿で記載されている「置去金」が愛国貯金のことを指しているならば、万田坑の朝鮮人労働者たちは契約期間である2年間でいくら稼いだのであろうか。三池炭鉱における朝鮮人の坑内夫の平均月収は未だ明らかにされておらず、この点の解明も求められている。

また、名簿では終戦解雇の中に巨額の未払金があるにもかかわらず退職金や慰労金の記載がない者が複数確認された。これはおそらく、隣接する無断退去や逃走の欄に未払金の記載がないことから記入ミスと考えられる。本来ならば脱走者の欄に書くべき未払金を、誤って終戦解雇者の箇所に書いて

しまったのであろう。そのようなミスの可能性があるものは、徴用で「置去金311円35銭」「置去金157円83銭、貯金69円」「置去金517円50銭」。官斡旋で「置去金405円」「置去金215円」。同じく官斡旋名簿中で退所理由が「入営」となっている者に逃走と間違えて「置去金405円」を記入したと思われる箇所もあった。したがって、「終戦解雇」と「入営」における未払金の金額は〔図表33〕の金額よりも少なくなり、「逃走」と「無断退去」の未払金額が増加する可能性がある。

その他の退所理由も見ていきたい。官斡旋の未払金の項目で死亡者が9名いるが、金額が一番大きい者は「公死」の置去金1050円、貯金311円で合計1361円となる。次いで、「公傷死」の者1187円（置去金1150円、貯金37円）、「病死」の者1050円（置去金1050円）となる。名簿の文字が見えにくいが、これらの者の遺族にそれぞれ、3109円37銭、5610円50銭、1693円が支給されていることが記載されている。名簿に記載されている死者は36名おり、未払金の記載は12名となる。高額の未払金となっているのは官斡旋のみであり、徴用の未払金のある死者は3名で、置去金がそれぞれ11円60銭、56円、35円である。これらの未払金が終戦後に清算されたのかどうかは、資料がないため不明である。

次に「期間満了」の未払金であるが、官斡旋で7名合計988円66銭となっている。これの内訳を見ると、一番多い金額が置去金596円66銭でその次の金額は100円となる。一人だけ不自然に金額が大きいが、理由は分からない。

官斡旋の「記入なし」は、退所理由を示す「摘要」欄に記載がない、または判読不能であった者たちであるが、多くは脱走した者ではないかと推測する。ここで一番金額が大きいのは、貯金のみ262円50銭、次いで貯金のみ164円であった。それぞれの内訳を〔図表34〕（次頁）に記す。

従来の研究では、朝鮮人戦時労働者が終戦によって日本を離れるとき、事業所が貯金の引き下ろし

〔図表34〕その他の「未払金」記載項目内訳

官斡旋「入営」

未払金	
置去金	貯金
15円	
8円33銭	
16円66銭	10円
405円	
12円50銭	
12円50銭	

官斡旋「病気送還」

未払金	
置去金	貯金
	50円
124円	
	20円
	10円
	16円

官斡旋「期間満了」

未払金	
置去金	貯金
596円66銭	
70円	
35円	
69円	
35円	
100円	
83円	

官斡旋死亡者

未払金	支給金	摘要
置去金 603円33銭	1618円45銭	戦災死
置去金 708円62銭	4288円12銭	（判読不能）
置去金1050円 貯　金 311円	3109円37銭	公死
置去金1105円 貯　金 37円	5610円50銭	公傷死
置去金 500円	1770円	公死
置去金 511円66銭	1870円50銭	公死
置去金1050円	1693円	病死
置去金 5円	2994円45銭	公死
置去金 5円	■05■円90銭	公死

官斡旋「記入なし」

未払金	
置去金	貯金
95円	
	262円50銭
	79円50銭
	164円
	107円
59円66銭	50円
	30円
	31円
	25円
	28円

※■は判読不能を示す。

に応じず賃金にも未払いがあり多額の未払金を残されたとされていた。武松もそのように主張している。しかし、以上で見たように、万田坑の未払金の半分以上は「逃走」と「無断退去」といった脱走者であり、「終戦解雇」は3割でしかなかった。

退職金と慰労金について

次に、先行研究がきちんと取り上げていない退職金と慰労金について分析する。第一に三池鉱業所は戦時動員された朝鮮人に退職金を払っていた。これだけでも強制労働ではない証拠だ。そのうえ、退職金の他にかなり多額の慰労金を払っていた。慰労金についてはその性格を示す資料が見つかっていないので、詳しいことは分からないが、主として終戦解雇者に支払われている。ところが、武松は終戦解雇者に退職金、慰労金が支給されたことを紹介すらしていない。偏った研究と言わざるを得ない。

では、終戦解雇となった朝鮮人たちはどれほどの退職金と慰労金を受け取ったのだろうか。筆者が退職金及び慰労金の合計金額を退所理由ごとに計算した結果を〔図表35〕〔図表36〕（次頁）に示す。〔図表36〕から分かるとおり、名簿に記されていたすべての退職金と慰労金を合計すると7万6238円42銭となった。これは、未払金総額である6万4964円65銭を上回る。さらに、前節でも指摘したように、未払金の大半は炭鉱から脱走した者たちである。終戦解雇の中で未払金があった者の合計金額は〔図表37〕で記したとおり2万1152円8銭であるが、退職金と慰労金の合計は7万3471円28銭であり、これは未払金の約3・5倍の金額である。入所経路別の内訳を〔図表37〕（次々頁）に示す。

募集による朝鮮人の終戦解雇者は4名で、退職金の記載があった者が2名で残りは記載がなかった。

〔図表35〕退所理由別の退職金及び慰労金の合計

	募集		官斡旋		官斡旋（徴用）		徴用	
	退職金	慰労金	退職金	慰労金	退職金	慰労金	退職金	慰労金
終戦解雇	208円54銭	0円	19,343円66銭	25,532円	5,038円21銭	12,772円	1,210円87銭	9,366円
逃走	96円77銭	0円	436円81銭	270円	0円	0円	0円	106円
無断退去	?	0円	0円	0円	0円	0円	0円	0円
入営	0円	0円	215円66銭	280円	0円	0円	15円58銭	60円
病気送還	0円	0円	0円	114円	0円	0円	0円	0円
記入なし	0円	0円	0円	334円	0円	0円	0円	0円
公傷解雇	0円	0円	96円50銭	161円	0円	0円	0円	0円
死亡	0円	0円	0円	0円	0円	0円	0円	100円
依願	103円88銭	0円	0円	0円	0円	0円	0円	0円
判読不能	316円94銭	0円	0円	0円	0円	0円	0円	0円
療養中	0円	0円	0円	0円	0円	0円	0円	60円
計	726円13銭	0円	20,092円63銭	26,691円	5,038円21銭	12,772円	1,226円45銭	9,692円

金額が読み取れなかったもの

募集	退職金	?
官斡旋	退職金	155円■■銭、1■3円78銭、121円■7銭、■■円25銭
	慰労金	■0円65銭、6■円
官斡旋（徴用）	退職金	■3円78銭
徴用	退職金	59円■8銭、■5円38銭、■8円85銭、■3円51銭
	慰労金	■■円、6■円

※■は判読不能を示す。

〔図表36〕退職金と慰労金の総額

	全体		退職・慰労合計金額	割合
	退職金	慰労金		
終戦解雇	25,801円28銭	47,670円	73,471円28銭	96.4%
逃走	533円58銭	376円	909円58銭	1.2%
無断退去	?	0円	?	2.4%
入営	231円24銭	340円	571円24銭	
病気送還	0円	114円	114円	
記入なし	0円	334円	334円	
公傷解雇	96円50銭	161円	257円50銭	
死亡	0円	100円	100円	
依願	103円88銭	0円	103円88銭	
判読不能	316円94銭	0円	316円94銭	
療養中	0円	60円	60円	
計	27,083円42銭	49,155円	76,238円42銭	100%

未払金なしで計208円54銭を得たことになる。

官斡旋の終戦解雇者は440名で、このうち「退職時待遇」に記載があった者は259名であった。金額が読み取れなかったものを除いて退職金合計1万9343円66銭、慰労金合計2万5532円、合算して4万4875円66銭となる。この金額は終戦解雇者全体の未払金合計1万5604円44銭の約2・9倍となる。

官斡旋（徴用）の終戦解雇者は142名で、「退職時待遇」に記載があった者は117名である。金額が読み取れなかったものを除いて退職金合計5038円21銭、慰労金合計1万2772円、合算して1万7810円21銭となる。この金額は終戦解雇者全体の未払金合計1184円98銭の約15倍である。

徴用の終戦解雇者は126名で、「退職時待遇」に記載があった者は103名である。金額が読み取れなかったものを除いて退職金合計1210円87銭、慰労金合計9366円、合算して1万576円87銭となる。この金額は終戦解雇者全体の未払金合計4362円66銭の約2・4倍となる。

以上、募集から徴用に至るまで未払金合計よりも退職金及び慰労金の合計の方が多かった点も本研究で証明された。このような初歩的で重大な事柄が20年以上も隠されてきたのである。特に重要な点は、募集を除いた終戦解雇者に対しては退職金だけでなく慰労金も渡していることである。

『近代日本炭鉱労働史研究』（草風館・1984年）の著者である田中直樹日

〔図表37〕終戦解雇の未払金合計と退職金及び慰労金合計の対比表（入所経路別）

	未払金合計	退職金と慰労金の合計	（退＋慰）÷未払金
募集	0円	208円54銭	ー
官斡旋	15,604円44銭	44,875円66銭	2.8758263…
官斡旋（徴用）	1,184円98銭	17,810円21銭	15.029966…
徴用	4,362円66銭	10,576円87銭	2.4244085…
全体	21,152円8銭	73,471円28銭	3.4734777…

本大学名誉教授の話によると、慰労金は朝鮮人のみに渡されていたとのことである。明治鉱業の資料では、戦時動員で炭鉱労働したものの、短期間の就業であったため思うようにお金が稼げなかったと考慮した鉱業所は、各人に見合った慰労金を支給したそうである。

〔図表35〕を見ると、官斡旋で入所した終戦解雇者全体の慰労金は2万5532円であり、これは退職金の約1・3倍である。官斡旋（徴用）の終戦解雇者全体の慰労金は1万2772円で、退職金の約2・5倍、また、徴用の終戦解雇者全体の慰労金は9366円で、退職金の約7・7倍である。このことからも分かるように、入所時期が遅くて労働時間が短い者ほど慰労金が占める割合が高くなっている。熟練して高給を得る前に終戦を迎えてしまったので、三池鉱業所が補塡の意味で慰労金の額を上げたのかもしれない。この点は今後の研究が望まれる。

未払金返済に関しては1965年の日韓協定で解決済みであるので、陳情は三井三池や日本政府ではなく韓国政府に申し出るべきである。

退職金は逃走者にも5名分533円58銭支払われたことになっている。一番大きい金額で228円84銭であるが、これは、記載ミスかあるいは一部で退職金を前貸ししていたのかもしれない。他にも、退職金は依願による退職、入営、公傷解雇にも記載がある。

慰労金は入営、病気送還、公傷解雇にもきちんと支払われている。そして、金額は376円（4名分）と少ないが、逃走にも慰労金が支払われている。記載ミスの可能性を含め、これが何を意味するかは今後の研究を待ちたい。

万田坑の名簿を概観しての筆者の見解であるが、官斡旋労働者の傾向として、最初の動員である1942年2月4日に入所した終戦解雇者は退職金は出ていないが、慰労金が300円前後と比較的高額になっている。2回目の官斡旋動員と思われる1942年9月9日入所の者は慰労金の額は90円から130円までと前者と比べて減少しているが、退職金が150円ほど出ており、最初の入所者の退職時待遇に差が出ていないように見える。この頃までは、退職金よりも慰労金の方が多い。

しかし、1943年4月21日入所の者になると、終戦解雇の「退職時待遇」は退職金の方が多くなる者が現れる。例として挙げると、「退職金165円35銭、慰労金126円」などの記載が確認される。同年の9月3日入所の名簿では、徐々に「退職時待遇」の額に差が出始める。「退職金77円80銭、慰労金80円」の者もいれば、「退職金147円85銭、慰労金134円」の者もいる。1944年1月19日入所の者になると、退職金の低下が目立ち始め、金額も100円を超えることが少なくなっている。その代わりに、慰労金の金額は再び上昇し、120円、134円を貰っている者が増え始めている。最後の官斡旋である1944年12月16日入所の者は全員が退職金の記載がなく、慰労金のみが渡されている。金額は54円、86円、100円が多い。推測であるが、この最後の官斡旋労働者は就労期間が短かったために退職金を貰える条件を満たせなかったのかもしれない。しかし、それでも三池鉱業所は23名の終戦解雇者のうち19名に慰労金を支給している。

徴用労働者の名簿を見ると、最初の入所者は1944年4月7日となっており、徴用が開始される同年9月よりも早い。おそらく、官斡旋（徴用）のように徴用開始直前に官斡旋で来日したので、途中で徴用扱いに変更したと思われる。徴用の終戦解雇者の傾向としては、退職金は20円から30円、慰労金は60円から100円の者が多い。これも、就労期間が短かったために金額が抑えられていたと思われる。しかし、中には慰労金を160円から186円受給している者も一定数存在する。1945年1月27日入所の者になると、退職金なしの慰労金のみの記載となっている。金額は100円が大半で、稀に60円や106円が確認できる。これらの退職金や慰労金の金額決定の基準を記した文書が発見されれば、朝鮮人戦時労働者や日本企業の実態がより詳細に判明するであろう。

今回の朝鮮人名簿研究で明らかになったことは、終戦解雇となった者の未払金はほとんどが「置去金」であり、貯金の未払いは少数であった点である。貯金の未払記載の大半は「逃走」や「無断退去」といった脱走者であることも判明した。また、退職金よりも慰労金の方が多く支給されていたことも分かった。終戦解雇者の中には、退職金のみ、あるいは慰労金のみの記載しかなかった者も多数確認できたが、それでも最終的な収支はプラスの計算になる者が多かった。

一方で、終戦解雇者にもかかわらず退職金と慰労金の記載がなかった者も若干確認できた。その中には未払金の記載がある者もいた。また、退職金と慰労金を支給されていても未払金の方が大きい朝鮮人も存在した。資料が見つかっていないため筆者の推測になるが、終戦解雇者の中にも未払金の記載がある理由は、三池鉱業所から貰った退職金や慰労金が多かったため少額の「置去金」は気に留めずに帰郷したからではないだろうか。あるいは、退職金と慰労金の支払いは事業所が手持ちの資金で行ったので終戦後すぐ可能になったが、貯金の引き下ろしは預け先である銀行や郵便局の事情で時間がかかったため、それを受け取る前に事業所を離れる者がいたのかもしれない。この点も究明が求められる。

『新大牟田市史』の名簿考察

武松輝男が退職金と慰労金を紹介しなかったことで、後に武松の先行研究を紹介・引用した竹内康人、広瀬貞三も終戦解雇された朝鮮人に三池鉱業所が金銭を支給したことには触れなかったが、未払金に関する事柄も自身の論考で紹介していない。一方で、2021年に発行された『新大牟田市史三池炭鉱近現代史編』では未払金だけでなく退職金と慰労金にも言及している。しかし、ここでも未払金に重点を置くような考察がなされている。

まず『新大牟田市史』では、名簿の「終戦解雇」を「敗戦退所（送還）」と置き換えている。「未払金」と「退職時の待遇」の解説に関しては、1944年12月16日入所の61名の徴用者を紹介しているが、これは官斡旋の間違いである。筆者が名簿を確認したところ、「入所経路」は「官斡旋」であった。

この61名中23名が終戦解雇となっており、20名に置去金が記録されていた。市史では「15円が8人、25円1人、30・81円1人、35円が10人、無記録3人であった」と説明している。一方で、慰労金の記載があった終戦解雇者は23名中19名で「86円が10人、54円が6人、100円2人、26円1人」と説明している。しかし、市史の執筆者である畠山英樹（追手門学院大学名誉教授）は「慰労金が支払われたかどうか確認できない」と言及し、未払金よりも慰労金の金額の方が多いことには触れていない。筆者が計算してみた結果、61名の終戦解雇者の未払金合計は545円81銭で慰労金の合計は1410円であった。しかし、畠山は逃走者の未払金まで合算し、「敗戦送還と逃走の未払金合計は、37人分1693・01円であった」と未払金を少しでも多く見せようとしている。

慰労金が実際に支払われたのかどうか確認できないと、畠山は指摘するが、反対に支払われていないという証明もない。三池炭鉱ではないが、電化大牟田に動員された朝鮮人12名には給料、貯金、退職金などの清算金が帰国時に支払われていることが「朝鮮人労務者（徴用）調べ」に記されていると武松輝男が説明している（林えいだい編『戦時外国人強制連行関係史料集Ⅳ下巻』1991年・1627頁）。実際に支払われたケースがあるのならば、支払われていないという証拠を提示する必要がある。

『新大牟田市史』の問題点はまだある。慰労金の金額が一定ではないことを「役職者別にランク分けして支払ったと考えるのが合理的である」と、根拠となる資料を提示せずに主張している点である。畠山は、賃金も役職者には役職手当が支払われるなど優遇措置がとられており、それは、朝鮮人を利害関係で分断して支配を容易にするためであったと考察している。役職手当が支払われることは現代でも当たり前のことで、これがなぜ、分断を促す「優遇措置」にあたるのか不思議に思う向きもあるかもしれないが、資本家が処遇によって労働者を分断するというのは、歴史的に多く見られる論法である。慰労金の金額がどのように設定されたのかが不明である以上、朝鮮人を利害関係で分断という考察は空想の域を出ない。

北海道の歌志内《うたしない》鉱業所では労働契約を更新した朝鮮人に特別給与金を支給していたが、朝鮮人班長は普通の隊員よりも5割増しの金額を貰っていた（第2章参照）。これは、優秀な朝鮮人が少しでも長く働いてくれるように鉱業所が見返りを出したと考えられる。もし、三池鉱業所でも朝鮮人への金銭支給の際に金額が一定ではないケースがあったとすれば、それは朝鮮人の分断ではなく、優秀な労働者に長く働いてもらうための措置だった可能性がある。

市史の執筆者である畠山は、終戦解雇を除けば日常的な退所とは75％を占める逃走であり、「離職を決意した時、逃走以外に手段がなかったことを示している。自由が無ければ逃走になることを象徴的に示している」と考察している。最終的な結論として「厳しい抑圧と監視の体制は、逃走か敗戦（送還）の途しか残されていなかったといえよう」と言っているが（737頁）、厳しい監視があるのに7割以上が逃走できたことは矛盾していないだろうか。「戦前の三池炭鉱と朝鮮人労働者」（2016年）を執筆した広瀬貞三も退所理由を見て「朝鮮人労働者にとって多くの選択肢があったといえる」（『福岡大学人文論叢』第四八巻第二号・739頁）と述べている。『新大牟田市史』の執筆を担当した畠山英樹は、朝鮮人強制労働が真実であるという個人的信条から、万田坑の朝鮮人名簿を客観的に分析することができなかったと言わざるを得ない。

さらに、市史の671頁には1938年から1942年までの万田坑で発生した労働災害一覧表が掲載されているのだが、1942年の死亡者は15名となっている。今回分析した万田坑の「労務者名簿」に記されていた朝鮮人死亡者は36名であった。死者の内訳は1942年に死亡した者が1名、1943年が8名、1944年が7名、1945年が20名である。つまり、1942年に死亡した15名のうち朝鮮人は1名のみであったことが判明した。

第3節　強制連行は事実なのか？

馬渡朝鮮人連行碑

今回は万田坑の朝鮮人名簿を中心に考察したが、他にも三池炭鉱に関する先行研究を調べた結果、当時の社会情勢の煽りを受けてすべての事柄を強制労働に結び付けた歪《いびつ》な研究を改めて目の当たりにした。

その最たるものは、大牟田市馬渡町《まわたりまち》の朝鮮人連行碑であろう。当該の碑は馬渡第一公園に朝鮮人強制連行碑として1997年に建てられた。発端は1989年に馬渡社宅51棟内の押入れで朝鮮人労働者たちが書いたと思われる壁書きを発見したことである（次頁・写真25）。武松輝男たちは強制連行された証拠だと言って保管を主張した。1994年に社宅は解体されたが、壁書きは切り取られて現在は大牟田市石炭産業科学館に展示されている。『調査・朝鮮人強制労働①炭鉱編』で著者の竹内康人は、文字は「心をひとつにして徳をあわせ自力で生きぬこう」という思いを示す

〔写真24〕当時の馬渡社宅の外観（大牟田市立図書館で筆者が撮影）

〔写真25〕馬渡社宅の押入れの壁書き（大牟田市立図書館で筆者が撮影）

ものであると説明し、この壁書きは強制労働の歴史を忘却してはならないという過去からの問いかけであるといえようと述べている（132頁）。

しかし、実際の壁書きの文字を見ると強制連行や強制労働を示すような内容は読み取れない。石炭産業科学館の展示説明では、「書かれた時期や書き手、内容などよく分かっていません」と断り書きをしたうえで、「壹心壹徳」や「自力更生」といった漢詩と思われる言葉と朝鮮半島の地名複数や誰かの署名が記されていると説明している。

武松は「城則軍皇」「敗主力敵」の文字を「天上の偉大な王《かみ》の手によって、刑罰のように囲いの中に住まわされている。しかし、自分たちに手向かう相手は、必ず敗れる」と訳している。また、「高波津里…消書…城」を「村から、渡し場を経て、玄海の荒波を超え、囲われの生活を強いられている」と訳している（「武松輝男資料　E36-4」）。これだけでは、日本政府に取り締まりを受けていた共産主義者が書いた文章とも読める。広瀬貞三は壁書きの内容を「彼らの出身地の地名であろう」（『福岡大学人文論叢』第四八巻第二号・744頁）とのみ考察している。確たる証拠がないまま、馬渡社宅の壁書きは強制連行と強制労働に苦しめられた朝鮮人が望郷の念で書いたものだと断定され、最終的に公園内に記念碑が建ってしまった。

歪曲された記念樹と記念碑

記念碑に関しては、佐谷正幸『炭鉱の真実と栄光』（日本会議福岡筑豊支部・2005年）からもう一つ紹介したい。三池炭鉱とは直接的な関係性はないが、1959年12月3日に豊前川崎《ぶぜんかわさき》駅前にて北朝鮮へ帰国する在日朝鮮人たちによって帰国記念樹が植えられた。そこに端を発し、同年12月8日には大《おお》任《とう》町の役場前にも記念樹が植えられ、さらに記念碑も建立された。1960年3月までに筑豊地区で合計8件の植樹と7基の碑が建立された。朝鮮人強制連行とは無関係のこれらの樹や碑が2004年6月7日付の読売新聞の記事によって強制連行の記念物として紹介された。

記事の見出しは「田川郡の炭鉱跡訪ね強制連行胸に刻む　悲劇は二度と繰り返さない、住民ら痛感」となっており、「強制連行を考える会」が川崎町などの4つの町をバスで巡ったことが記事にされている。大任町の記念樹と記念碑について言及されており、元高校教諭の横川輝雄の解説が掲載されている。横川によると、記念樹と記念碑は強制連行の過酷さと労働の厳しさを知り、それに耐えて生き抜いてきた朝鮮人たちの強さが込められていると説明している。

この記事の内容を調査するために著者である佐谷が実際の碑文を確認したところ、「帰国者記念樹」「朝鮮民主主義人民共和国」「在日朝鮮人連合会」といった文字しか書かれておらず、どこにも強制連行や強制労働に関する記述がなかった。不審に思った佐谷が調査を進めたところ、これらの記念樹や碑は1959年頃から日本国内で「北朝鮮は地上の楽園」と宣伝されたことによって発生した北朝鮮帰国事業の最中に建てられたことが判明する。

そのことを裏づける資料として佐谷は1959年12月4日付の西日本新聞の記事「〝日朝友好〟の悲願こめ　川崎町・北朝鮮帰国希望者が記念植樹」を提示している。記事によると、福岡県田川郡川崎町の引き揚げ希望朝鮮人約220名が第二の故郷となった川崎町に日朝友好の悲願を込めた苗木を植えて、駅ホームにベンチ2脚を送ったことが書かれている。また、同年12月8日付の西日本新聞では在日朝鮮人帰国者歓送大会が催されたことを紹介している。12月7日に福岡市中央公民会で開かれた会では福岡県知事、日赤県支部長らが参加して約500名の帰還者たちに記念品や花束を贈ったという。これに対して帰還者の代表はお礼の言葉を述べ、帰国者集団からサクラ、ヤナギなど50本を県へ贈った。

これらの記事から、記念樹や碑は友好のために行われたことであって、強制連行や強制労働は無関係であると佐谷は主張している。佐谷は「感謝と将来の友好」から「強制連行の過酷な歴史」に変化した原因を朴慶植《パクキョンシク》の『朝鮮人強制連行の記録』（1965年）に影響された日本人作家などの反日強制連行派が「強制連行」の大合唱をしたために新聞記事もそれに染まってしまったと考察している（佐谷前掲66頁）。

馬渡社宅の押入れの壁書きや北朝鮮帰国事業で建てられた記念碑など、本来は強制連行や強制労働を証明できないものを無理やり結び付けて歴史の歪曲が行われているケースが他にもあるのかもしれない。

証言映像の編集

大牟田市石炭産業科学館には「こえの博物館」ライブラリーという映像コーナーがあり、そこに強制連行されて奴隷的な労働をさせられたという韓国人のインタビュー映像が収録されている。証言者は沈載吉《シムホキル》という男性であり、劣悪な労働環境や日本人による暴力を話していた。

この証言映像で筆者が気になる点があった。それは、病気で３日間休んだら憲兵に連れていかれ、炭鉱で運搬などに使われているベルトコンベアーの裁断ベルトで血が出るまで叩かれたという内容である。軍人を取り締まるはずの憲兵がなぜ炭鉱労働者を連れて行ったのか分からない。『特高月報』を読んでみても、問題の対応にあたったのは警察であり憲兵ではない。また、警官であれ憲兵であれ、狼藉を働いていない炭鉱労働者に対して傷害を加えれば鉱業所側が黙ってはいなかったであろう。炭鉱の経営陣から見れば、労働者は石炭産出のための貴重な人員なのだから、それを勝手に傷つけていい理由などない。証言者の話の内容がいつ頃のものか不明だが、１９４４年頃になると全国の炭鉱では人員不足が起こり、石炭産出量が減少していた。そのような中で労働者が働けなくなる危険を冒すであろうか。

もう一つは、取材者が証言者に対して、村の内部で日本行きの人間を決める際に「行きたくない」と言って拒否はできたのか、という質問をしたときの元労働者の反応である。元労働者の男性は「それは……どうだったかな」と少し返答に時間がかかったのである。本当に強制連行されたのであれば、間を置かずに「拒否はできなかった」と言うはずではないだろうか。最終的に元労働者は「兄弟３人いるところではないと(日本行きは)できなかったから」と言って、自分が三男であったから日本へ行ったと返事した。強制連行を受けたとされる人物に対してのインタビューとしては不可思議な映像であった。石炭産業科学館で展示している映像が２００５年にＤＶＤ化されていたので購入したが、先のやり取りはなぜかカットされていて閲覧できなかった。

以上見てきたように、強制連行や強制労働を立証する確たる証拠はなく、証言も明らかに検証が必要な内容である。にもかかわらず、三池炭鉱でも安易な判断で強制連行の碑が建立されている。2024年1月に筆者が万田坑ステーションを訪れた際、施設内に設置されていた「万田坑の歩み」という年表中に「1941〜45　太平洋戦争　徴用、強制労働」という記述があることを確認している。本来ならば、何の関係もない馬渡社宅の壁書きや万田坑の朝鮮人名簿が強制労働の証拠として喧伝されたことで日韓関係が悪化し、日本人が誇るべき遺産が不当に貶《けな》されてしまっている。

本章では、これまで客観的に考察されなかった万田坑の朝鮮人名簿を分析し、終戦解雇となった朝鮮人に対して三池鉱業所が退職金と慰労金を支給しており、その合計額は未払金の約3・5倍であったことを明らかにした。退職金や慰労金の支払いという一点だけでも朝鮮人強制労働説に説得力がないことは明白だ。先行研究の多くは、未払金のみを誇張し、退職金と慰労金に関しては支払いが行われていなかったかのような説明をしてきた。

朝鮮人労働者への未払金を放置した三井三池が非道な会社であるかのような誤解を与えてきたのだ。だが、終戦直後という混乱の時期であっても、退職金と慰労金の支払いを怠らなかった三井三池は、善良な企業である。そのことが万田坑の名簿からうかがえるのではないだろうか。

チェ・ウォンギル（日本名　松本一成）の動員証明写真。日本の炭鉱に動員された当時の写真とされている。撮影年記載なし。写真下部に「入坑1周年記念」の記載があると説明されている。労働1年後でも身体強健であることがわかる。日帝強占下強制動員被害真相糾明委員会『強制動員寄贈資料集』（2006年）134頁

「歴史は誰でも学ぶことができる学問です。」――大学生の頃、指導教官が言った言葉を覚えている。筆者が現在も歴史の研究を行えるのは、熊本大学の歴史学科で小松裕教授から歴史学の基礎を学んだお陰であると信じている。ゼミの授業で小松教授は次のようなことも言っていた。「自由主義史観という言葉がありますが、なぜ『自由』という言葉があるのでしょうか。歴史とは本来自由な学問です。史料を提示して客観的に分析することができれば誰でも歴史を語ることができます。」

筆者はこの言葉を聞いて、小松教授は今の日本の歴史学界が不健全な状態であると言いたいのではないかと考えた。

当時は「新しい教科書をつくる会」がメディアに取り上げられ、批判されていた。自由主義史観とは「つくる会」発起人の一人である藤岡信勝教授が唱えた歴史考証である。藤岡教授は『自由主義史観とは何か』（1997年）の中で、左翼的な史観が支配的だった戦後の歴史学や教育学から自由になることを指していると説明している。小松教授が「つくる会」賛同の人間であれば、仲間を援護しただけという話になるが、小松教授は藤岡教授が批判した左翼的な研究者だったのである。

筆者は卒業後に気がついたのだが、小松教授は朝鮮人強制連行や強制労働を事実だと主張する研究会に名を連ねたこともあった。筆者の卒業論文は小松教授とは反対の主張だった可能性があり、指導時はストレスがあったかもしれない。しかし、そのような様子は一切なく、むしろ私の主張に説得力を持たせるためにどのような文献を調査すればいいのか、的確な助言を与えてくれた。小松教授の言葉は、研究者ならば史料を基にした学術的な考察が必要であり、異なる歴史観を持つ相手を感情的に批判することは許されないことを私たち学生に伝えたかったのではないかと今は考えている。

講義でも論文指導でも小松教授は自身の主義主張を学生に語らなかったと覚えている。あくまでも一次史料を用いてどのような考察を行うのか、学術的な訓練を教えていた。まさに純粋な歴史学研究者であった。大学教授とは本来、このような研究姿勢を貫く人物なのであろう。

その後、紆余曲折を経て現在は歴史認識問題研究会で研究をさせていただいている。同研究会は歴史事実の究明はもちろん、これまで問題視されていなかった過去の事柄が戦後何十年も経過した後で突然取り上げられて国際問題に発展したのはなぜか、という考察も行っている。より広い視野を持つことができ、自身の研究も深めることができたと感謝している。

朝鮮人戦時労働者問題を研究する中で、従来の研究は、大学で教わった一次史料に立脚した歴史考察ではないことが判明して衝撃を受けた。朝鮮人は戦時中に無理やり日本に連れてこられて奴隷のように働かされたという学説以外は認めないという日本の歴史学界の姿勢に疑問を持った。しかし、そのような状況下でも学術的な研究をやめなかった少数の研究者たちの貢献によって、今は少しずつ改善されていると思う。

本書では朝鮮人の強制連行と強制労働が学説として定着する要因となった朴慶植《パクキョンシク》『朝鮮人強制連行の記録』（１９６５年）がいかに杜撰な歴史考察であるかを説明し、朴の学説を受け継いだ多くの日本人研究者たちも強制連行や強制労働を実証できなかったことを指摘した。反対に、一次史料の発掘や再確認の作業が進んだことで朴の学説を学術的に反論する研究が進んでいる。今まで「強制連行」と銘打つ資料集の中に強制連行や強制労働を証明する史料はなく、むしろ否定する内容のものばかりであった。さらに、明らかに不都合な史料は隠蔽されたり、不正確な説明で誤魔化されていた。

朴の学説を支持する強制動員真相究明ネットワークなどの「強制連行派」は一次史料による実証を諦め、戦後の証言、特に韓国人の証言を多用することで自陣営の体面を保とうとしている。しかし、証言の検証を行わない彼らの主張はかえって学術的な根拠を失った。「強制連行派」と反対の立場をとる私たちが証言の検証に力を入れ、彼らの主張の脆弱性を立証してしまったことは皮肉な話である。

「強制連行派」の人々は、自分たちは人権を重んじ、歴史を直視する善良な人間だと信じていることだろう。しかし、筆者から言わせてもらえば、彼らは日本で働いた朝鮮の人々を侮辱している。朝鮮人は戦時期に暴力を伴う戦時動員を受けて日本へ無理やり連行された可哀そうな人たちである、というのが「強制連行派」の主張である。しかし、これは間違った認識である。

すでに本書で論じてきたように、筆者も所属する歴史認識問題研究会は一次史料を多用して彼らの主張に学術的な根拠がないことを示した。しかし、「強制連行派」は都合の悪い史料や事実を無視しており、現時点においてもすでに反論された古い主張を繰り返すだけである。

『反日種族主義』（2019年）の著者の一人である李宇衍《イウヨン》氏は、戦時中に日本へ渡った朝鮮人の多くが自発渡航者であると考え、彼らを戦時移民と呼び、戦時期に起きた朝鮮半島から日本への移動は朝鮮人の短期的な海外移民であり、戦時動員の経験は戦後の韓国の産業化に役立つ側面があったと主張した。朝鮮から見ると戦争という機会を活用した、移民成功の歴史であり、奴隷の歴史ではない。朝鮮の農村から飛び出して、新しい場所で自分の運命を開拓しようとした朝鮮人の自発的な意思を強制連行だったとするのは、歴史を歪曲するものだと指摘する。

また、日本へ来た朝鮮人は差別に晒され、奴隷のような身分に甘んじる無抵抗な人々でもなかった。日常生活の場面で差別が起こったことはあるだろう。しかし、少なくとも企業として組織的な民族差別があったことは確認できない。日本企業は少しでも長く朝鮮の人々に日本で働いてもらうために福祉などを整えていた。朝鮮人労働者は酒も飲めたし、休日には外出して遊び、禁止された賭博を隠れて楽しんだ者もいた。契約更新の際には、会社側は報奨金を出していたことも確認できており、一時的な帰郷も許可していた。

仮に職場で差別を受けても黙っているような人々ではなかった。『特高月報』では酒の追加を断られたために集団で事務所へ押しかけたり、食事の増配を求めてストライキを起こしていた。ときには無断外出を咎《とが》められて喧嘩に発展したことも記録に残っている。『韓国「反日フェイク」の病理学』（２０１９年）の著者である崔碩栄《チエソギヨン》氏も資料や記録を見る限り、先祖たちは飢えや暴行に苦しみながらも黙っているような臆病で無気力な人ではなかったと述べている。朝鮮人労働者の多くは一獲千金を夢見た出稼ぎの人々であり、「強制連行派」の人々が考えるよりも逞しい人間だったのである。

しかし、こうした事実は彼らにとって不都合なのである。「強制連行派」の活動や主張を正当なものにするためには、朝鮮の人々は可哀そうな人でなければならない。歴史を歪曲し、歴史の全体像を無視しているのは誰なのであろうか。朝鮮人戦時労働者問題は今や「日本対韓国」ではなく「真実究明派対歴史捏造派」の対立構造となっている。韓国でも歴史の事実に気がつき、朝鮮人は強制連行も強制労働も受けていなかったと主張する人々が増えている。

近年、「強制連行派」では、筆者をはじめとした歴史認識問題研究会の主張を「歴史否定論」と呼んでいる。歴史を歪曲して事実を否定していると言いたいのである。彼らの主張する歴史の歪曲とは、朝鮮人労働者の視点や植民地支配、賠償金獲得などの国際的な視点を欠いた歴史考察を指す。しかし、これらに対しては一次史料を用いてすでに反論している。むしろ、歴史を歪曲しているのは「強制連行派」である。本書でも説明しているが、彼らは一次史料に記されている内容を歪曲して歴史を考察している。史料を歪曲することは歴史を歪曲することと同義である。

採用上限人数を超えて応募者が殺到したことを「駆り集めた」と表現して、強制連行であったと説明することは立派な歪曲だ。この意見を封じるために募集は強制動員だったと主張し、当時の国際法解釈や動員の実態を無視して「日本統治不法論」を無理やり持ち出して自分たちの主張は正しいと押し通す。論理的な反論が出れば史料批判も行わずに「学術的でない」「当時の朝鮮の人々の想いが大切だ」と感情論に訴えて、議論にも応じない。

都合の悪い箇所を排除した証言の紹介や突然の内容変更も歴史の歪曲に該当するだろう。このような人々が唱える朝鮮人強制連行・強制労働という歪曲された歴史を否定しているというのであれば、「強制連行派」の指摘は正しいと言えよう。私たち歴史認識問題研究会は引き続き学術的研究を進め、学問に基づいた論争を行いたい。

本書が完成するまでに多くの方々よりご指導・ご鞭撻を賜りましたことを改めて御礼申し上げます。特に、歴史認識問題研究会の西岡力会長、髙橋史朗副会長、勝岡寛次事務局長には研究論文の基礎を教えていただき、大変お世話になりました。研究の環境を整えてくださったモラロジー道徳教育財団の廣池幹堂理事長にも心より感謝申し上げます。また、筆者が「強制連行派」の歴史観に惑わされないように育ててくれた両親にも感謝を伝えたい。筆者が歴史に興味を持つようになったのは父親の影響が強く、そのお陰で本書が生まれたといっても過言ではない。最後になりましたが、草思社・木谷東男氏と編集協力・植田規夫氏にも大変お世話になりました。ありがとうございます。

令和6年7月19日

長谷亮介

◆参考文献一覧

書籍

相川町史編纂委員会編『佐渡相川の歴史 通史編 近・現代』相川町・1995年

磯部欣三『無宿人 佐渡金山秘史』人物往来社・1964年

磯部欣三『佐渡金山』中央公論新社・1992年

李栄薫編『反日種族主義』文藝春秋・2019年

李栄薫編『反日種族主義との闘争』文藝春秋・2020年

大川一司編『長期経済統計8 物価』東洋経済新報社・1967年

大牟田市市史編さん委員会編『新大牟田市史 三池炭鉱近現代史編』大牟田市・2021年

金英達著・金慶海編『朝鮮人強制連行の研究』明石書店・2003年

強制動員真相究明ネットワーク・民族問題研究所『日韓市民共同調査報告書 佐渡鉱山・朝鮮人強制労働』2022年

厚生省勤労局編『労働時報』1941年12月号

小林英夫監修『日本人の海外活動に関する歴史的調査 第五巻 朝鮮篇4』ゆまに書房・2000年

佐谷正幸『炭鉱の真実と栄光：朝鮮人強制連行の虚構』日本会議福岡筑豊支部・2005年

佐渡市新潟県教育委員会編『佐渡金銀山絵巻―絵巻が語る鉱山史―』同成社・2013年

沢田猛『石の肺』技術と人間・1985年

司法省刑事局編『思想月報』第七九号・1941年

司法省刑事局編『思想月報』第八八号・1941年

週刊朝日編『値段の明治大正昭和風俗史』朝日新聞出版・1981年

戦後補償問題研究会編『在日韓国・朝鮮人の戦後補償』明石書店・1991年

竹内康人『調査・朝鮮人強制労働①炭鉱編』社会評論社・2013年

竹内康人『佐渡鉱山と朝鮮人労働』岩波書店・2023年

竹内康人『朝鮮人強制労働の歴史否定を問う』社会評論社・2024年
龍田光司編『朝鮮人強制動員韓国調査報告1』緑蔭書房・2016年
田中直樹『近代日本炭鉱労働史研究』草風館・1984年
東洋経済新報社編『大陸東洋経済』第2号　東洋經濟新報社京城支局・1943年
東洋経済新報社編『東洋経済新報』第二一二〇号　東洋経済新報社・1944年
豊富町史編さん委員会編『豊富町史』豊富町・1986年
崔碩栄『韓国「反日フェイク」の病理学』小学館新書・2019年
朝鮮人強制連行実態調査報告書編集委員会、札幌学院大学北海道委託調査報告書編集室編『北海道と朝鮮人労働者：朝鮮人強制連行実態報告書』北海道保健福祉課・1999年
朝鮮人強制連行真相調査団編『朝鮮人強制連行調査の記録　関東編』柏書房・2002年
テム研究所編『図説　佐渡金山』河出書房新社・1985年
外村大『朝鮮人強制連行』岩波書店・2012年
内藤智秀『史学概論』福村書店・1954年
内務省警保局『特高月報』1939年1月分〜1944年11月分
新潟県社会課内　五十嵐棐編『新潟県社会事業』第二〇巻第九号　新潟県社会事業協会・1940年
新潟県社会課内　五十嵐棐編『新潟県社会事業』第二三巻第一号　新潟県社会事業協会・1941年
新潟県社会課内　五十嵐棐編『新潟県社会事業』第二三巻第九号　新潟県社会事業協会・1941年
新潟県編『新潟県史　通史編8（近代3）』新潟県・1988年
西岡力編『朝鮮人戦時労働の実態』一般財団法人産業遺産国民会議・2021年
西岡力『増補新版　でっちあげの徴用工問題』草思社・2022年
日本工業教育協会編『工業教育』第二〇巻第二号・1976年
日本曹達株式会社企画本部社史編纂室編『日本曹達70年史』日本曹達株式会社・1992年
野村穂輔『御霊によって歩きなさい』福音宣協会・1993年

朴慶植『朝鮮人強制連行の記録』未来社・1965年
古田博司『東アジア「反日」トライアングル』文藝春秋・2005年
北海道開拓記念館編『北海道開拓記念館調査報告　第三号　明治初期における炭鉱の開発　日曹炭鉱における生活と歴史』北海道開拓記念館・1973年
北海道立労働科学研究所編『石炭鉱業の鉱員充足事情の変遷』1958年
山田昭次・古庄正・樋口雄一『朝鮮人戦時労働動員』岩波書店・2005年
歴史学研究会編『オーラル・ヒストリーと体験史　本多勝一の仕事をめぐって』青木書店・1988年
歴史認識問題研究会編『佐渡金山における朝鮮人戦時労働の実態』2022年
労働科学研究所編『労働科学研究所報告　第1部　鉱業労働及労務管理　第8冊　半島労務者勤労状況に関する調査報告』1943年
労働科学研究所編『労働科学研究所報告　第1部　鉱業労働及労務管理　第9冊　半島人労務者の作業能力に関する科学的見解　炭礦における半島人労務者』1943年

資料集

アジア問題研究所編『朝鮮問題資料集叢書第一集　戦時強制連行　華鮮労務対策委員会活動記録』1981年
庵逧由香監修・解説『朝鮮労務』第一巻　緑蔭書房・2000年
庵逧由香監修・解説『朝鮮労務』第二巻　緑蔭書房・2000年
庵逧由香監修・解説『朝鮮労務』第三巻　緑蔭書房・2000年
小沢有作編『近代民衆の記録10　在日朝鮮人』新人物往来社・1978年
佐渡鉱山・朝鮮人強制労働資料集編集委員会編『佐渡鉱山・朝鮮人強制労働資料集』神戸学生センター出版部・2024年
戦後補償問題研究会編『戦後補償問題資料集』第二集、戦後補償問題研究会・1991年
竹内康人編『戦時朝鮮人強制労働調査資料集2』神戸学生青年センター出版部・2012年

長澤秀編『戦時下朝鮮人中国人連合軍俘虜強制連行資料集Ⅰ（統計編）』緑蔭書房・１９９２年
長澤秀編『戦時下朝鮮人中国人連合軍俘虜強制連行資料集Ⅱ（文書編）』緑蔭書房・１９９２年
長澤秀編『戦時下強制連行極秘資料集Ⅰ　東日本編』緑蔭書房・１９９６年
長澤秀編『戦時下強制連行極秘資料集Ⅱ　東日本編』緑蔭書房・１９９６年
長澤秀編『戦時下強制連行極秘資料集Ⅲ　東日本編』緑蔭書房・１９９６年
朴慶植編『朝鮮問題資料叢書』第一巻　アジア問題研究所・１９８１年
朴慶植編『朝鮮問題資料叢書』第二巻　アジア問題研究所・１９８１年
朴慶植編『在日朝鮮人関係資料集成』第一巻　三一書房・１９７５年
朴慶植編『在日朝鮮人関係資料集成』第四巻　三一書房・１９７６年
林えいだい編『戦時外国人強制連行関係史料集Ⅳ』上巻　明石書店・１９９１年
林えいだい編『戦時外国人強制連行関係史料集Ⅳ』下巻　明石書店・１９９１年
樋口雄一編『戦時下朝鮮人労務動員基礎資料集Ⅰ』緑蔭書房・２０００年
樋口雄一編『戦時下朝鮮人労務動員基礎資料集Ⅱ』緑蔭書房・２０００年
樋口雄一編『戦時下朝鮮人労務動員基礎資料集Ⅲ』緑蔭書房・２０００年
樋口雄一編『戦時下朝鮮人労務動員基礎資料集Ⅴ』緑蔭書房・２０００年
水野直樹編『戦時期植民地統治資料』第四巻　柏書房・１９９８年
水野直樹編『戦時期植民地統治資料』第六巻　柏書房・１９９８年
水野直樹編『戦時期植民地統治資料』第七巻　柏書房・１９９８年

論文

李宇衍「戦時期日本へ労務動員された朝鮮人鉱夫（石炭、金属）の賃金と民族間の格差」２０１７年『エネルギー史研究：石炭を中心として 32』
大場四千男「北海道炭鉱汽船⑭百年史編纂（五）」２０１２年『開発論集』第89号

大場四千男「北海道炭鉱汽船⑭百年の経営史と経営者像（一）」２０１２年『学園論集』第１５３号
勝岡寛次「朝鮮人戦時労働者の賃金差別・待遇差別――先行研究の概観（１）」２０２４年『歴史認識問題研究』第14号
桑原真人「戦前期北海道の会社経済史的研究」１９９６年 北海道大学博士論文
古庄正「朝鮮人戦時動員の構造――強制連行に関する一考察」２００３年『日本植民地研究』第15号
小寺初世子「第二次世界大戦におけるいわゆる〝朝鮮人徴用工〟への未払賃金供託事件に関する法的一考察――一般市民の蒙る戦争災害の救済」１９８１年『広島平和科学』第四巻
齋藤謙「珪肺症の研究知見補遺」１９４４年『北越医学会雑誌』第五九年第六号
桜井厚「オーラル・ヒストリーの対話性と社会性」２００６年『歴史学研究』第八一一号
清水透「聞き取りの諸問題―インディオ社会の経験から」１９８７年『歴史学研究』第五六八号
竹内康人「『歴史認識問題研究』の歴史認識の問題」２０２２年『強制動員真相究明ネットワークニュースNo.20』
竹内康人「２０２３年強制動員被害者遺族調査と佐渡証言集会」２０２３年、『強制動員真相究明ネットワークニュースNo.22』
竹田和夫「『新潟県史』『佐渡相川の歴史』の意義を考える」２０２２年『新潟史学』第八三号
丹野清喜「珪肺症の精神機能に就て」１９５３年『新潟医学会雑誌』第六七年第一〇号
丹野清喜「職種別稼働年数により見たる珪肺発生率及び進展度」１９５４年『新潟医学会雑誌』第六八年第九号
土井徹平「足尾銅山『暴動』の構造的特質について」２０００年『日本歴史』第六三一号
長澤秀「日曹天塩炭鉱と朝鮮人強制連行」１９９４年『在日朝鮮人史研究』No.24
長澤秀「《資料紹介》日曹天塩炭鉱『稼働成績並賃金収支明細表』昭和二十年六月分」２０２３年『在日朝鮮人史研究』No.53
中村政則「オーラル・ヒストリーと歴史学」１９８７年『歴史学研究』第五六八号
中村政則「言語論的転回以後の歴史学」２００３年『歴史学研究』第七七九号
中村政則「方法としての『オーラル・ヒストリー』再考」２００６年『歴史学研究』第八一一号

広川禎秀「日本における近現代史研究とオーラル・ヒストリー」１９９６年『歴史学研究』第六八三号
広瀬貞三「佐渡鉱山と朝鮮人労働者（１９３９〜１９４５）」２０００年『新潟国際情報大学情報文化学部紀要』第三号
広瀬貞三「戦前の三池炭鉱と朝鮮人労働者」２０１６年『福岡大学人文論叢』第四八巻第二号
広瀬貞三「資料紹介『朝鮮人労働者と佐渡鉱山、三菱鉱業の史料（1）』」２０２２年『福岡大学人文論叢』第五四巻第一号
藤原帰一「なぜ国民が語られるのか」２００１年『歴史学研究』第七四七号
守屋敬彦「アジア太平洋戦争下日曹天塩鉱業所朝鮮人寮第一・第二尚和寮の食糧事情」２００６年『在日朝鮮人史研究』第三六号

一次史料（書籍として発行されていないもの）

佐渡鉱山関連

平井栄一編著『佐渡鉱山史其ノ二』１９５０年（ゴールデン佐渡所蔵）
朝鮮人煙草配給名簿「四号　三菱第四相愛寮」「五号　三菱第三相愛寮」「六号　三菱第一相愛寮」（佐渡博物館所蔵）

日曹天塩炭鉱関連（北海道博物館所蔵）

収蔵番号６４１３３『本社往復文書』１９４２年〜１９４５年
収蔵番号６４２８２『監督局往復文書綴』労務係・１９４４年
収蔵番号６４２８３『北海道地方鉱山局綴』１９４４年9月〜１９４５年7月
収蔵番号６４３８５『傷病手当金支給簿』賃金係・１９４２年1月起
収蔵番号６４３８６『傷病手当内払票明載票綴』１９４２年
収蔵番号６４４２６『労務日誌』労務係・１９４３年

収蔵番号６４４２７『労務日誌 尚和寮』労務課・１９４３年
収蔵番号６４４４０『捜検日報』１９４４年
収蔵番号６４４５６『受信綴』労務係・１９４１年９月～１０月
収蔵番号６４４５８『労務来翰綴』労務係・１９４４年
収蔵番号６４４７３『職紹関係綴』１９４３年
収蔵番号６４５０３『業務上負傷報告書控』１９４３年４月～１９５０年３月
収蔵番号６４５４５「妻病気につき帰国願」１９４２年１１月２日
収蔵番号６４５７７「稼働成績並賃金収支明細表」１９４４年～１９４５年
収蔵番号６４６３８『石炭統制組合往復文書』１９４４年４月～７月
収蔵番号６４６３９『石炭統制組合往復文書』１９４４年８月～１１月
収蔵番号６４６４０『石炭統制組合往復文書』１９４５年１月～８月

三井三池炭鉱関連（大牟田市立図書館所蔵）
三井鉱山株式会社三池鉱業所万田労務事務所「労務者名簿」１９４６年７月
「武松輝男資料　Ｅ11」
「武松輝男資料　Ｅ23」
「武松輝男資料　Ｅ36－4」

その他（研究会配布資料など）
強制動員真相究明ネットワーク研究会配布資料『第14回強制動員全国研究集会「強制労働の否定を問う　佐渡金山の遺産価値を深めるために」』２０２２年８月27日
韓国・強制動員の証言を聴く集い実行委員会配布資料『韓国・強制動員の証言と交流の集い』２０２３年４月22日
強制動員問題解決と過去清算のための共同行動作成リーフレット「韓国『徴用工』問題 Ｑ＆Ａ」２０１９年

〔図表ａ〕日曹天塩炭鉱「稼働成績並賃金収支明細表」出身地別の内訳・その１

月	郡	面	合計人数
1944年5月分	奉化郡　1枚	才山面・春陽面・小川面・祥雲面　13名	合計52名
	青陽郡　3枚	青陽面・定山面　17名	
		青南面・赤谷面・斜陽面・雲谷面　11名	
		大峙面・化城面・飛凰面　11名	
1944年6月分	奉化郡　2枚	乃城面・法田面・明湖面　17名	合計69名
		才山面・春陽面・小川面・祥雲面　13名	
	青陽郡　2枚	青陽面・定山面・雲谷面　20名	
		赤谷面・大峙面・化城面・飛鳳面　19名	
1944年7月分	奉化郡　2枚	乃城面・法田面・明湖面　17名	合計69名
		祥雲面・春陽面・小川面　13名	
	青陽郡　2枚	青陽面・定山面・雲谷面　20名	
		赤谷面・大峙面・化城面　19名	
1944年8月分	奉化郡　2枚	乃城面・法田面・明湖面　17名	合計69名
		祥雲面・春陽面・才山面　13名	
	青陽郡　2枚	青陽面・定山面・雲谷面　20名	
		赤谷面・大峙面・化城面・飛鳳面　19名	
1944年9月分	奉化郡　2枚	乃城面・法田面・明湖面　15名	合計66名
		祥雲面・春陽面・小川面　12名	
	青陽郡　2枚	青陽面・定山面・雲谷面　20名	
		赤谷面・大峙面・化城面　19名	
1944年10月分	奉化郡　2枚	乃城面・法田面・明湖面　12名	合計137名
		祥雲面・春陽面・小川面　12名	
	青陽郡　2枚	青陽面・定山面・雲谷面　20名	
		赤谷面・大峙面・化城面　19名	
	河東郡　10枚	玉宗面　19名	
		北川面　10名	
		辰橋面　10名	
		金南面　10名	
		岳陽面　10名	
		花開面　4名	
		青岩面　2名	
		良甫面　2名	
		吉田面　5名	
		赤良面　2名	

〔図表b〕日曹天塩炭鉱「稼働成績並賃金収支明細表」出身地別の内訳・その2

月	郡	面	合計人数
1944年11月分	奉化郡　1枚	祥雲面・春陽面・小川面　12名	合計137名
	青陽郡　2枚	青陽面・定山面・雲谷面　20名	
		赤谷面・大峙面・化城面　19名	
	河東郡　11枚	玉宗面　19名	
		北川面　10名	
		辰橋面　10名	
		金南面　10名	
		岳陽面　10名	
		花開面　4名	
		青岩面　2名	
		良甫面　2名	
		吉田面　5名	
		赤良面　2名	
		河東面　12名	
1944年12月分	河東郡　9枚	玉宗面　19名	合計85名
		北川面　10名	
		辰橋面　10名	
		金南面　9名	
		岳陽面　10名	
		花開面　4名	
		赤良面・良甫面・青岩面　6名	
		吉田面　5名	
		河東面　12名	
1945年1月	河東郡　11枚	玉宗面　18名	合計84名
		北川面　10名	
		辰橋面　10名	
		金南面　9名	
		岳陽面　10名	
		花開面　4名	
		青岩面　2名	
		良甫面　2名	
		吉田面　5名	
		赤良面　2名	
		河東面　12名	

〔図表c〕日曹天塩炭鉱「稼働成績並賃金収支明細表」出身地別の内訳・その3

月	郡	面	合計人数
1945年2月	河東郡　9枚	玉宗面　18名	合計84名
		北川面　10名	
		辰橋面　10名	
		金南面　9名	
		岳陽面　10名	
		花開面　4名	
		赤良面・良甫面・青岩面　6名	
		吉田面　5名	
		河東面　12名	
1945年3月	河東郡　8枚	玉宗面　18名	合計92名（8名重複）
		北川面　10名	
		辰橋面　10名	
		金南面・花開面　13名	
		岳陽面　10名	
		■■面・吉田面・花開面　13名	
		赤良面・良甫面・青岩面　6名	
		河東面　12名	
1945年4月	河東郡　8枚	玉宗面　18名	合計83名
		北川面　10名	
		辰橋面　10名	
		金南面　9名	
		岳陽面　9名	
		吉田面・花開面　9名	
		赤良面・良甫面・青岩面　6名	
		河東面　12名	
1945年5月	河東郡　8枚	玉宗面　18名	合計79名
		北川面　7名	
		辰橋面　10名	
		金南面　9名	
		岳陽面　9名	
		吉田面・花開面　9名	
		赤良面・良甫面・青岩面　6名	
		河東面　11名	
1945年6月	河東郡　6枚	玉宗面　18名	合計75名
		北川面・辰橋面　12名	
		金南面・花開面　14名	
		岳陽面・青岩面　11名	
		吉田面・赤良面・良甫面　9名	
		河東邑面　11名	

※■は判読不能を示す。

今回発見した日曹天塩炭鉱「稼働成績並賃金収支明細表」について　第4章参照

〔図表a〕〔図表b〕〔図表c〕は、今回の「賃金表」で確認できた出身地別の賃金表枚数と記載されている労働者数である。

なお、この図表では「8月分」と記しているが、8月分賃金表が確認できず、金額と作成日の異なる2種類の7月分賃金表が収録されている。ここでは作成日が8月2日作成のものを7月分賃金表、と8月20日作成のものを8月分賃金表とした。

1944年5月分から9月分までは、奉化郡と青陽郡出身の労働者の賃金表である。彼らは官斡旋で来山した者であることが、長澤秀編『資料集Ⅰ』(緑蔭書房・1992年) 所収の「半島勤労者給与状況報告月報」(1945年10月) に記載されており、筆者も北海道博物館で同史料を確認した。他にも忠清南道 (チユンチョンナムト) 扶余 (プヨ) 郡、忠清南道公州郡、慶尚北道慶山郡 (現在の慶山市) などから官斡旋で働きに来た者33名が記されている。このことから、今回発見した賃金表がすべての朝鮮人官斡旋労働者を記しているわけではないことが分かる。また、11月分以降の彼らの賃金表が一切出てこないのだが、これは12月分からの賃金表が紛失したことが原因と思われる。

10月分から新たに河東郡出身の労働者が出現している。11月分には河東郡の河東面の賃金表が加わるが、この労働者たちも10月から働いていることが「半島勤労者給与状況報告月報」から判明している。河東郡出身の労働者たちは徴用で日曹天塩炭鉱に来たことが記されており、1944年10月12日から出勤している。「半島勤労者給与状況報告月報」に記載されている名簿と照らし合わせると、1945年6月分賃金表に記載されている75名全員が完全に一致した。

慶尚北道奉化郡宛ての賃金表の特徴は、1944年5月から11月あまでの7か月分12枚のうち6月から10月は1枚に3面分ずつ記載された2枚が5か月分9枚存在し、5月と6月は4面記載されている各1枚、11月は3面が記載されている1枚があった。そのうち5月から6月の2か月分では、①才山面 (チエサンミョン)・春陽面 (チュニャンミョン)・小川面 (ソチョンミョン)・祥雲面 (サンウンミョン)、②乃城面 (ノソンミョン)・法田面 (ポッチョンミョン)・明湖面 (ミョンホミョン) (5月分は確認できず) の7つの面が記載されているが (便宜上、各月の書類に①から始まる数字をつけた)、7月から10月の4か月分では、①春陽面・小川面・祥雲面、②乃城面・法田面・明湖面と記載されている。①の才山面が突然消えている。

人数を見ると、6月から8月は①が13名、②が17名と同一で、その後も逃亡や病気など

で帰国したと思われる数人が減るだけで大きな変化はない。だから、6月末か7月初めに才山面から来ていた労働者が全員いなくなったとは考えにくい。名前を見ても人員の交代は確認できない。したがって、5月分から6月分に記述された才山面が誤りである可能性が浮上し、何らかの錯誤の結果、関係のない才山面が誤って入ってしまったと解釈できなくもない。

忠清南道青陽郡宛ての賃金表については、青陽郡宛ての書類は1944年5月から11月までの7か月分が残っていた。同郡から来た労働者数は7か月間39名で、まったく変化がない。ただし、面の記載には次のような変化があった。まず、各月の書類の枚数をみると、5月だけが3枚で、6月から11月まではすべて2枚だった。6月から11月の書類を見ると、①は青陽面（チョンヤンミョン）・定山面（チョンサンミョン）・雲谷面（ウンゴクミョン）で、人数も20人で変化がまったくない。ところが、②は6月から8月の3か月は赤谷面（チョッコッミョン）・大峙面（デチミョン）・化城面（ファソンミョン）・飛鳳面（ピボンミョン）と4つの面が記載されて、19名とされているが、9月から11月の3か月は飛鳳面が消えて、赤谷面・大峙面・化城面の3つの面だけになって、人数は変わらず19名とされている。人数が変わらないのであるから、飛鳳面が書かれている前の3か月分か、飛鳳面が消えた後の3か月分のどちらかが誤りである可能性が出てくる。5月の3枚を見ると、9つの面が記載されていながら、合計人数はその後の6か月と同じ39名だった。これをどう解釈すればいいかよく分からない。

最後に慶尚南道河東郡宛ての賃金表についてだが、河東郡宛ての書類は1944年10月から1945年6月までの9か月分が残っていた。枚数は最高11枚、最低6枚と大きく変化があるが、面の数を見ると、44年10月だけが10面、古田面（コジョンミョン）・良甫面（ヤンボミョン）・北川面（プクチョンミョン）・玉宗面（オクチョンミョン）・赤良面（チョクリャンミョン）・岳陽面（アギャンミョン）・辰橋面（チンギョミョン）・花開面（ファゲミョン）・青岩面（チョンアムミョン）・金南面（クムナムミョン）だったが、11月から翌年6月までは河東面（ハドンミョン）が加わり11面となった。河東面は1938年10月に面から邑に昇格し河東邑になっているので、面長と記載して書類を送ったとすると失礼になったはずだ。そのことに後で気がついたのか、45年1月分から「河東邑面長」と記載されている。

著者略歴――――
長谷亮介《ながたに・りょうすけ》

歴史認識問題研究会・研究員。麗澤大学国際問題研究センター客員研究員。1986年、熊本生まれ。熊本大学文学部歴史学科卒業。法政大学大学院国際日本学インスティテュート博士後期課程修了。学位論文は「日本の学会における『南京事件』研究の考察」(修士論文)、「『戦後歴史学』から見る戦後日本における歴史学の変遷—歴史学研究会を例にして—」(博士論文)。学術博士。大学院修了後に歴史認識問題研究会に所属し、朝鮮人戦時労働者問題を中心に研究を進める。共著に『朝鮮人戦時労働の実態』(一般財団法人産業遺産国民会議)がある。

朝鮮人「徴用工」問題
史料を読み解く

2024年11月28日　第1刷発行

著　者　長谷亮介
装幀者　間村俊一
発行者　碇　高明
発行所　株式会社 草思社
〒160-0022　東京都新宿区新宿1-10-1
電話　営業 03(4580)7676　編集 03(4580)7680

本文組版　株式会社 キャップス
本文印刷　中央精版印刷 株式会社
付物印刷　中央精版印刷 株式会社
製本所　大口製本印刷 株式会社

ISBN978-4-7942-2757-7 Printed in Japan　検印省略